Kamilo Hose Sela
HRISTOS PROTIV ARIZONE

REČ I MISAO
KNJIGA 545–546

Urednik
JOVICA AĆIN

Sa španskog prevela
ALEKSANDRA MANČIĆ

KAMILO HOSE SELA

HRISTOS PROTIV ARIZONE

IZDAVAČKO PREDUZEĆE „RAD"
BEOGRAD

Februara 1987, nekoliko meseci pre nego što sam dovršio ovaj roman, ponovo sam otišao u Arizonu da osvežim neka sećanja na ljude i pejzaže; zahvaljujem kompaniji Iberija na mnogim pogodnostima koje mi je pružila kako bih svoju nameru mogao da privedem srećnom svršetku.

Ime mi je Vendel Espana, Vendel Liverpul Espana, možda i nije Espana, nego Span ili Aspen, nikad nisam tačno znao, nikad ga nisam video napisano, Vendel Liverpul Span ili Aspen, *span* znači deo, trenutak, a *aspen* je jasika, neki je zovu trepetljika, pre nego što sam saznao ko su mi otac i majka, dobro, to mi zvuči malo grubo, obično kažem mama i tata, dakle, pre nego što sam saznao ko su mi mama i tata, zvao sam se Vendel Liverpul Lohijel, to je isto, zovem se Vendel Espana, tako uvek stavljam, ili Span ili Aspen, i stranice koje slede su moje, lično sam ih napisao, svojeručno, moj tata, ne, navići ću se da pišem pravilno, otac mi je bio vlasnik dresiranog aligatora, prvo ga je imao u tal s Takom Lopesom, neki ga zovu i Tako Mendes, ali je posle otkupio i njegov deo, tako je najbolje da se ne bi svađali, aligatora koji je govorio nekoliko jezika, engleski, španski, i još je imitirao rzanje konja i recitovao pesme, nije moguće, rekao mu je jedne noći Bubotak Miljor, polutansko govno što je pljuvao krv i spavao s lutkom na naduvavanje Žaklin, meni se čini da je to·s lutkama na naduvavanje došlo mnogo godina kasnije, ali ne mogu da stavim ruku u vatru, ako su me slagali, lažem i ja vas, ceo svet zna da lutka na naduvavanje Žaklin nije imala buve, i nije se opijala džinom, ali je zato i buve, i gnjide i picajzle imao Tako Mendes, neki ga zovu Tako Lopes, pa i puževe je imao, čak je i pužiće gajio pod pazuhom i opijao se kolonjskom vodom, očev aligator je i pevao, neke ne baš teške pesme, nije istina, rekao mu je jedne noći Bubotak Miljor polutansko govno, večito napaljen pa ga je šamarao gde stigne, u poslastičarnici u Smitovoj automehaničarskoj radionici, u pogrebnoj kući Grau, u hitnoj pomoći, u bjuti šopu, na dečjim pogrebima, onda ga je moj otac, kako je i prirodno, ubio, tako ga je silno tresnuo u grudi da ga je ubio, dobro, presekao mu je dah i polutansko govno je crklo samo, izađe na isto, uvek je teško utvrditi takve stvari, tačan trenutak smrti zna samo Bog, šef policije rekao je mom ocu, vidi, šutiraću te dok mi ne dosadi, pa ću posle da te ostavim na granici, to polutansko govno, taj pogani melez i ne zaslužuje da na njega arčimo previše hartije, šef policije nije imao loše sklonosti, nije udarao nikako drugačije, samo je šutirao, nije se ni smejao kad baš ne bi tačno pogodio, šef se zvao Sem V. Lindo i imao je desni i zube crne od žvakanja duvana, najviše mu se sviđao Blek Marija, grozno lepljiv i sladak, jako mastan i mirišljav, uprkos svim pričama, Sem V. Lindo nije bio nimalo kriv za linčovanje Marka Saragose travara-pokućarca, subotom smo sa poslom završavali u sedam, pa smo onda, ja i Džerard Ospino, izvodili sedam marifetluka, a to su sledeći, malo se zaperemo, teramo razdeljak na desnu stranu, ostalih dana terali smo razdeljak na levu stranu, nabacimo afteršejv, obučemo se u čisto, sednemo u voz za Tanke Verde južno od Sabino Kanjona, Sabino Otera, žbunje ruzmarina ukrašava polja belim usamljenim cvetićima, ovde je mnogo samoće, listići ruzmarina se koriste da se vagina vrati u prvobitno stanje i da se prave lažne device, meni i mom drugaru fali još dva marifetluka, da pijemo pivo i da se Kinezu popišamo na vrata, Džerard je bio misionar u Port Tiritijani, niko ne zna gde je to tačno, baptistički misionar, i kitove je lovio na Tjera Adelaidi, to je već ispričao botaničar Orson u svom *Izveštaju* pa sad nema razloga da to ovde ponavljam, u krčmi kod Mravojeda bila je vrućina, istina, velika vrućina, ali je pivo bilo dobro a gazda je uvek bio polupijan i ponekad bi zaboravio da naplati, Sem V. Lindo nikad nije plaćao ali nije mnogo ni pio, gazda je bio riđi Irac po imenu Erskin Karlou, zvali su ga Mravojed jer je imao samo jedan testis i nos kao bilijarski štap, crven i neverovatno bubuljičav, nije to baš jasno ali je tako kako kažem, uveravam vas da ne lažem, još nisam znao ko sam i odakle sam to jest ko su mi otac i majka, nisam sve do dvadesete, dvadeset i treće godine, prepoznala me majka koja je radila kao kurva u Tostonu, novine su se u Tostonu zvale *Tombston Epitaf*, Tombston ne znači kameni grob nego nadgrobni kamen, posmrtna ploča, neki to prevode naopačke, Toston se nalazi u okrugu Kočiz, između planina Zmaj, Magarac i Mazga, južno od sela dižu se visovi Huačuka, u Tostonu se živi rame uz rame sa smrću i uzima se zdravo za gotovo da čovek zna da ubije i zna da umre, ljudi ubijaju gledajući jedan drugog u lice i umiru dostojanstveno, takav je običaj, kažem, mene je prepoznala moja majka, nisam ni znao da mi je majka dok mi nije rekla niti je ona znala da mi je majka dok mi nije videla beleg, imala je šesnaest godina više od mene i dobro je zarađivala za život, mušterije joj nikad nisu nedostajale jer ništa nije odbijala, nikad se nije zamarala i rasplakala bi se kad god joj zatraže, to treba da se plati, taj beleg što imaš na dupetu, ovde za mindžu kažu dupe, tako zovu ono što se kod Španaca zove pička, ja dupetom zovem zadnjicu, govorim kao Španci, baš je to lepa reč, beleg koji imaš na dupetu, znaš, baš tamo gde se koža sabira u levak, rekla mi je 20. septembra 1917. godine, možda je to pogrešan datum, istog dana iskočio je iz šina voz Augustusa Honatasa koji je bio pun Indijanaca, gotovo svi bolesni od malarije, vozili su ih da umru daleko, taj tu beleg što imaš napravio ti je otac da proslavi novi vek kad si napunio pet godina, znači već si bio dovoljno star da osetiš usijano gvožđe, pa te je posle ostavio u sirotištu u nekom dalekom gradu i nikad nije hteo da mi kaže gde, tvoj otac me je terao da radim bezobrazne stvari s krokodilom, krokodil je bio bezmerno pohotan, po tome je ličio na jarca ili na Portugalca, on ga je zvao aligator i od srca se smejao, kad je tvog oca šef policije ostavio polumrtvog na granici sto puta ga je udario nogom i pljuvao po njemu više od tri sata, on se onda ukrcao na teretnjak Fulz Veding, ubrzo je dobio velike boginje pa je kapetan naredio da ga bace u more na dvadeset milja od Ankororoke, južno od Madagaskara, bila bi to slavna smrt da su ga ajkule pojele živog ali nisu, čak ni to, beleg od usijanog gvožđa koji nosim na dupetu je cvet, još se vrlo jasno vidi, majka mi je i dalje pričala, tvoj je otac voleo da žigoše svoju decu pre nego što ih pošalje u sirotište, ne znam zašto kad bi vam se posle ipak zaturio trag, čekao je da napunite pet-šest godina i da dobro znate i da se toga sećate celog života, tvoj otac mi je napravio jedanaestoro dece ali samo sam tebe našla, kad legnem s nekim mladićem, prvo mu pregledam dupe, Džerard Ospino je bio mnogo jak, mogao je jednom rukom da savije gvozdenu šipku na balkonu ali u krevetu nije bio bogzna čemu, stalno isto, to mi je poverila majka, u krevetu je bio vrlo osetljiv, ali nije bio ni pokvaren ni zao i bio bi zadovoljan šta god da mu rade, nikad ništa nije tražio nego je čak bio poslušan, hoćeš da ti popušim, dobro, hoćeš da ti zavučem jezik u dupe, dobro, hoćeš da se popnem na tebe, dobro, popasi mi pičku, dobro, istuci me kaišem, dobro, kaži mi da me voliš više nego ikoga, dobro, volim te više nego ikoga, moja majka je imala prodavnicu drangulija u Šestoj ulici, došla je u Toston pre poštenih žena i neko vreme radila je u kupleraju kod Mađarice Kati Elder, Big Nouz Kejt, one što je bila verenica Džona Doka Holideja, jednog od onih što su učestvovali u obračunu kod O. K. Korala, tada je život bio veća zabava i veća pustolovina, Big Nouz Kejt je imala velik nos i sve ostalo, Big Nouz Kejt je bila čvrsta i hrabra i postala je kurva zato što joj se sviđalo da to bude, Džerarda Ospina, kad je bio misionar u Port Tiritijani, ujela je zelena kornjača za testise pa su mu se napola osušili, oba zajedno su izgledala kao polusuva smokva, od tada je počeo da gubi zanimanje za žene kao i za muškarce i za životinje, to nikad ne dođe odjednom nego malo-pomalo, tražio je društvo samo kad mu je trebalo da neko pljuje po njemu, ni to nije retko, Džerard Ospino mi je pričao, ne želim da bijem Bubotka Miljora, ono polutansko govno, onog poganog meleza, on mi sam traži, ufrkesti očima i u očima mu piše molba, da ga tvoj otac nije ubio, ubio bih ga ja, Bubotka Miljora je neko morao da ubije, budi uveren, te pogane meleze, te polutane na kraju uvek samelju od batina, nekom se nadigne, pa ih ubije od batina, kad ubija od batina polutansko govno, poganog meleza, ubici se kita ukruti, nema greške, to je nešto što se ponavlja, i svršava, nego, šljune ga baš kada žrtva izbljuje poslednji dah, eh, što je dobro kad pogodiš, majka mi se jednog dana poverila, prepoznala sam te prve noći kad smo legli, mnogo ti se dopalo da puštam tango na fonografu, i sodu voliš, ništa ti nisam rekla da se ne bi ustezao da ponovo legneš sa mnom, shvataš, moram od nečega da živim, sad vidim da se ne ustežeš, mogu svašta da ti pričam, ponešto je zabavno a nešto i nije baš toliko, ne mora čovek uvek da umre na vešalima ili na električnoj stolici, može i od metka ili od batina ili u bolnici ili na stotinu drugih načina, tu ti ima bezbroj raznih načina, ni sve priče nisu samo o smrti, ima i priča o krijumčarenju, o avetima, o ljubavi, Toston je bilo selo puno žege, i zimi kao i leti, i sunce koje bi padalo teško kao olovo na pustinju pržilo bi i mozak i srce, zato je bilo toliko nevere i zločina, neki su bili sasvim novi, a drugi starijeg kova, polutanku Asoteju muž je ubio tako što joj je glavu i sve zatrpao u so, muž se zvao Saturio i nije umeo da gleda dostojanstveno, da deca ne bi mogla da je iskopaju, Saturio ih je ostavio na putu za Kito Bakito, među velikim kaktusima pitajama sa crvenim cvetovima i strašnim trnjem, pitaja liči na kaktus saguaro, deca polutanke Asoteje bila su tako izubijana da su ličila na duše koje su se iskrale iz čistilišta, kaktusi i vrućina, zmije, vatra zalepljena za kamen i staze po kojima vrtloži vetar, to je pustinja, zmije se pare na suncu, mužjak na ženku ili obrnuto, na pustinjskom pesku, kad je mužjak star i debeo, navuče ženku preko sebe i pusti je da mu sklizne na kitu, sve životinje rade isto, zmije se pare na suncu, vidi se da uživaju da se prže, ponekad neki momak prođe na konju, ide u posetu devojci, ni to ne vredi truda jer je neverovatno mršava i nije nimalo nežna ali navika je navika, zmija kotrljarka ima oštar i otrovan rep, uhvati se čeljustima za rep i kotrlja se kao točak, ako zabije rep u drvo, ono se odmah osuši, ako ga zabode u čoveka ili životinju, ubije, sa Navaho Indijancima ne može da izađe na kraj, zmija koral je crna, žuta i crna i ima bledu čeljust, zmija koral govori pedeset indijanskih jezika ali ne govori ni engleski ni španski i neprijatelj je belom čoveku, subotom je naš gazda udarao u zvono u sedam i onda bismo, ja i Džerard Ospino, izveli sedam marifetluka, stavili bismo platu u čizmu, svake subote u drugu čizmu, namazali se konjskom mašću po dupetu i potiljku, pojačali bismo radio, žvakali gumene bombone i pravili veliku larmu, kupili novine, pozdravili se sa svima i zapišali vrata Kinezu, unakazili bismo ih, u to vreme je uveliko bio običaj da se Kinezima zapišavaju vrata, nikad se nisu bunili jer su bili lepo vaspitani ali ako bi se i bunili samleli bismo ih od batina i gotovo, Džerard Ospino je bio beskrajno zabavan i dosetljiv, svašta mu je padalo na pamet i dobro je igrao fokstrot i uan step, mlaz pišaćke bio mu je jači nego bilo čiji, umeo je da dobaci dalje nego iko, stisnuo bi malo glavić i dobacio dalje nego iko, u Tjera Adelaidi maltene i ne možeš da pišaš zato što ti se mlaz smrzne, samo se puši i zaledi se, napravi se cevčica za pišanje to jest ono kuda pišaćka prolazi peče i boli a pišaćka, dobro, mokraća, postaje kao staklo boje ćilibara, razbije se u hiljadu komadića poput stakla, litanija Bogorodici je štit koji nas brani od greha, ja kažem *kyrie eleison* i ti kažeš *kyrie eleison*, Bubotka Miljora, polutansko govno, obično su mlatili kaktusovim štapovima, batinama od nopala, maltene svake nedelje su ga mlatili štapovima od nopala, ljudi su se smejali, žene više nego muškarci, ali on nikad nikog nije grdio, vidi se da je bio nepopravljiv, kad ga je moj otac ubio, a šta je drugo i mogao, ljudi su govorili, dobro, pa i nije neka šteta, u celoj oblasti polutanskih govana je napretek, pogani melezi, svi su takvi, kad umru pretvore se u samure ili lešinare, zavisi od daha i od mesečeve mene, obično ih zovu aure, moj se otac zvao Sesil Espana, Sesil Lambert Espana, možda nije bio Espana nego Span ili Aspen, nikad nisam video napisano i nikad nisam saznao, Sesil Lambert Span ili Aspen, kako mi je majka pričala nije bio naročito visok ni naročito lep ali je bio snažan i okretan, bio je umešan drvodelja, zidar i mehaničar, majka mi se zvala Matilda, imala je trojicu braće, sva trojica homoseksualci, Don, Ted i Bob, koje su od milošte zvali Džesi, Nensi i Pansi, dobro, u stvari ta tri imena i nisu od milja nego ih ljudi koriste da ne bi prljali usta prostačkim rečima, najstariji je poginuo u evropskom ratu, najmlađi u zatvoru u Sokoru a onaj treći je živ, pere sudove u Novoj Iberiji u kući nekog bogatog crnca koji je isto tako homoseksualac, moj otac se rodio negde oko 1865. ili možda i pre u Alamosi, na obali Rio Grandea, po mojoj majci stalno je pričao o krajnje zabavnim pustolovinama iz Alamose i sa Rio Grandea, sigurno je uzbudljivije loviti ajkule nego mrene ali je more gotovo uvek daleko, mnogo pričam o ocu ali kroz majčina usta, sve što o ocu znam čuo sam od nje, sviđa mi se što je tako, aligatori žive duže nego krokodili, dresirani aligator moga oca zvao se Džeferson, majka to nije znala, to mi je rekao Migel Tahitos, brat laik iz misije Svetog Ksavera, na fasadi misije, među ukrasima na pročelju i s obe strane vrata stoje miš i mačka, oboje od kamena, jedno drugo gledaju podozrivo, svi znaju da će smak sveta doći kad mačka pojede miša, ima vrlo tužnih i bolnih pesama koje govore o sovama pevačicama i mrtvim Indijancima, kad buljina zapeva, umre Indijanac, to nije sigurna stvar ali se dešava, Džeferson je imao bar sto pedeset godina, verovatno se rodio kao Meksikanac mada se obično pretvarao kad bi ga neko nešto pitao, ne znam ja, ne sećam se, gubim pamćenje, Kam Kojote Gonsales nije imao škole ali je imao dobru ćud i brdo strpljenja, Kam Kojote Gonsales je živeo hvatajući zmije otrovnice po pustinji, nije smeo da ih ubija, laboratorije Norman i Hantington su ih kupovale za pravljenje lekova, Kam Kojote Gonsales je bio bistar i brz, mogao je da stoji a da ne trepne po tri sata, i više, tako je sticao poverenje zmija, Kam Kojote Gonsales je bio prijatelj poganog meleza Bubotka Miljora, gotovo nikad ga nije lemao, mnogo se smejao kad bi ga zatekao kako rije po lutki na naduvavanje i gotovo nikad ga nije marisao, polutansko govno Bubotak Miljor mu je sračunavao koliko Norman i Hantington treba da mu plate za zmije i sve mu davao napismeno, to je prosto pravilo trojno, ako šest košta toliko i toliko, trideset i pet će koštati trideset i pet puta toliko podeljeno na šest, brojevi nikad ne greše, Kam Kojote Gonsales je dobro igrao poker i pevao krajnje usamljeničke pesme i svirao na bendžu, *Usedelice iz Vajmole, Nadahnuće, Bernardino Ćirikaua*, itd., kad je bio u zatvoru u Sakramentu zatvorski čuvar ga je puštao da svira na bendžu svakog jutra, moja majka je imala dete s Kamom Kojoteom Gonsalesom ali joj je odmah umrlo, zvao se Fred i bio mi je brat, razume se, brat po majci, u jedanaestoj godini mu je eksplodirala raketla posred lica i poginuo je, Kam Kojote Gonsales trčao je brzo kao konj, žene su sasvim drugačije od muškaraca, otpornije su, ali su im osećanja gora, sad ću da pričam o majci, prvo se zvala Marijana a posle Matilda, kaže da se rodila u Sasabeu s po jednom nogom na obe strane granice, nije upoznala oca ali je znala ko je on bio, ispričali su joj kad je imala deset godina i kad je pošla na prvo pričešće i kad ju je Bufalo Ćamberino napio i strpao je u krevet, rekao joj je, tvog su tatu obesili u Pitikitu, a ti, igraj se malo sa ovim što imam ovde i ne boj se, nije tačno da su tvog tatu vukli konjima sve do pola puta za Kaborku, ne, ostavili su ga da visi pa su ga kljuvali lešinari, skoncentriši se, gledaj, stani ovde da te pipnem, raširi malo noge i diši duboko, ni otac ti nije bio baš čovek od poverenja, stalno se vucarao kojekuda, ne steži zube i diši duboko, Bufalo Ćamberino je polako govorio i slatko podrigivao, Bufalo Ćamberino je bio na glasu kao strašno ozbiljan i smotren čovek, jako je držao do običaja, Bufalo Ćamberino je voleo da od devojčica pravi kurve, i same će već umeti da se kurvaju s drugima kad prođe neko vreme, ja ih lepo naučim pa se posle kurvaju same, uvek ista stvar, žene same nauče da hodaju, da pričaju i da se kurvaju, možda im to dođe kao disanje, i ne misle o tome, kad sam počeo da ležem sa majkom već je bila stara i spečena ali je još znala kako da ugodi mušteriji, možda ti ne znaš ali ja znam, znam šta znači taj beleg koji nosiš na dupetu, taj beleg koji ti je utisnut u dupe, ispričaću ti jednog dana, kad mi je majka ispričala jedne nedelje kada smo celo popodne proveli u krevetu nisam se naročito začudio, ponekad mi se činilo da me to beskrajno raduje a ponekad ne, ponekad mi se činilo da sam zbog toga tužan, u tu nedelju kad smo već popadali od umora i dok mi je kuvala kafu, staviću ti mnogo šećera, muškarci moraju da piju kafu s mnogo šećera, to im daje snagu, pitao sam je da li možda više ne želi da ležemo zajedno, to nema nikakve veze ni sa čim, u to sam ubeđena, ali ću nešto da te zamolim, kad se budeš zadovoljio obuci pantalone i poljubi me u čelo, moja majka je imala jak nagon, nije znala ni da čita ni da piše ali je imala jak nagon i strašan osećaj za pristojnost, ako kurva nema nagon umreće od gladi i nedaća i bede a ako nema osećaj za pristojnost i dostojanstvo možda će da je izbodu nožem, bilo ih je osmorica u obračunu kod O. K. Korala u Tostonu dana 28. oktobra 1881, trojica braće Erp, to jest Vajat, Morgan i Virdžil, zajedno sa Džonom Dokom Holidejem, s jedne strane, a braća Ajk i Bili Klanton i braća Frenk i Tom Mek Lauri sa druge, poslednja trojica ostali su mrtvi na licu mesta, dva dana kasnije *Tombston Epitaf* je objavio letak u kojem je pisalo, sahrana je bila najposećenija koju je Tombston ikad video, krenula je u 3. 30 iz pogrebnog zavoda gospode Ritera i Rajana, pratnja pred kojom je išla bleh muzika spustila se niz Ulicu Alen sve do groblja, na pločnicima se tiskao svet, Klantonovo telo je išlo u prvim kolima a tela braće Mek Lauri u drugim, sahranjeni su u istom grobu, napoličar Frensis Pako Nogales imao je jedno stakleno oko, da mu se ne bi slomilo obično ga je nosio u džepu, umotano u maramicu, travar-pokućarac nije se zvao Marko Saragosa, zvao se Sanspot, Giljermo Bakalar Sanspot, nesrećnika su obesili o jedino drvo u Hiltopu, morali su da skinu crnkinju Patrisiju koja se još nije bila sasvim ohladila jer je to bilo jedino drvo, crnkinja Patrisija je klala decu i pravila eliksire od njihove krvi, napitke za zaljubljivanje i odljubljivanje, za privlačenje ljubavnika i kažnjavanje zaborava, sirup koji leči od nemoći i jača želju, kad su u Pitikitu obesili mog dedu, morali su da skinu Boba Hanagana koji se još nije bio sasvim ohladio, jer je i tu bilo samo jedno drvo, Bob Hanagan je bio konjokradica, travar-pokućarac je umro prilično dostojanstveno i čak nije ni mlatarao nogama, mogu li da uzmem konopac da njime vežem svoju gospoju pošto je malo hoćka, pitao je lovac na divljač, Sem V. Lindo mu reče, ne može, taj konopac pripada državi, niko ne može da ga uzme, Sem V. Lindo nije ništa kriv za linčovanje travara Sanspota, kad građani, očevi porodica, časni ljudi, hoće da linčuju stranca, nema baš preterenih razloga da im se čovek suprotstavlja, mir, običaji i poverenje su tri potporna stuba zajedničkog života, i zakon tu ima uticaja ali ne toliko, travar Sanspot prodavao je losion za rast kose od kojeg nikad nikom kosa nije porasla i još pride uvek je dobijao na pokeru i obično je iz Mravojedove krčme odlazio ne plativši, kad je građanima Tostona dojadilo travar Sanspot je obešen pa su i njega pojele ptice strvinari, travar Sanspot je umeo da barata špilom ali mu je ta veština na kraju bila od slabe vajde, kad sreća jednom iskoči iz koloseka više niko ne može da obuzda nesreću, kad su hteli da ga obese travar Sanspot je prokleo dželate i prorekao im da će svi oćelaviti, onemoćati i ošugaviti se, Augustus Honatas je bio mašinovođa u Vinkelmanovom vozu za Tortilju Flat koji je prolazio pored rezervata za Apače, rezervata San Karlos, Augustus Honatas je bio silno bogat ali je umro a da to nije saznao, udova mu je još živa i još je lepa i žustra, zove se Vajolet i drži gostionicu u Bizbiju, u četvrti Tintaun, Kržljavgrad, Meksikanci tu četvrt zovu La Soriljera, Tvorograd, prodaje i kupuje i razmenjuje konje, Vajolet je ćerka Irca i Navaho Indijanke i nosi bodež za pojasom, Vajolet nosi bič, u gostionici joj je neophodan da bi održavala red, kad se napiju i kad se kartaju muškarci se obeznane pa se mora održavati red, Bizbi je pristojno selo, pustinja Čiuaua se s te strane zavlači u Arizonu, oca moje majke obesili su u Pitikitu, ona ga nije upoznala, u to vreme je bilo uobičajeno da ne upoznaš oca, to je maltene bio običaj barem na granici, majka moje majke bila je pralja kod Bufala Čamberina, bilo je to dobro nameštenje jer su joj davali da jede, majka moje majke umrla je od groznice, oborila ju je groznica i brzo je umrla, kad su moja majka i njena trojica braće pedera ostali siročići gazda Bufalo im je dao neku paru i ostavio ih na drumu, široko vam polje, ovuda možete svuda da stignete, u Njujork, u Kaliforniju, u Tursku, valjda vas neće ujesti zmija niti vas ubiti sunce, majka se nije sećala da li je dresirani aligator moga oca imao neko ime ili nije, Tako Mendes, neki ga zovu i Tako Lopes, nije imao jedno oko baš kao ni Frensis Pako Nogales, izbili su mu ga još odavno u obračunu na Sjera Visti o kojem se pričalo duž cele granice, poginula su trojica Indijanaca, tri mulata i tri belca, Indijanci su bili iz plemena Navaho, mulati Meksikanci iz Vada de Fusiles a belci Gringosi, ispalo je prilično pravilno raspoređeno pa je ostala gomila nezadovoljstva, svakog dana je moglo ponovo da bukne, oko Taka Lopesa, koga neki zovu Tako Mendes, čuva krčmar Erskin u boci od džina, kaže da ga ono krepi, sve više propada i muti se, mislim oko, svako ima svoje bubice, kad bismo legli zajedno majka je volela da me miluje i da me ljubi u beleg na dupetu, lep je to cvet, govorila mi je, kakva šteta što ne mogu da nađem i ostale, pa bi se onda rasplakala i ja bih morao da je zabavljam i da joj pevam pesme, nemam baš neki sluh niti mi je glas lep ali kažu da zabavno pevam, Mravojedova krčma je imala nisku tavanicu, mnogi su se saginjali da ne bi glavom lupili o plafon, Pantaleo Klinton je bio visok i obično bi udario glavom ne o plafon nego o dovratak, ulazio je rasejano, Pantaleo Klinton je hteo da uzme konopac kojim su obesili travara-pokućarca ali mu ga nisu dali, taj konopac pripada državi, Pantaleo Klinton bi nanjušio divljač na više od kilometar, svojim nosom Pantaleo Klinton je merio odstojanje i pogađao da li je kojot koga još niko nije video mužjak ili ženka i da li je gladan ili sit, razlikovao je i konja od mazge kao i koje je rase čovek, najlakše je prepoznati crnce pošto mirišu na ribu, Indijanci mirišu na bizona, Kinezi na tapioku a Gringosi na strvinu, crnkinja Viki Farli je otišla da se ispovedi i rekla je popu, zdravo Marija prečista, imam dvadeset godina, u jedanaestoj sam izgubila čast s mužem tetke koju sam najviše volela, neki iz porodice su me mrzeli a drugi nisu, tetka je obožavala muža, otišli su u Čikago i pomirili se, ja sam najnesrećnija osoba zbog tog mog problema, telo mi je pola žensko a pola muško, crnkinja Viki Farli pila je samo rum, nije pila ni viski ni tekilu, samo rum, crnkinja Viki Farli bila je brza sa revolverom, pogodila bi novčić u vazduhu i posle bi se smeškala, rekla je popu, ozbiljna sam žena i poštena ali kad izađem na ulicu ljudi mi dobacuju i smeju mi se u lice, pop je bio franjevac iz misije, Otac Daglas Roskomon, stalno se znojio i kosa mu je bila kao šargarepa, kao mladić je Otac Roskomon imao zauške pa mu je glas ostao malo piskutav, nekom se glas ne promeni pa uči za krojača ili za pisara, crnkinja Viki Farli je nastavila da objašnjava, bila sam u Litl Roku, Arkanzas, radila sam u trgovini i više neće da mi daju posao kad vide kakvo mi je telo, falična sam od glave do pete, lovac na divljač Pantaleo Klinton hteo je da ukrade konopac kojim su obesili travara Sanspota, nije to uradio da ne bi i njega obesili, kad čovek pokrade državu to je zločin koji se oštro kažnjava, Sem V. Lindo je neumoljiv, u drugim stvarima popusti, može da popusti, ali kad je reč o odbrani državnog dobra onda nema milosti ni za koga, Sem V. Lindo je krajnje strog, polutane drži na uzdi i ne popušta ni levo ni desno, on nije polutan, mora da ima samo četvrt crne krvi, madam Anhelina proročica koja je nedavno došla iz Agua Prijete, gledam u karte, proričem sudbinu, osveštani jelej gratis, jelej za zaljubljene, krv slepog miša, prah s groblja, smrt neprijateljima mojim, ljubakala se sa Semom V. Lindom, viđali su se u Sauariti, u kući žutog Garsije koji je prestao da puši, madam Anhelina je našla dete od devet godina poznato pod imenom Huanito Pitalica, bilo je to u Durangu, Kolorado, njegov zabrinuti otac pevač Eriberto Espinosa nagradio ju je s deset dolara, madam Anhelina je mnogo prijala Semu V. Lindu zato što mu je hipnotisala ud, litanija Bogorodici je štit koji nas brani od greha, ja kažem *Christe eleison* i ti kažeš *Christe eleison*, sad se vraćam na oca, mogao je da bude slavan, mogao je da postane junak i da privuče pažnju ali nije, kad je moj otac dobio velike boginje i kad je kapetan teretnjaka Fulz Veding naredio da ga bace u more nisu ga ajkule pojele živog, pojele su ga mrtvog, znam da je taj događaj od manjeg značaja ali istina uvek mora da se kaže, subotom smo ostavljali posao u sedam i onda smo se ja i Džerard Ospino smejali Rehinaldu Ferbanku koji pošto je bio hrom nije mogao da pije pivo, nije ni u voz za Tanke Verde mogao da uđe jer je bio običaj da se šepavi šutiraju kad prolaze pored bakalnice Braće Koralitos, Erskin Ardvark Karlou, iliti Erskin Mravojed Karlou, Erskin je bio u Rodeziji, grejao je svoj jedini testis u vunenoj navlaci koju mu je isplela Ana Abanda, jedna klot, druga frket, Ana je bila monahinja a sad se saživela s Lusijanitom Ruterom crkvenjakom u misiji Presvetog Trojstva, ima i onih koji kažu da je tvorila prava čuda, ne može se reći ni da nije jer su sva čuda prava, neću da posle neko okolo priča da mi se stvarka hladi u samoći, objašnjavao je krčmar Erskin Semu V. Lindu šefu policije, bolje da se znoji, tako je pristojnije, stvarka uvek mora da bude malo znojava, gotovo svi Indijanci iz voza Augustusa Honatasa stigli su mrtvi na odredište, u Hedito i u Oraibi, gde je pao balon sa mrtvacem, tamo u rezervatu Hopi Indijanaca koji je malo severno od Vinsloua, crnkinja Viki Farli je nastavila da se ispoveda, u mene se zaljubio Kinez kome je lice bilo svo izrovašeno, hoće da se ženi ali je beo a ja sam crna mada to njemu nije važno, živi u stanu gde su svi belci, hoće da se venčamo i da tamo živimo, ja to nikad neću učiniti, da mi se svi ti ljudi smeju, Otac Daglas Roskomon je svirao u crkvi sa mnogo sluha, na harmonijumu, kako ga je zvao, otkako je imao zauške istančalo mu se i držanje i osećaj, možda je Kinez crnkinje Viki Farli u srodstvu s Kinezom kome smo zapišavali vrata, u San Fransisku, u vreme Evropskog rata, ispričao mi pukovnik Mek Deming pre nego što je umro, kaže pukovnik Mek Deming, stalno smo imali običaj da subotom mi momci uveče izlazimo u grupama, baš smo se lepo provodili i zabavljali se, pevali smo, pili pivo, legali s Poljakinjama, bacali Kineze u zaliv, sad više nije kao nekad, maltene svako ima nešto u testisima, Džerard Ospino, Erskin Karlou, Otac Roskomon, kao i Sem V. Lindo mada ćuti o tome, jednog dana je počeo da mi izlazi gnoj po ivici cveta na dupetu, majka mi je rekla, cvet ti se dao na zlo, možda je čir, tvoj otac je stalno imao čireve po dupetu, kad bi mu pukli sve bi umazao krvlju i gnojem, onda sam joj odgovorio, a može biti i kazna Božija, rak koji mi Bog šalje kao kaznu zato što sam legao sa majkom znajući šta radim, Džerard Ospino je malo-pomalo prestao da leže s mojom majkom, gadi mi se, dobro, stidim se, nekako mi je nezgodno, pa meni nije, meni baš prija, majka mi mnogo prija, prava je prasica koja ume da ugodi muškarcu, mene sad plaši taj rak koji mi je izašao na dupetu, majka mi kaže da je cvet pun gnoja, ako mi cvet na kraju nestane možda ću i da umrem, voleo bih da znam šta je s mojom braćom, majka je stalno ponavljala isto, tvoj otac me je terao da radim bezobrazluke s aligatorom, valjali smo se po patosu gde se uvek zemlja mešala s potocima životinjske ili ljudske krvi, šta ima veze, to je manje važno, i životinjka bi me zgrabila za nogu svojim ogromnim čeljustima ali sasvim blago, obor pamti mnoge istinske priče ali sreća naša što ne govori, posle bi mi prelazio preko celog tela, grickao bi mi potiljak bez stezanja, da je stegao ubio bi me onim zubima, lizao me je tu dole, i jedno i drugo, okrenuo bi me i zavukao mi šta treba gde god da uleti, svejedno mu je bilo da li ovde ili onde, vodila sam ga rukom da mi ne napravi još neku rupu, kokoške bi se razbežale u strahu, konj je nervozno frktao a koza bi nepomično gledala kao da se ništa ne dešava, kao da ne želi da je vide kako gleda, tvoj otac se mnogo smejao, posle bi zatvorio aligatora u neki sanduk u kojem se ovaj gušio, bacio bi me na krevet i govorio mi kurvo, kurvinska kćeri, zaljubljen čovek uvek vređa zato što misli da je njegova draga drugačija i bolja, tvoj otac je bio smrtno zaljubljen u mene, kurvo, kurvinska kćeri, bar sto puta bi me udario kaišem, posle bi me pitao ko mi je napravio modrice i još bi me udarao, da me nije toliko voleo ne bi me toliko tukao, uzeo bi me žestoko, svu bi me izlomio, tek tako, izgledao je kao bizon, ni sa kim nisam toliko uživala kao s tvojim ocem, ne može se uživati više, pod njim nisam mogla ni da se mrdnem, ostala bih sva smoždena, ni da dišem nisam mogla, tvog oca bi uhvatila groznica u celom telu a kita mu je bila kao dugačka plamena žeravica, kad bi ušao bubnjalo bi mi u glavi i bezmalo bih izgubila svest, tvoj otac je bio jedan od poslednjih muškaraca onakvih kako Bog zapoveda, jedan od poslednjih istinskih mužjaka koji su gazili ovu zemlju, Fidel Lusero Džonson nije imao ni dlaku na glavi, umesto kosom glava mu je bila pokrivena sjajem, žena Fidela Lusera Džonsona zvala se Ćućita Kontinental i svirala je na gitari i na harmonici, i pevala je i igrala, kad je travar Sanspot prevario Fidela losionom za rast kose, Ćućita je rekla mužu, što ga ne ubiješ, neće biti potrebe, videćeš, njega će na kraju obesiti drugi, Fidel Lusero Džonson je bio neverovatno prek i smešljiv, uvek se smejao grohotom i na sav glas, ljudima bi se pupak stegao u čvor kad bi ga videli kako pije viski kroz nos, zovem se Vendel Liverpul Espana ili Span ili Aspen i sve što pišem je istina mada ponekad ne izgleda tako, otac mi se zvao Sesil Lambert Espana ili Span ili Aspen i bio je beskrajno uporan i vešt, umeo je da kroti, da kuva i da štavi kožu, moj otac je dobro živeo mada sreće nije imao napretek, kad je dobio velike boginje bacili su ga u more i odmah se utopio, pet minuta pošto je pao u vodu, možda i pre, sad je u paklu, Otac Daglas Roskomon kaže da se Bog možda smilovao na njega i podario mu rajsko naselje, majka mi se prvo zvala Marijana a posle Matilda, Marijana je predivno ime ali izgleda kao da je strano, Ledi Gej je bila prijateljica moje majke, njenog muža su ubili Apači u Zmajevim planinama i ona je postala kurva jer je morala nešto da jede, nikad nije pokazivala naročitu sklonost ka svom poslu i čim je nešto uštedela vratila se porodici na Roud Ajlend, od trojice braće pedera moje majke živ je samo Ted iliti Nensi, već je star ali je još živ, Ted pere tanjire u Nju Iberiji, Lujzijana, u kući crnca trgovca pićem, Abrahama Linkolna Lorovila, zovu ga Parsli, iliti Peršun, mnogo je bogat i takođe je topli brat, Parslijev sfinkter odnosno šupak je vrlo nežan i kad god vrši nuždu Nensi mu ga briše vatom natopljenom u blag rastvor borne kiseline, u obračunu na Sjera Visti bilo je devetoro mrtvih i gomila ranjenih, niko ih nije prebrojao ali ih je bilo mnogo, Taka Mendesa, koga neki zovu Tako Lopes, izlečili su u Kasadoru, Indijanka Ćabela Paradajs zašila mu je kapak veoma brižljivo, tada je mom ocu prodao pola aligatora da bi kupio poklon Indijanki Ćabeli, krojačku lutku od slame svu obloženu tankim platnom i dve unce duvana za žvakanje, muškarci moraju da znaju da uzvrate, ako se ne stidiš da te zagrli ćoravko sutra te vodim da igramo valcer, naći ću muzikanta, platiću mu da svira valcer i igraćemo, znam da se priča da po telu gajim životinjke, buve, gnjide, picajzle, puževe ne gajim, ali ako hoćeš, lepo ću da se operem i obući ću drugu košulju, moju prazničnu košulju mnogi bi poželeli da ih u njoj sahrane, Tako Lopes, neki ga zovu Tako Mendes, rekao je Indijanki Ćabeli, oko ću da poklonim Erskinu Ardvarku da ga stavi za ukras u krčmi, Erskin je dobar drug i ume da ceni pažnju, Bubotak Miljor, polutansko govno što je samo kašljao i timario ga ličio je na ovcu ili majmuna, i na ovcu i na majmuna, poginuo je zato što je protivrečio ljudima, mog su oca bacili u more zato što je dobio velike boginje inače ga niko ne bi ubio, svi moramo umreti jednoga dana, to nam ne gine, samo se ne zna u kom položaju, da li na nogama ili na leđima, smrt ne napada ako je čovek vidi kako dolazi i pogleda je u lice, ako zatvori oči smrt iskoristi priliku i postavi zamku, Sem V. Lindo gotovo nikada nije plaćao ali nije ni pio mnogo, čuo sam za tvoje oko, rekao je Taku Lopesu, odnosno Taku Mendesu, to ti je zato što se stalno nešto kurčiš, zar ne vidiš da je već prošlo vreme, Ferminsito Guanahuato je stalno govorio, ne možeš da se šetaš kao pustahija među mrtvima jer će te na kraju strefiti, Ferminsita je strefilo a i tebe je, takvu si sreću izvukao, znaš šta mi je rekao Ferminsito pre nego što je umro, ne znaš, pa rekao mi je da pazim šta radim, vidiš, Hristos ne nosi mamuze a ipak te od njega stigne smrt, Taćito Smit bio je gazda Smitove automehaničarske radionice, i braća su se s njim uortačila ali je on upravljao svime jer osim što je bio najstariji bio je i najpametniji i najzdraviji, Taćito Smit bio je gazda i nosio je razbojničke zulufe i hajdučke brke, za praznik bi prsluk ukrasio zlatnim lančićem za sat i dukatom Fernanda VII kralja Španije, Taćito Smit ga je menjao za revolver s Indijancem Abelom Tumakakorijem malo pre nego što su ga ubili u prepadu kod Dve Glave, davno to beše, Bubotak Miljor polutansko govno koje je moj otac ubio udarcem noge u grudi, Bože, kakav udarac, kako je samo udarao, bio je kao bizon, majka mi je pričala da, kad bi se moj otac napalio pa kad bi je uzeo, bio je baš kao bizon, Bubotak Miljor ga je obično timario u klozetu u poslastičarnici, izlazi napolje, pogani melezu, radi svoje svinjarije tamo gde te niko ne vidi, Taćito ga nije puštao u klozet ali ga je stalno tamo zaticao, opet si tu, kako si samo ušao, jednog dana ću ubiti boga u tebi, pogani melezu, jednog dana nećeš stići da ga išamaraš do kraja, Indijanac Abel Tumakakori bio je harambaša u planinama Dve Glave, i u selu su ga slušali ali možda ne baš toliko, Indijanac Abel Tumakakori bio je oženjen belkinjom, jako visokom i nezgrapnom, Irmom, plavušom koja je pravila neki čudan liker umačući cvet kaktusa kardon u rakiju pomešanu s malo kojotovog loja, stavljala je razne trave i dve slamke u obliku krsta i ostavljala ga da stoji sve četiri mesečeve mene, mnogo dobro leči slabost duha i malaksalost uda, ako se da mladiću može da bude opasan zato što mu se ponekad rasprsne kita, ojača više nego što može da podnese pa mu se naduje i samo pukne, raspadne se u hiljadu komada, Irmi su sise bile oklembešene i stalno je nosila ogrlicu od tirkiza koju joj je poklonio Indijanac Abel, ogrlicu od crnog ćilibara nikad nije nosila, bila je to pomalo neodređena uspomena na Santjaga Portosina, jednog gazde iz Noje s kojim je imala ljubavnu vezu pre mnogo vremena, Indijanac Abel ju je pustio da je sačuva ali ne i da je nosi, ako je staviš, uši ću ti odseći, i bradavice na sisama, i sve ću kerovima da bacim, Bubotak Miljor pogani melez imao je sreće što je samo gledao u zemlju, pošto je stalno gledao u zemlju nalazio je novčiće i druge korisne stvari, u jarku pored puta za Nogales, između Tubaka i Karmen, Bubotak Miljor je našao lutku na naduvavanje Žaklin izduvanu i štrokavu i s dve rupe na sisama, lutke su kao jarci, mogu da istrpe više od ljudskog bića i ne žale se i ne teturaju i ne mole, Bubotak Miljor ju je malo otresao od prašine, stavio joj po flaster na svaku rupu i naduvao je ustima, polutan je uživao u lutki sve dok ga moj otac nije ubio, Bog prašta gotovo sve smrti, litanija Bogorodici je štit koji nas brani od greha, ja kažem *kyrie eleison* i ti kažeš *kyrie eleison*, lepog Estradu su zvali Pićulin a lepog Okenda Papirus, u selu nije bilo mesta za obojicu pa je jedan morao da umre, ubrzo su se jedne noći sreli u Ulici Konsepsion, Papirus je izvadio nož ispod košulje i presekao Pićulinu nit života, presekao mu je tačno posred grkljana, pre nego što je umro Pićulin je stisnuo obarač na revolveru i presekao nit života Papirusu, presekao ju je tačno kroz oko kroz koje mu je ušao metak, Sem V. Lindo je to proslavio plativši pivo prijateljima, žrtve su imale nešto novca kod sebe, najpristojnije je da ga popijemo za pokoj njihovih duša, neće im baš biti lako da nađu pokoj ali nama se isto hvata, u paklu novac ne važi a osim toga je i zabranjeno da se pije pivo, Pato Makario ga je trpao dečacima i krotkim životinjama, kokoškama, psima i kozama, i još jednom bratu laiku iz misije Presvetog Trojstva koji se zvao Isabelo Florens, svi Indijanci iz rezervata u Taniju imali su kapavac, mikrob im je doneo Velečasni Džimi Skotsdejl koji je preobratio Isabela Florensa u hrišćanstvo, kažu da je i Pato Makario imao cvet na dupetu, moja majka to nije znala, majka nije mogla da ga vidi pošto je Pato Makario bio neverovatno stidljiv, jednog dana sam rekao bratu laiku Isabelu Florensu, što ne pogledaš dupe Pata Makarija da vidiš da nema slučajno ovakav isti cvet kao ja, moje dupe ne diraj jer ću te izgaziti, samo ti pogledaj, pogledaj pažljivo, daću ti flašu viskija, nemoj da me lažeš jer ću začas da saznam, Isabelo Florens mi je rekao da je tako, da je cvet koji Pato Makario ima na dupetu baš isti, meni se to nimalo nije dopalo i nisam o tome pričao svojoj majci koja je bila i njegova majka, Isabelu Florensu sam naredio da ćuti, usta su ti kao zalivena, ni da dišeš više ne umeš, razumeš, ne znaš ni kakvo je dupe ni kod Pata Makarija ni bilo čije, Sem V. Lindo je poticao od sirotinje i fukare, sva je fukara jad i beda, sirotinjo, i Bogu si teška, Sem V. Lindo je možda četvrtinu Indijanac, postao je šef policije zato što je brz na obaraču i ima tri vrline, neumoljiv je hrabar i ume da pogleda na drugu stranu kad mu to opreznost zapoveda, red mora da se zna a mene plaćaju da čuvam red, Sem V. Lindo je gotovo isto onoliko brz na obaraču koliko i crnkinja Viki Farli koja može da pogodi osicu i ako joj okrene leđa i puca ispod miške, Sem V. Lindo se spanđao s madam Anhelinom, voli je svim srcem, znam da muškarac ne bi smeo da priča o tim stvarima ali madam Anhelini nema ravne na svetu, madam Anhelina ume da mi ga hipnotiše, smem da se zakunem, gleda ga nepomično i sasvim mirno, uspava mi jaja i vodi mi kitu kako poželi, ne znam zašto pričam ovakve privatne stvari, u krčmu kod Mravojeda žene baš i nisu zalazile, to nije bio običaj, plavuša Irma je počela da dolazi u krčmu kad je obudovela, onda je ponekad stavljala i ogrlicu od crnog ćilibara, udovice dopuštaju sebi neke slobode kad prestanu da se plaše, ne prestaje svaka da se plaši, ima i onih koje umru u starosti sećajući se biča iz mladosti, oko Taka Mendesa, koga neki zovu Tako Lopes, s punim pravom se kočoperilo po krčmi Erskina Ardvarka, Indijanka Ćabela Paradajs mu je rekla, mogu li da vidim oko, i ćoravi Tako Lopes, kako vi kažete, Tako Mendes, oćoravili ga u tuči kod Sjera Viste, veli, dobro, jednom ću te odvesti, u cik zore, videćeš ga pre nego što se osoblje razmili, možda ćemo naleteti na popa koji je pošao da dade poslednje pričešće nekom samrtniku, još malo pa će biti mrtvac, srediće ga u pogrebnom zavodu Grau, izvanredne pogrebne usluge, pojedinačne i grupne, tamo gde ožalošćene porodice utapaju tugu i gde ga Bubotak Miljor pogani melez šamara sve u šesnaest, kerovi ne zapišavaju kuću onoga ko će umreti, ni vodu ne piju ni hleb ne jedu nego samo zavijaju i prolaze, žene su razumnije i kadre su da legnu sa samrtnikom pa i sa osuđenikom na smrt, moju majku su skinuli s mog oca pre vremena, takva je sudbina, mojoj majci je moj otac pružio istinsko uživanje, kao upaljena baklja koja se gasi u kofi krvi, mi ostali muškarci nikad nismo umeli da joj pružimo toliko uživanja, muškarce je lako ukrotiti, govorila je majka, oni koji mnogo vole, sa njima je i teže, ali takvih je malo, žena možda naleti samo na dvojicu-trojicu u životu, kučkama i zmijama nije tako s njihovim mužjacima, slično je ali nije isto, ima ih koji više koriste misao nego osećanje a ima ih i koji rade obrnuto, proporcija je ono što im nije dovoljno poznato, uvek postoji neka proporcija, nikad se ne zna da li je ideja jača od navike ili je obrnuto, kojot je kadar da pređe celu pustinju u potrazi za ženkom, pas ume da mašući repom sačeka da drugi pas prestane da se pari s kučkom a čovek može i da ubije u besu i da mirno sedne na stolicu i da ga drka ili da čita novine dok mu neki stranac prevrće suprugu, kurva si ali me baš briga jer na kraju znam da voliš da mi ugađaš, videćeš već kad te sahranim i dobro utabam zemlju na tvom grobu, Saturio je ostavio decu na putu za Kito Bakito da ne bi mogli da iskopaju majku, polutanka Asoteja je umrla zatrpana u so a deci je dugo trebalo da nađu njen leš i još su morali tri puta da ga operu pre nego što su ga pokopali na groblju, Sem V. Lindo je rekao Saturiju, ti si zločinac i ubica, i seronja si, slušaj dobro šta ću ti reći, šutiraću te dok mi ne dosadi pa ću te ostaviti na granici, snaći ćeš se ti već, ne vraćaj se dok ne prođe godinu dana, ljudi zaboravljaju brzo ali im treba bar godinu dana, ni polutanka Asoteja nije zaslužila da na nju arčimo silnu hartiju, izvini, Saturio se nije ponašao dostojanstveno ali je bio poslušan, dobro, pripazite mi na decu jer su još mali, godinu dana prođe dok udariš dlanom o dlan i sve se zaboravlja, porota je braću Erp i Doka Holideja proglasila krivim za smrt braće Mek Lauri i Bila Klantona ali sudija Vels Spenser je naredio da ih oslobode svih optužbi zato što je shvatio da je to što su učinili bilo potpuno opravdano, Migela Tahitosa, brata laika u misiji Svetog Ksavera zvali su Divlja Guza jer nije puštao da ga pipkaju, nije bio poročan a i mnogo je voleo žene, Migel Tahitos je bio dobar prijatelj mog oca, zato je znao da se dresirani aligator zvao Džeferson i da je tečno govorio engleski i španski, video sam svojim očima, Džeferson je umeo i da imitira rzanje konja i zavijanje kojota, recitovao je poeziju i pevao pesme, video sam svojim očima, Bubotak Miljor pogani melez bio je lažljivac, tvoj otac je dobro uradio što ga je ubio, nevolja je što je Sem V. Lindo pomislio da je neka vlast pa mu je skupo naplatio, mislim da ga sada kad više nema pomoći mnogo boli mada neće da prizna, iguane se u tuči šepure, naduju ždrelo i okreću se postrance da bi neprijatelj mogao da vidi koliko su krupne i da bi se uplašio, ponekad se čak i ne potuku, jedno od njih dvoje samo šturne pa se i ne potuku, ja i Džerard Ospino smo se gotovo bez izuzetka lepo provodili, na poslu nije bilo velikih teškoća a van posla je sve klizilo kao po loju, ženama se sviđaju zakletve, to nije loše ali može da postane obaveza, nikad nisam znao šta znače neke reči, niko ne ume ni dobro da objasni šta je pomračenje pa opet nema veze, nikom ništa, Džerard Ospino je dobro umeo da barata špilom karata, uvek je dobijao, vidi se da je umeo da ukroti kartu, da je imao muda mogao je da ide od grada do grada i da igra poker, da izvlači keca iz rukava i da zgrće pare, Džerard Ospino nije baš imao neka muda, čim bi ostao sam samo bi se skljokao, Džerard Ospino je igrao bolje od Kama Kojotea Gonsalesa ali mu je završnica išla slabije, onaj brat moje majke što je živ zove se Ted, zovu ga Nensi, kaže da sanja u boji, pogrebni zavod Grau proslavio je stotog pokojnika uz koktel za prijatelje, spojila ih sudbina i volja Boga našeg Spasitelja, nazdravljam vam sa željom da još zadugo ne morate da koristite naše usluge, to su bile reči koje je izgovorio Arčibald M. Grau pred prisutnima, o tome kako sanjaju u boji furunaši blebeću kad nemaju šta da kažu, pa ti onda objašnjavaju kako malo spavaju i kako boluju od nekih čudnih i naročitih bolesti, kad je Bufalo Čamberino ostario zabavljalo ga je da mu pričaju o smrtima, konjokradicu Boba Hanagana obesili su u Pitikitu malo pre nego oca moje majke, bilo je samo jedno drvo pa su morali da ga skinu još gotovo vrućeg, malo posle je moja majka išla na prvo pričešće pa ju je Bufalo Čamberino napio, zadigao joj suknju i skinuo gaćice, ne plaši se i drži mi kitu da vidiš kako će da se ukruti, tvoj tata je umro krajnje dostojanstveno, ljudi su se nadali da će da se dere i da se rita ali on niti se drao, niti se ritao, kad čovek neće, onda neće, raširi malo noge i pusti da te pipnem, posle ćeš da užinaš sa drugaricama, dan prvog pričešća je beskrajno srećan dan, imaćeš sve što poželiš, daće ti slatkog hleba da sisaš, raširi malo noge, Bufalo Ćamberino je voleo da mu pričaju o smrtima, pokajnik je rekao Ocu Daglasu Roskomonu, zdravo Marija prečista, imam osamnaest godina i zovem se Pol, u devetoj sam izgubio nevinost s tetka Alehandrom, ona je spavala i s mojim tatom, zapretila je da će na mene svaliti krivicu, sad sam oženjen tridesetšestogodišnjom gospođom, dvaput je starija od mene, za godinu i po koliko smo u braku to je bilo samo mučenje, strašno loše postupa sa mnom i stalno nešto zakera i svađa se, voli kavgu i voli da ne poštuje čoveka, subotom smo se vraćali na slobodu u sedam uveče i onda smo ja i Džerard Ospino izvodili naših sedam marifetluka, zviždali bismo s prstima u ustima da ceo svet čuje, jeli pinole i pljuvali ljuske na devojke, obično su se ljutile, skakali po klupama u krčmi, duvali prašinu sa krpenih cvetova u sali gde se držala veronauka, sa bulki, ružica i ljiljana, glancali čizme mašću, zapišavali vrata Kinezu, poslednje subote u mesecu bismo se i posrali, i legli bismo s mojom majkom, prvo ja, i na kraju kada bih već obukao pantalone ona mi je tražila da je poljubim u čelo i plakala je, uvek ista stvar, sve se dobro isplanira za pljačku banke i onda nešto omane, promakne neki detalj, nije lako pucati u pravom trenutku, dve sekunde oklevanja mogu da sruše plan koji je zreo mesecima, ako ti se osuši grlo moraš da napraviš pljuvačku a nikako ne možeš da pljačkaš banku sa suvim grlom, ni glas ne sme da ti zadrhti, mora da bude čvrst, Pol se dalje ispovedao, supruzi dajem pola plate i lepo se ponašam, ona ima devetoro dece, svi su u kući, nijedno nije moje, najstariji je već napunio devetnaest godina i samo što je izašao iz zatvora, zapazio sam da me moja žena ne smatra za muža, udavala se pet puta, u drugim brakovima je imala decu, lovac na divljač Pantaleo Klinton nije mogao da uzme konopac kojim su obesili Marka Saragosu travara-pokućarca, njegovo pravo ime je Giljermo Bakalar Sanspot, suprug Pol bio je na ivici da ubije Beti jer tako mu se zvala supruga, vidite, oče, priznajem da imam zle misli, ponekad mislim da je bolje da je utopim, da je zadavim, da je otrujem, da je obesim, da je izbodem, da je upucam, nikad se ne zna, ne želim da je ubijem jer ne želim ni da završim na električnoj stolici, još sam mlad, ljudi koji poznaju Beti pričaju da su je prethodni muževi napuštali zato što se stalno svađa, po ceo bogovetni dan me izbacuje iz stana koji je njen, ja samo imam svoje stvari, u svojoj točionici u Bizbiju Indijanka Vajolet udova mašinovođe Augustusa Honatasa čisti nož peskom da bi vrh mogao dobro da se zabode i oštrica dobro da seče i da leđa ne popuste i maže kojotovom mašću bič da bi uvek bio gibak i poslušan, u pustinji Plomosa tu mast zovu kojotovo mleko i anđeoska pljuvačka, Vajolet je svojim bičem kadra da svakome izbije cigaru iz usta, u Vajoletinoj točionici ljudi ili ćute ili pevaju, da se razgovara nije običaj, mnogi su ljudi zaginuli samo zbog priče, mom rođaku Luteru Vermontu Espani ili Spanu ili Aspenu, koji je dobro živeo kao maroder u planini Aho, u Gu Vou, u Lukvilu, Ali Čaku i drugim mestima, srce su mu poderali nadvoje samo zbog priče, presekli su mu nit života zbog priče, ošinuli ga bičem po levoj sisi i srce mu je na mestu stalo, Brajs Indijana Pejote je isto tako dobro vladao bičem, to ti je kao mačevanje, moja majka ume da miluje na poseban način, to je nešto baš fino, nešto od čega se utešiš ali te i podiđe jeza, to malo više naplaćuje ali vredi, mnogo je lepo, uhvati ti dupe ustima, zavuče malo jezik i jako sisa, kao da ti je stavila vantuzu, to se zove crni poljubac i izmislila ga je Bon

Mer Moriset, madam iz Napoleonvila, Nju Orleans, majka to radi onome ko plati, meni oprosti, ne naplaćuje mi posebno, posle se osmehuje, majka se uvek osmehuje toliko slatko, ispere malo usta listerinom i nastavi da radi po kući, oko stoke ima onoliko posla, jarac je malo divljačan i od njega ti se zavrti u glavi jer se ne da savladati, Bubotak Miljor polutansko govno bio je jako slabašan, polubolešljiv i slabog zdravlja, mom ocu nije bilo previše teško da ga ubije, istim tim udarcem noge trojicu je mogao da pobije, u hitnoj pomoći su Bubotka Miljora već poznavali, stalno je krao po klozetima, uzimao toalet papir i sapun, umeo je vešto da napravi brodić i ptičicu od papira, od sapuna je pravio mehure, potražio bi mesto gde ne duva i pravio mehure u duginim bojama, to pravljenje mehura pravi je melem za dušu, Bubotak Miljor ga je šiljio na najrazličitijim mestima, svi su to znali, u ispovedaonici u misiji odnosno tamo gde je Otac Roskomon praštao grehe pokajnicima koji bi od njega zatražili pomoć, u poslastičarnici dustabanlije Taćita Smita, u Smitovoj automehaničarskoj radionici, u pogrebnom zavodu Arčibalda Graua koji je držao sve bolje i bolje govore, kraj ograde od kaktusa nopala oko bakalnice Braće Koralitos, u hitnoj pomoći, tamo mnogi umiru, ma hajde, maltene svi, u krčmi kod Mravojeda usred gužve, kad bi uhvatio ritam niko ga ne bi zaustavio, u bjuti šopu kod gospojice Glorije su najbolji losioni i mirišljavi sapuni najpoznatije marke, u kolibi kod Indijanca Rafaela, na dečjim pogrebima, Kam Kojote Gonsales nije, ali je brat laik Migel Divlja Guza Tahitos šutirao Bubotka Miljora, nije ga nimalo žalio, litanija Bogorodici je štit koji nas brani od greha, ja kažem *Christe audi nos* i ti kažeš *Christe audi nos*, voleo bih kad bi mi neki mudrac rekao kad će kraj sveta to niko ne zna ali neki samo pričaju da bi se pravili važni pred ženama, gospođa Hana Stounmen platila je zbog indiskrecije u sledećoj vesti u *Dnevniku Sarasote*, mnogo mi je dobrih sunarodnika pisalo da mi izrazi saučešće zbog smrti mog voljenog sina Arturita Ričarda Stounmena koji se udavio u zalivu u Majamiju dok je pecao s prijateljima, još skrhana bolom pišem ovu kratku poruku da bih izrazila najdublju zahvalnost svima koji su mi se pridružili u bolu koji me satire, i štampi dugujem zahvalnost što je bila toliko ljubazna prema Arturitu kada je profesionalno igrao španske plesove i kada je bio strelac ekipe Bi Ridž Vajt Soks, travar-pokućarac Giljermo Bakalar Sanspot i nadničar Frensis Pako Nogales, onaj što je nosio stakleno oko u džepu, našli su konja bez potkovice ali s dve posekotine na svakom uhu između Sangloua i Vilkoksa, nešto dalje od Hiltopa i klanca Apač, pa nisu znali šta će s njim, pusti ga da ide, najverovatnije pripada đavolu, možda je i sam đavo, a možda je i konj don Dijega Matamorosa što ovuda ganja Indijance i crnce, neki ga zovu apostol Jakov koji krsti ključalom čokoladom one čija je krv čista, jedan don Dijegov rođak ostavio je žutu Konski u drugom stanju i ona je rodila dve punačke devojčice, nadničara s ranča Kulebron bilo je trojica, Makario Dejvis, Hesusito Mudonja Moćila i Santos Zlatni Himenes, nijedan nije bio dobre naravi, sva su trojica bili pijandure i kavgadžije i nijedan od njih nikad nije upotrebio ćupu da malo razmisli o vrlinama, moja majka još se nije rešila da postane kurva, postajala je ona kurva malo-pomalo i jednog dana samo je videla da je kurva, to se događa gotovo svim ženama koje su postale kurve, Hesusito Mudonja Moćila čuo je psovke, jednog će te dana usijanim gvožđem žigosati, jednog dana će te uštrojiti što si toliko uobražen, Hesusito Mudonja je štrojio stoku za džabe, tek zabave radi, ždrepce, junce, ovnove, krmke, pa i pse i mačore, Hesusito Mudonja Moćila voleo je nesreću, najviše uživam kad vidim njušku životinje, pogled joj se gasi, prvo blago a posle s gorčinom, i počne da bali, svi počnu da bale, znate li da li je istina da su protiv Hrista u Arizoni pokrenuli parnicu, ne, ne znam, protiv Hrista niko ne može da pokrene parnicu zato što je on Bog, a Bog uvek pobeđuje, Bog može da čini čuda i da pretvori ženu u iguanu s tri oka i s rogovima, zavisi šta želi, Hristos, odnosno, Bog, suroviji je od Arizone, na drugi način ali je suroviji i pamti duže, Hristos odnosno Bog nikad ne zaboravlja ni uvrede ni darove, njemu su grešnici mnogo zla naneli, Makario Lobanja Dejvis ispričao je priču Hesusitu, dobro slušaj, muškarac sa ukrućenom kitom ne oseća ni hladnoću ni vrućinu niti vidi opasnost, muškarac sa ukrućenom kitom je slep i junačan, ja ne bih umeo da uzjašem ženu na engleskom, sad to kažem, ali verujem u osećanja, bolje da ćutiš, Otac Daglas Roskomon je ponekad razgovarao s Kamom Kojoteom Gonsalesom, toliko sam se namučio da sam već stranac, ponekad poželim da počnem ispočetka ali to je nemoguće, Makario Lobanja Dejvis ume da priča priče Hesusitu Mudonji, tu životinjsku radnju moraš da radiš na istom jeziku i onim istim jezikom kojim proklinješ i blagosloviš, bolje je da ćutiš nego da prestaneš da veruješ u osećanja, muškarac sa ukrućenom kitom veruje u osećanja i govori sa osećanjem i sa stidom, dve punačke devojčice koje je rodila žuta Konski imale su pet godina kad im je majka iznenada umrla, obe devojčice su legle pored mrtve majke i nekoliko dana provele tako u tišini i bez hrane, našao ih je nadničar Santos Zlatni Himenes koji je došao u posetu majci, viđali su se svakih nedelju, nedelju i po dana, Endi Cimet Kameron bio je malouman, postoji jedna vrsta maloumnika koji svi liče jedni na druge, svi izgledaju isto, svi imaju isto ptičje lice, Endi Cimet Kameron bio je i albiničar, samo nije bio gluvonem, dobro je čuo i šta je imao da kaže, to je i umeo da kaže, Endi je dolazio da legne s mojom majkom jednom mesečno, plaćao je redovno i brzo bi se smirio, bio je kao pevac ili kao zec, ponekad bi zaspao sisajući sisu moje majke, ništa nije izvlačio ali svejedno, Endi je sisao radi sisanja, Otac Roskomon je govorio Kamu Kojoteu Gonsalesu, ponekad poželim da počnem ispočetka ali to je nemoguće, stranci nisu uvek zli, neki čak mogu da budu i obični, sasvim dobri, to ne, ako ćemo pravo gotovo nikad nisu skroz dobri, stranci su ti opasni, kad čoveka sklone s njegove teritorije on postane opasan, toliko sam propatio da sam već postao stranac, Ninjo Gabinto tuguje veoma priljezno, ako se pogledam u ogledalo vidim da sam nizak rastom i imam indijanske crte, vidim da sam se sav usukao i potavnio, više bih voleo da budem kao Edi Pežo kome se vidi da potiče od belaca koji su celog života jeli toplo, iz poštovanja se ne sme sipati sveta vodica u viski osim u slučaju nužde, Otac Roskomon je propisivao viski sa svetom vodicom protiv groznice u telu, pre nego što je ubio Bubotka Miljora poganog meleza moj otac je stalno govorio, ne vredi nikoga ubiti, ne vredi ni poginuti, ne vredi ništa ili maltene ništa, ni ubiti ni biti ubijen pa čak ni podizati glas, Endi Cimet Kameron pušio je opuške, ostavljao bi ih na suncu da se izleče od pljuvačke, zovu me Vendel Liverpul Espana ili Span ili Aspen i ne lažem nego pripovedam istinite vesti, neke potekle iz velike daljine, Pikaćo, Palo Verde, Paharito, La Kandelarija, šef policije je još pre dve-tri godine stigao do Pikaća, Kalifornija, u pustinji Juma koja se nalazi u pustinji Sonora, u Mohaveu, koji je malo severnije, Sem V. Lindo je voleo da šeta na konju kroz prostranstva, tragači za zlatom su uzdržani ili raskalašni, zavisi od prilike, tragači za zlatom spavaju kao zečevi, Arči Grau, onaj s mrtvacima, jednom je prošao kroz Palo Verde, Kalifornija, bacao je kocku s nekim ko je to umeo bolje i izgubio čak i gaće, La Kandelarija je u Meksiku, u državi Čiuaua, kad se krene iz Siudad Huaresa prema Luseru, u La Kandelariji je Bob Hanagan imao neku vrlo tajanstvenu ljubav, gotovo niko ne zna za to, spanđao se s polutankom Mikaelitom koja se posle udala za narednika Salustijana Sabina, u Paharitu, Novi Meksiko, sahranjen je romansijer Dag Ročester, pisac *Punog meseca nad Rio Grandeom*, na grob su mu stavili pisaću mašinu, ukrao ju je Indijanac Kornelio Laguna koji je pokazuje posetiocima, daju mu neku paru i on je pokazuje posetiocima i još objašnjava ko je bio Dag Ročester pisac *Punog meseca nad Rio Grandeom* i *Samotnjaka s planine Palomas*, ja nikad ne govorim više od istine, ja sam Vendel Liverpul Espana ili Span ili Aspen i nemam ružnu naviku da lažem, Tako Peres, neki ga zovu Tako Lopes a neki Tako Mendes, bezmalo niko ga ne zove Tako Peres, bio je suvlasnik Džefersona dresiranog aligatora, imao ga je u tal s mojim ocem, Taku Mendesu su izbili oko u tuči na Sjera Visti, čuva ga Erskin Karlou u boci od džina punoj apotekarskog alkohola, aligator ne govori, to je laž, rekao je jedne noći Bubotak Miljor pogani melez koji je krao iz čančića za milostinju u crkvi, Otac Roskomon je pripretio večnom vatrom lopovu koji je izvršio najgoru od svih krađa, bezbožniku, onome ko prisvaja što je Gospodnje, aligator ne govori, to je nemoguće, onda ga je moj otac ubio, polutansko govno koje je išlo naokolo upišano, nije bio ni jak ni hrabar pa nije ni bilo teško da ga ostavi bez vazduha, Ana

Abanda je okupala leš i pažljivo ga obukla, Ana Abanda više nije bila monahinja ali još nije ni živela s crkvenjakom Lusijanitom Ruterom niti je još Mravojedu bila isplela vunenu čarapicu za jedini testis, Korin Mek Alister ima zlatan zub i krajnje zavodljiv donji veš u crnoj boji, oblači ga samo uoči praznika, Korin Mek Alister ume da igra bilijar i ne plaši se ni kada dođe do tuče, ni kada se nađe na groblju, Endi Cimet Kameron je štedeo da bi mogao da legne s Korin, možeš da skloniš taj novac, ja suklatama ne naplaćujem, i nišči duhom su od Boga a i rade iste svinjarije kao i oni pametni, ovde niko ništa ne izmišlja, dobro se operi i brzo završi jer imam mnogo posla, ti bi trebalo da ideš s Matildom, ona je za tebe više nego dobra, meni je zasmetao taj prezir pa sam joj to i rekao, moja majka je isto tako lepa kao i ti a zanat zna bolje od tebe, nema na čemu da ti pozavidi niti ima šta od tebe da nauči jer je u tebi pokvarenost jača od ponosa, Ebi Mek Alister je Korinina sestra i starija je deset godina, Ebi puši havanske cigare, kupuje ih u Agua Prijeti u Arteaginoj bakalnici, sestre Mek Alister su došle iz Leksingtona, Kentaki, vidi im se po manirima, episkopalijanke su ali ovde moraju da popuste, nije isto kad voliš svim srcem ili kad voliš iz pukog osećanja, Ebi čuva opuške od havanskih cigara za Endija Cimeta Kamerona, čuva ih u limenoj kutiji i daje ih Korini, uzmi, za suklatu, Krejzi Hors Lil bila je bučna kurva, ako je već zovu Ludi Konj, biće da ima razloga, Lil je uživala da se opija i da se bije, kad bi joj telo tražilo ona bi se dohvatila s kim god ko joj se nađe na putu, svejedno da li je muškarac ili žena ili životinja, Lil je bila vatrena kao golema oblica od koje se peć rasprsne, niko ne zna da li se polutanka Asoteja uznela na nebo ili se strmoglavila u pakao, čistilište mora da je na nivou mora, u zaseoku Kito

Bakito, gde Indijanci Papago preživaju bedu, samoću i vetar, Indijancima Papago se to ime ne sviđa, oni su *tohono-o'odham*, kaktusi saguari liče na zvonike okružene jadom i bedom, sestre Mek Alister su riđokose, smatra se da su riđokose vragolanke u krevetu, smatra se i da su melezi iz Vado de Fusilesa zlonamerni, pohlepni i izdajnici, ne volim što mi je Pato Makario brat ali neću ni da ga ubijem, Velečasni Džimi Skotsdejl preobratio je Isabela Florensa u hrišćanstvo, doneo je i mikrob u rezervat Tani i sad svi Indijanci imaju kapavac, nedostatak higijene je uzrok mnogih zlodela protiv prirode, Dina, gazdarica ranča Providens još je mlada i dobro građena i dobrodušna, Dina je udovica, muža joj je ujela zvečarka u Topoku, možda je to bila i otrovnica s roščićima, koja ide postrance i još je opasnija jer ne šišti, otrovnica s roščićima ne živi ni na jednom drugom mestu na svetu, u Topoku ima obilje vode, Roni je sjahao s konja da se umije, da spere znoj s lica i znoj s vrata i s potiljka i našli su ga mrtvog sledećeg jutra, konj se nije mrdnuo od njega cele noći, Dina je provela petnaest dana plačući i uzdišući, Dina se spanđala s predradnikom Hadom Pendejlom, to je jako stara priča, još iz vremena dok je bila udata, Dina i Had svoju ljubav vrlo brižljivo skrivaju, Dina je otpustila Hesusita Mudonju Moćilu zato što joj se učinilo da je saučesnički gleda, nadničarima se ne sme dozvoliti da se osete kao saučesnici, Hesusito je odmah našao posao na ranču Kulebron, stoka dobije neki gorak pogled kad je uštroje, malo zadrhti, počne da bali i pogled joj postane krotak i gorak, mnogo prija ali ima ljudi koji to ne znaju, ne valja kad misli podele osećanja, Makario Lobanja Dejvis pričao je priče koje su i te kako imale osnova, Hesusito Mudonja Moćila ih nikad nije dobro naučio, ne valja kad čovek hoće svoje misli da stavi u glavu drugom čoveku, to je znak da smrt nije daleko i da se ne plaši, Otac Roskomon je nastavio da govori Kamu Kojoteu Gonsalesu, moraš negde da budeš, ne valja biti stranac, svaki stranac vuče za sobom neku prljavu i krvavu priču koju ne želi nikom da ispriča, od ćutanja te na kraju zaboli kostur ali sve je bolje od vešala, stranci nemaju tradiciju i zato pljačkaju banke i vozove, varaju na kartama, kradu konje i krave i ubijaju s leđa, tradicija ne zabranjuje da se pljačkaju banke i vozovi niti da se vara na kartama ni da se kradu konji i krave ali zabranjuje da se ubija s leđa, Kinez Vu je bio pun poštovanja, niko nije znao nijedan njegov porok, Erskin Ardvark Karlou ga je puštao da spava ispod šanka, litanija Bogorodici je štit koji nas brani od greha, ja kažem *Christe exaudi nos* i ti kažeš *Christe exaudi nos*, leš Indijanca Abela Tumakakorija istrunuo je na suncu kod izvora Garsija blizu potoka San Kristobal, vrućina je bila žestoka, bila je bezmalo otrovna, Irmi su visile sise i pila je pivo u krčmi kod Mravojeda, dok je bio živ Indijanac Abel ne bi se usudila ni da pije pivo ni da stavi ogrlicu od crnog ćilibara, Irma je izmislila liker koji može da vrati svežinu upropašćenom organizmu, kurcu, testisima, plućima, živcima, želucu i grlu, sa Santjagom Portosinom satovi nisu stali, Irma je dala liker Santjagu Portosinu pa su morali da ga odvedu u bolnicu s kitom naraslom kao u bika, tvrdom kao stena, mnogo ga je bolela, nikad ništa slično nije viđeno, Santjago Portosin bi zamahnuo bičem na plavušu Irmu koja se sva stresala od uživanja i uvijala baš kao otrovnica kad se valja sa đavolom, plavuše vole bič, zahvalne su na tome, ima đavola pod kojima zmije mogu da uživaju i više od sedam puta zaredom samo kad im ugreju krv, kroz selo je prošao muzičar lutalica koji je svirao saksofon, bio je crnac i beskrajno ljubazno se javljao svima redom, zovem se Gas Koral Kendal i umem i da pevam, u Baton Ružu sam imao orkestar zajedno s nekim prijateljima, ja sam bio dirigent, moja gospođa je pobegla sa sefom i svu šestoricu su nas strpali u zatvor, bilo nas je šestorica, Gas je u selu proveo petnaest ili dvadeset dana, mnogo smo bili zadovoljni njegovim ponašanjem, majka ne zna da je Pato Makario njen sin i sin moga oca, napravio mi je jedanaestoro dece ali samo sam tebe našla, ni ja neću da joj kažem jer ljudi uživaju u ogovaranju, lovac na divljač Pantaleo Klinton hteo je da uzme konopac kojim su obesili Giljerma Bakalara Sanspota, morali su da skinu crnkinju koljačicu dece, moja gospođa je malo hoćka, ne mogu da je savladam, lovac na divljač Pantaleo Klinton je jako visok i glavom udara u dovratke na vratima, na gotovo svim vratima, u zatvoru u Safordu sam upoznao jednog lovca na divljač koji je takođe imao ružu tvog oca na dupetu, pobegao je jednog božićnog dana i nikad se više ništa o njemu nije čulo, imao je sreće jer bi ga najverovatnije na kraju obesili, Bob Hanagan je bio lošije sreće, istrgli su ga iz zagrljaja polutanke Mikaele i obesili ga u Pitikitu, to je bilo pre ko zna koliko godina, zatvorenik iz Saforda se zvao Bil Hijena Kihotoa i bio je manje-više moje visine, bio je zgodan momak mada malo razrok, pogled mu malo vrljao, baš lepo je umeo da igra i jednog dana se potukao s ćelavim Fidelom zato što je pozvao njegovu ženu na ples, Ćućita nije bila baš stamena i Fidelu je bilo teško da je pridržava, baš mi se dopalo što sam čuo za još jednog brata, Kam Kojote Gonsales je pevao pesmu *Marikita ide pred oltar* kad je grom ubio Kolonija Pisinima koji je takođe bio lovac na zmije, dobru su cenu plaćali u laboratorijama Norman i Hantington da bi iskoristili otrov, sva trojica su dobro igrali poker, travar Sanspot koji je varao, Kam Kojote Gonsales koji nije voleo da gubi i Džerard Ospino koji nikad nije rizikovao, otvoreni poker je najvarljiviji, tu je važnije umeće nego srce i slepi nagon, u salunu u Kristal Palasu u Ulici Alen igrao se otvoreni poker, bez milosti, nije trebalo da se stavlja revolver na sto, ljudi iz rudnika Tafnat bili su tvrd orah i nisu se kupali osim ako neka žena od njih to ne bi tražila, crnac Abraham Linkoln Lorovil pati od labavog sfinktera, ima i šuljeve, moj ujka Ted ga neguje i čisti ga vatom natopljenom u blag rastvor asepsola, crnca Abrahama Linkolna zovu Peršun zato što je nežan i mirisan, na piću je zaradio brdo novca i sad može mirno da provede starost meseći butkice i dupeta dečacima iz komšiluka, tome služe bombone i sladoled, da se privole i pripitome deca iz komšiluka, majka mi se zvala Matilda a pre toga Marijana, nije znala ni da čita ni da piše ali u stvari joj to nikad nije ni bilo potrebno, u mestu su je voleli jer nije pravila skandale niti izazivala svađu, lepog Okenda je ubio lepi Estrada metkom koji mu je ušao kroz oko, lepi Estrada ubio je lepog Okenda jednim rezom noža preko grkljana, sigurno mu je presekao dušnik, strašno sam se uplašio kad je cvet na dupetu počeo da mi se gnoji po ivici, možda je Božija kazna što nemam dovoljno vere, Bog šalje rak na nevernike, bogohulnike i jeretike, ovde ima malo jeretika, ljudi neće da se upliću u jeresi, ili su baptisti ili katolici ili metodisti ali nisu jeretici, to nikako, na severu ima i mormona, ni oni nisu jeretici nego su vrlo smerni, porodični ljudi, pastorova supruga se zove Marina Braun L., ima četrdesetjednu godinu manje od muža i plavuša je i istančana, nije mnogo visoka ali je dobro građena, možda joj fali malo mesa na nogama, u Sent Dejvidu ima mnoštvo mormona, vrlo su pristojni, kućevni ljudi, kako rekoh, mnogo su uljudni porodični ljudi i provode život praveći decu svojim ženama da Višnjem Tvorcu ne bi ponestalo vernih slugu, to je baš dobro i korisno, sestre Mek Alister, Ebi i Korin, episkopalijanke su ali ovde moraju da popuste i da se pretvaraju, šta im drugo preostaje, moja majka se sećala da sam ja uvek voleo tango i sodu, nadničar Frensis Pako Nogales nosio je stakleno oko u džepu i to dobro umotano u maramicu da mu se ne izgrebe, Tako Lopes, neki ga zovu Tako Mendes, izgubio je oko u tuči na Sjera Visti, Indijanka Ćabela Paradajs se mnogo lepo ponela prema njemu, nadničar Frensis Pako Nogales je oćoravio u civilu a ne u vojsci, nadničaru Frensisu Paku Nogalesu jednog dana je iskočio zloćudan čir i jednog dana mu je istrulilo oko i ispalo mu, stakleno oko nosi u džepu da mu se ne izgrebe, kad je nadničar Frensis Pako Nogales umro njegova žena je kupila sinu harmoniku da mu pomogne da se izbori s tugom, ne valja da deca tuguju kao životinje, deca nisu kriva što ljudstvo umire, ne valja da deca tuguju i da tumaraju naokolo jer ljudi tako prestaju da veruju u Boga, Teodulfo Sapata imao je preveliko ime za svoju hrabrost koja je bila skromna, ima ljudi koji se rađaju tražeći svoje mesto ali ih ima i koji umiru u pozajmljenom ponču, tajna života i smrti nije baš preterano objašnjiva, Teodulfo Sapata se udavio u reci Kolorado između Sajt Siksa s ove strane i rezervata Ćemeuevi s one strane, ribe su mu pojele oči a neko mu je odsekao ud, na lešu je ud bio odsečen, ponekad se dešavaju zbrkane i mučne stvari, napola zbunjujuće i mučne, Teodulfo Sapata imao je neku čarku s Ircem Karlouom ali krv nije baš tekla u potocima, ako kročiš nogom u krčmu razbiću ti glavu, ne trebaju nam ovde ni prosjaci ni seronje, Vajolet bi ga izbacila iz svoje točionice šibajući ga bičem, u štali imam dva konja koja mogu da ti posluže ali moraš da mi platiš u gotovu, znaš da na veresiju ne dajem nikome, znaš da ne bih volela da budem primorana da ti odsečem uho, i sam znaš kad ja nešto kažem, to je rečeno, majka nikad nije naplaćivala pokazivanje dresiranog aligatora, Kam Kojote Gonsales nije lemao Bubotka Miljora polutansko govno ili bi ga samo malo izmarisao, Kam Kojote Gonsales mu je bio neizmerno zahvalan pošto mu je ovaj sređivao račune, Bubotak Miljor je kao gmizavac ali ume da računa, gmizavci nisu uvek nesrećnici, Giljerma Bakalara Sanspota su zvali i Marko Saragosa Tojavale vidi se da je to samo zato da bi se unosila pometnja, ljudima nije važno da li će obešeni da menja ime pošto je jezik koji isplazi samo jedan, maltene svako bar jednom promeni ime, mojoj majci ne bi se dopalo da vidi cvet na guzici Pata Makarija ali bi joj se dopalo da ga vidi na guzici Bila Hijene Kihotoe, svako se zove onako kako želi a običaji su jači od zakona, najverovatnije je Bil Hijena već beskrajno daleko, možda se sad zove Majk San Pedro, to nikad niko ne zna, i Pato Makario i Bil Hijena Kihotoa obojica nose ružu na guzici, jedan s više dostojanstva nego drugi, Majk San Pedro obigrava oko Indijanke Mimi Ćapite koja je ćerka Indijanke Ćabele Paradajs, u senci planine Pedregosa Indijanka Ćabela živi od uspomena, kad je ušila kapak Taku Mendesu, neki ga zovu Tako Lopes, Indijanka Ćabela se vrlo proslavila po celom okrugu, glas o njoj kao o milosrdnoj ženi dopro je do San Simona i Bouvija pa i još dalje, Majk San Pedro se udvarao Indijanki Mimi Ćapita, poklonio joj je konja, ogrtač i azaleju koja joj se odmah osušila, Bil Hijena je pokrao bakalnicu Kena Kourtlanda u Tostonu, nije mu to bilo ni previše teško niti je to uradio nestrpljivo, trinaest dolara i četrnaest centi, slabo se šta može učiniti s trinaest dolara i četrnaest centi ali s praznim džepom još i manje, Ken Kourtland bio je žgoljav i nije bio naoružan, Bil Hijena ga je šutnuo dva-tri puta, ne naročito raspoložen, a drugi put malo više da uštediš, shvataš li ti da mi ovo ničemu ne služi, Majk San Pedro popio je viski s čuvarom, tog nesrećnika će jednog dana opljačkati, Ken ne ume da brani svoju radnju, a ni ponašanje mu nije odgovarajuće, mislim da bi morao da bude pričljiviji, Rehinaldo Ferbank je bio šantav i razume se da nije mogao ni da pije pivo ni da se ukrca u voz za Tanke Verde zato što bi ga kada bi prošao pored bakalnice Braće Koralitos uvoštili, Sem V. Lindo ne može da živi bez madam Anheline, ona je drugačija od svih ostalih zato što ima magnetsku snagu i mnogo je mudra, nije dovoljno da žena pristane, treba i da ima magnetsku snagu ali malo ih je koje to imaju, Kinezi su siromašni ali i umeju da te privuku i znaju da podstaknu magnetsku snagu kod žena, Morgana Erpa su ubili dok je igrao bilijar u salunu Kembel i Heč u Ulici Alen, sahranjen je u Koltonu, Kalifornija, Lusijanito Ruter je činio prava čuda, sva su čuda prava, vraćao je vid slepima i govor nemima, pomerao je nameštaj samo pogledom i pogađao budućnost, s Anom Abandom je legao krotko, s madam Anhelinom nikad nije legao i ne zna se da li bi kod nje izazvao magnetsku snagu, ja mislim da ne bi, kada je suložnica Lusijanita Rutera dala Erskinu Ardvarku Karlouu vunenu čarapicu koju mu je isplela da greje svoj usamljeni testis rekla mu je, evo donela sam vam ovo da se bolje ugrejete i da vam ud uvek bude oznojen, Ana Abanda više nije bila monahinja ali još nije ni okupala i obukla leš Bubotka Miljora, i još nije ni otišla da živi s crkvenjakom, to je došlo kasnije, Ana Abanda se zamonašila da bi mogla da pojede nešto toplo i napustila je manastir kad je videla da je hrana loša, za udaju nisam a za kurvu ne valjam, ovo liči na tekst neke narodne pesme ali je istina, ne ostaje mi ništa drugo nego da životarim strpljivo i nenametljivo, služavkama nije loše ako nađu dobru kuću, ovde dobrih kuća nema, evo donela sam vam ovo što sam vam isplela s puno ljubavi, jedna klot, jedna frket, muškarcima ud treba uvek da je malo oznojen da im ne bi omlitavio, sveti Matej, sveti Marko, sveti Luka i sveti Jovan odnosno četiri jevanđelista uvek su imali malo oznojane udove, svi znaju da je istina pa čak i najveći nevernici to priznaju, Rehinaldo Ferbank ga je timario kao i svi šantavi, to jest, isplazio bi malo jezik i pravio se da je rasejan, Rehinaldo Ferbank bio je prilično srećan, ne sme se nikad previše tražiti od života, Gospod Bog naš daje svakom svoje i čovek mora time da bude zadovoljan, slaba ti je vajda ako hoćeš da se inatiš s okolnostima a o božanskom proviđenju da i ne govorimo, Sem V. Lindo i madam Anhelina viđali su se u kući plavušana Garsije koji je pušio više od šezdeset cigareta dnevno, madam Anhelina ga je rešila tog poroka dodirnuvši ga iza ušiju osveštanim jelejem, litanija Bogorodici je štit koji nas brani od greha, ja kažem *pater de caelis Deus* a ti kažeš *miserere nobis*, crnkinja Viki Farli je vrlo brza na obaraču i stalno je naoružana, jeste li čuli za avet s planine Sauseda, kažu da je to neki Španac koji je zalutao još pre ko zna koliko godina i nikad nije uspeo da nađe put natrag, ima još jedna avet na brdu Vakero na putu za Aho, kauboj bez glave koji juri u galopu i seje smrt, crnkinju Viki Farli je obeščastio suprug njene najdraže tetke, bar je tako rekla Ocu Daglasu Roskomonu kad je išla da se ispovedi, jeste li čuli za malu crnkinju koja je izgubila čast s anđelčićem, kažu da se anđelče sad kuva u loncu Hromog Dabe i tako će i biti na veki vekov, crnkinja Viki Farli pije samo rum, ne pije ni pivo ni viski ni tekilu pa čak ni džin, samo rum, jeste li čuli za pijanca koji je osnovao Kvin Krik, selo koje nema groblje, kažu da je to bio Džon Karnarvon, Velšanin koji je život proveo bežeći od rudnika uglja, Kinezi obično imaju kožu punu prišteva i krasta, ne svi ali mnogi, Kinez Viki Farli imao je lice puno bubuljica, za nju je bio i više nego dobar jer je bio pola muško a pola žensko, s vremenom će to postati jasnije, s novcem koji je ostavio mašinovođa Augustus Honatas kad je umro, svi znaju da je ostavio gomilu novca, njegova udovica kupila je točionicu u Bizbiju i prve konje, možda je Vajolet imala ljubavnike ali to niko ne zna a ako neko i zna, ćuti, čist čelični nož i gibak bič kojim se vešto rukuje služe da se odbrani dobar glas, to je delotvorno oruđe, u Vajoletinoj točionici se poštuju svi dogovori, tu niko ne diže glas, Vajolet je čista i ozbiljna, uši drži čisto, kad zatvori vrata točionice Vajolet ostaje sama sa bičem i nožem, noću obično ne dolazi nikakav putnik, a Dina je mlada i udovica ali niti je Indijanka, niti spava sama, bela je i spava s predradnikom, na ranču Providens vlada veliki red i mir, oko bola se veže kamen pa se ne diže velika buka, nego je dubok i nežan, krajnje otporan, bol samo može da prohuji s vihorom koji jednolično duva godinama i godinama, duva postojano i strpljivo godinama i godinama, kad je Ronija V. Dekstera ujela zmija, Dini, koja je bila veoma daleko, prostrujala je jeza niz kičmu, Had Pendejl joj je rekao jeste, oduvek ju je voleo i nastavio je da je uljudno voli, na ranču Providens oduvek je bilo uljudnih predradnika, Kinez Vu spava ispod šanka u krčmi, na kraju dana Kinez Vu izlazi u dvorište da se olakša i da udahne malo vazduha, posle ugasi svetlo i legne pod šank na jedan džak, Erskin Karlou spava iza zavese i to na dušeku, Irci su se van Irske uvek osećali komotnije i imali veće prohteve nego Kinezi van Kine, Erskin Karlou prdi gromko ali Kinez Vu ne sme da se smeje, jedne noći se nasmejao pa su mu nameštali rebra sve do svitanja, tako ćeš se naučiti, gade kineski, tako ćeš se naučiti da se ne smeješ gazdi, Erskin Karlou je jednom rekao Kinezu, idi kod Ane Abande da te nauči da pleteš, poruči joj od mene, treba mi još jedna navlaka za mudo zato što hoću da uvek imam čistu presvlaku, ne verujem da će ti biti previše teško da naučiš da pleteš, plavuša Irma se navikla da zalazi u Mravojedovu krčmu i da pije pivo, dolazila je svake večeri kad je bilo najviše ljudi, plaćam pivo koje pijem, a osim toga, poštujem ja muškarce, to nije istina, kad bi se plavuša Irma napila nije imala poštovanja prema mušterijama, pljuvala bi im u lice ili u čašu, zadizala bi suknju i pokazivala dupe, vadila sise kroz dekolte, nema potrebe da o tome govorim kao da je prošlost, može da se uzme kao da se događa i dan-danas, kad se plavuša Irma napije nema poštovanja prema muškarcima, pljuje im na šlic ili u čašu, zadiže suknju, pokazuje im šubaru, to jest, mindžu, izvlači sise iz dekoltea, je l' biste da posisate, govna beslovesna, da je Portosin ovde, znam da je Abel bio nešto sasvim drugo, bio je mirniji, kažem da je Portosin ovde svi biste cepteli od straha, noge bi vam se tresle i glas bi vam drhtao i jajca bi vam poigravala i niko od vas ne bi smogao snage da mu se suprotstavi, upoznala sam ja neverovatno hrabre ljude koji bi odjednom splasnuli i počeli da uzmiču kad bi Portosin stao na neki prag i silueta mu se ocrtala na suncu, znam da je Abel bio nešto sasvim drugo, bio je dosadniji, čim bi izašao iz Dve Glave Indijanac Abel bi bio nešto sasvim drugo, kad bi Portosin stao na vrata, svi bi nikom poniknuli, Portosin mi je poklonio ovu ogrlicu od crnog ćilibara, koga je briga šta je meni poklonio Santjago Portosin, Abel mi je poklonio ovu ogrlicu od tirkiza, koga je briga šta mi je poklanjao muž, plavuša Irma nije imala dobru narav, mnogo je volela da gnjavi i da izvrgava ljude ruglu, kad svane dan sve su namere dobre a želje još bolje, pravda, hrabrost, ponos i sreća, malo zbrkanim redom, ne valja kad sunce krene ka Koloradu i dan počne da malaksava i postaje sve dosadniji, Kinez Vu naučio je da plete za tren oka i napravio je Erskinu Karlouu novu navlaku za mudo, tako je mogao da je menja svake subote i da stalno nosi čistu, gospodin čovek mora da ima malo oznojan ud, tačno, ali higijena ne sme da se zanemari, Otac Roskomon je za svetog Tomu Akvinskog govorio da je uprkos glasu koji ga je s pravom pratio bio krajnje čist i uredan čovek, pletenje je lako, kad je čovek mlad ne razlikuje dobar put od lošeg puta, i ne npareže se previše, u određenom trenutku u životu, oko četrnaeste godine, čovek naginje da postane razbojnik, vidi mu se to u pogledu i u načinu na koji hoda, zakon nije dobro napravljen pa i nema razloga povinovati mu se, zakon koji kaže ne kradi, ne ubij, ne čini preljube, kao da ga je napisao neki stari čuvar koji više ni na konju ne može da se održi, zatvor u Svift Karentu je od ćerpiča ali je veoma bezbedan, ne pamti se da je ikad iko uspeo da pobegne, polovina zatvorenika u Svift Karentu pogine a druga polovina pobije onu prvo ali odatle niko živu glavu ne iznosi pošto su njegovi zidovi napravljeni da uguše život, crnac Toni Klints je osuđen na smrt, nije to tako važna stvar, crnac Toni Klints je nekako blago ponosan kad pomisli na pratnju, nikad na njega nisu obratili toliko pažnje, ubiti čoveka osuđenog na smrt prava je svečanost, svejedno da li je crnac ili belac, rasa nije važna, svejedno da li je bela ili crna ili indijanska ili kineska, i prava je svečanost, svečanost otud što ima pratnju, svi ćute, sudija, pop, zatvorski čuvar, svedoci, dva pisara, dželat, njegov pomoćnik, stražari i osuđenik, razume se, muškarac ili žena, on je glavni lik, glavni junak, ponekad se ušunja i neko za koga se ne zna ko je, pa ni to nije važno, smrtna kazna je vrlo poučna, ne treba ljudi da izgube naviku, da prestane da ih zanima, crnac Toni Klints je ubio belu ženu, zvala se Karlota i nije imala muža, ugušio ju je jastukom, život se razdvaja od smrti veoma tankom niti koja se ponekad prekine, bela žena ga je pustila da je ubije, uopšte se nije opirala, ima samrtnih hropaca koji se samrtnicima dopadnu ali to sudiji nije važno, Karloti se dopalo da je uguše jastukom, Toni Klints sav cepti od straha ali ga je spopala misao da će se možda nasmejati u poslednjem trenutku, to ne može biti, to bi bilo nedostojno ponašanje, osuđenik na smrt mora da ostane ozbiljan kao magarac, društvo je na tome zahvalno i ume da nagradi, sivoplav na vešalima, Toni nikad nije video crnca na vešalima, na električnoj stolici osuđeniku na smrt odseku kosu, to je poniženje zato što ima veoma lepe kose, kad dželat povuče polugu platforma počne da smrdi na pečeno meso i na ozon, u gasnoj komori miriše na gorke bademe i na zelenu kajsiju, Toni Klints pomišlja da zatraži dozvolu da stavi cvet u rever, čovek ne umire dokle ga ne zaborave, dok ne prestanu da ga vole, mrtvi su samo oni koji su zaboravljeni, niko ne zna da li neko voli Tonija Klintsa, da li ga se neko seća ili ga se više niko ne seća, Karlote se više niko ne seća, Koralitosovih iz bakalnice bilo je trojica, Niki, Berti i Pepito, lepo su se slagali, njihove žene i nisu toliko, delili su posao i zaradu na jednake delove, Niki Prasica je bio bokser, bio je univerzitetski šampion u velter kategoriji i nokautirao je čuvenog Džoa Huaresa, dokačio ga je kad je ovaj već bio na silaznoj putanji, to je tačno, ali je tačno i da ga je nokautirao, ostavio ga je bez svesti dvadeset četiri časa, umalo da ga ubije, Berti Bogati bio je udarač u Dodžerima a posle u Red Soksima, u dve najbolje bejzbol ekipe u okrugu, Pepito je skupljao marke i vodio knjige u bakalnici, Pepitova zbirka bila je prilično značajna, dobro, donekle značajna, Pepito nije imao nadimak, kao malog su ga zvali Buva zato što je bio onizak ali su posle na to zaboravili, Pepito je oženjen Lupe Sentinelom, Čiuauankom iz Sabinala koja je bila viša od njega za ceo pedalj, Lupe Sentinela je bila sisata, materinska duša i marljiva, bolje oru dve ženske sise nego par volova, Pepitu je to baš dobrodošlo i pošto je po prirodi bio zahvalan davao joj je mnoštvo poklona; bakalnica je desno od železničke pruge kad se ide prema Tanke Verdeu, običaj je da se šantavi šutiraju, to je nešto nepristojno, Rehinaldo Ferbank morao je dobro da pazi, oko bakalnice je ograda od kaktusa nogala, Bubotak Miljor ga je više od sto puta do mile volje timario u toj živoj ogradi od nogala, razume se da je Bubotku Miljoru svako mesto dobrodošlo, verovatno se Bil Hijena Kihotoa zove Majk San Pedro, moguće je da su njih dvojica jedan te isti ali sigurno se zna da ima cvet na dupetu, cvet našeg oca Sesila Lamberta Espane ili Spana ili Aspena, ružu s pet latica, Indijanka Mimi Ćapita već odavno ništa nije čula o Majku San Pedru, možda neće da kaže, leš Teodulfa Sapate pojavio se podbuo i sa odsečenim udom, opet niko nije hteo ništa da priča, ima razgovora koji ljude plaše, Indijanci iz rezervata Ćemeuevi znaju da su ribe na lešu pojele oči, prvo ih probuše pa ih pojedu i prave veliku buku, gotovo kao ja i Džerard Ospino kad subotom posle sedam žvaćemo gumene bombone, Indijanci znaju i ime onoga ko mu je odsekao ud pre nego što je umro, bila je to neka žena, da li se zvala Korason Leonarda, da li se zvala Mendi Mesilja, da li se zvala Noelija Ćunda, bila je to jedna od njih tri ali ne mogu da kažu, to bi bilo previše priče i moglo bi da bude opasno jer Bog kažnjava onoga ko svedoči lažno, Teodulfo Sapata bio je sitan ali je imao veze sa sve tri, kažu da mu je plavuša Irma dala liker, litanija Bogorodici je štit koji nas brani od greha, ja kažem *fili redemptor mundi Deus* a ti kažeš *miserere nobis*, Kam Kojote Gonsales trčao je brzo kao konj a Bil Hijena Kihotoa trčao je brzo bezmalo koliko i Kam Kojote Gonsales, ruža od gvožđa moga oca, našeg oca, jasno se ocrtavala na mesu, električna stolica miriše isto kao ruža od gvožđa, mora se znati da se Indijanka Vajolet osetila savršeno sigurna sa svojim bičem, nožem i zaštitom koju joj Otac Nebeski nikada nije odrekao, žena nikad nije potpuno sama zato što nad njom uvek bdi duh, duh mrtvog oca, mrtvog muža, mrtvog brata, mrtvog sina, mašinovođa Augustus Honatas ljubomorno je bdeo nad Vajolet s onog sveta i u sveščicu upisivao sve njene dobre i loše postupke, Vajolet je pola Irkinja a pola Navaho Indijanka, čista i ozbiljna, moje ime je Vendel Liverpul Espana ili Span ili Aspen, ranije sam se zvao Lohijel, izjavljujem da nikad ne govorim laži, Sem V. Lindo šef policije nije bio nimalo kriv za linčovanje Giljerma Bakalara Sanspota travara-pokućarca, neki ga zovu Marko Saragosa Tojavale, obesili su ga u Majo Mansu, crnkinja Patrisija još se nije bila sasvim ohladila kad su je skinuli, u Majo Mansu bilo je samo jedno drvo, u planinama Agua Dulse životinje su se skupile da stvore čoveka, sele su u krug a na čelu im je bio lav i s desne strane mu je sedeo mrki medved a sa leve miš poslednji među svima, lav se zvao Bang, mrki medved Fing a miš Deng, ta imena su im dali mnogo godina kasnije, trojica Koralitosa zaradili su gomilu para s bakalnicom, u najboljem položaju bio je Pepito jer je njegova žena, Lupe Sentinela, brinula o imanju i trudila se da uštedi i da ne rasipa, čuveni romansijer Dag Ročester, pisac *Ranča Timberli* i *Boba Oejzisa zaljubljenog ravničara* bio je napola veren sa Lupe Sentinelom, stvar nije otišla dalje od toga, Dag Ročester je uvek voleo žene s velikim sisama ali stvar nije otišla dalje od toga, Indijanac Kornelio Laguna posetiocima pokazuje Ročesterovu pisaću mašinu, ukrao ju je s njegovog groba, Niki Prasica onaj što je bio bokser i Berti Bogati bejzbol igrač bili su manje srećni u svojim brakovima, Sandri smrdi iz usta a Sindi samo na krevet misli, ništa joj drugo nije na pameti, Sindi ima koščate noge, to je znak velikog temperamenta, velike sklonosti ka bludničenju, od Berija se Sindi unervozi, ide joj na živce, pa onda Sindi pije anis i legne s prvim koga odvoji, Sindi se već više od dve godine firca s Nikijem Prasicom, njen muž to zna ali se pravi da ne zna, brat je brat, a kod Sandre se, naprotiv, vidi da je besna ko ris, ako mi jednog dana dođe volja oči ću joj iskopati, Sandra je sva napirlitana i krvoločna, Endi Cimet Kameron pošto je malouman nema svoju volju, to Sindi nije naročito važno, ceo svet zna da su albiničari divlji kao magarci kad se pare, kita im je na gotovs, razuzdana, zadovolji me, ako uspeš nećeš više nikad u životu morati da pušiš opuške, uvati me malo za dupe, nesrećniče, podmaži mi ga malo, poliži mi mindžu, neću te zaraziti ničim što već nemaš, Ninjo Gabinto bi voleo da se rodio onako beo kao Edi Pežo ali tako stoje stvari koje je teško ispraviti, Boba Hanagana su obesili u Pitikitu malo pre moga dede i to o isto drvo, kad su obesili Boba Hanagana polutanka Mikaelita se saživela s narednikom Salustijanom Sabinom za koga se na kraju i udala, nisu imali dece, niko se više ne seća Karlote, belkinje koju je crni Toni Klints ugušio jastukom, Karlota nije učinila ništa da izbegne smrt, možda je čak i uživala u trenuku dok je umirala, čini mi se da sam već negde rekao da tačan trenutak smrti zna samo Bog, Karlote se više niko ne seća, niko ne zna ni kako joj je bilo prezime, možda ga je zapisao sudija koji je crnca osudio na smrt, kapetan teretnjaka Mere oh Romsdal je kad je moj otac dobio velike boginje naredio da ga bace u more dvadeset milja zapadno od rta Finister, naredio je da ga bace živog da ne bi bilo vremena da se raširi zaraza, Norvežani se ne predomišljaju mnogo, prilično su hitri i okretni, vesti o smrti moga oca različite su, istina ta stvar i nije toliko važna jer svako umre kad na njega dođe red, ni pre ni posle, niko ne živi ni minut duže nego što treba, Ćućita Kontinental svirala je na gitari i pevala, na obali u prisenku ovca mi se izgubila oj devojka lepa mlada u čobanče se zaljubila, Ćućita Kontinental bila je udata za ćelavog Fidela Lusera Džonsona koji je viskijem grgoljio u grlu a potom bi ga ispljunuo na nos, umeo bi i da ga ušmrče na nos kao da je burmut, ljudima bi se pupak stegao u čvor kad bi ga videli kako kroz život prolazi tako mangupski, Ćućita Kontinental je svirala u harmoniku i znala je prelepe graničarske pesme, pričao nam je nadzornik kao da će zaplakati, evo idu mladi junci, ne dajte im da me produ, Ćućitu je jednog dana izveo na ples zrikavi Bil Hijena Kihotoa koji se potukao s mužem, ćelavi Fidel Lusero Džonson nije trpeo izmotavanja i žestoko je prvi udario, oprosti mi, mili supruže, oprosti za moje pustolovine, ako nećeš da učiniš zbog mene, učini to zbog dece, udate žene moraju da paze da ne osramote muškarca, leti, leti, golubice, nek se razmahne tvoj let, gledaj kako je Ćućita prošla sa svojim mužem, ponekad treba razmisliti da ne bi lagalo ni pamćenje, a i telo ponekad ume da bude lažljivo, crnac Abraham

Linkoln Lorovil bio je vlasnik nekoliko fabrika pića, uvozio je rakiju i razne likere iz celog sveta, anis, konjak, i tako redom, i mnoga druga pića, votku, vermut, uvek je bilo raznih stvari, crnac Abraham Linkoln Parsli Lorovil bio je dupedavac, o njegovom dupetu se brinuo moj ujka Nensi odnosno Ted, onaj živi brat moje majke, posle jedne ljubavne noći ujka Nensi bi morao i po nedelju dana da mu stavlja obloge od borne vode, Parsliju se to naročito sviđalo, naravno, ali mu je od toga omlitavio sfinkter, Nensi se trudi da bude pažljiv mada se ponekad zanese, i najboljoj kurvi izmakne neki puvanjak ili, što mu dođe na isto, i najboljoj kuvarici zagori pasulj, kad moj ujka Nensi nije dovoljno nežan sa svojim rukama gazda Parsli mu zalepi neku ćušku ili ga ošine bičem ili ga ritne, jeste da je topli brat ali ume da ga ritne nemilosrdno, rita se kao mazga, baš je surov, crni gazda ne valja a ako je furunaš onda je još gori, subotom bismo ostavljali alat u sedam i onda bismo, ja i Džerard Ospino, izvodili naših sedam marifetluka, ispričali vic o papagaju koji govori samo portugalski, to ti je da crkneš od smeha, pa onda vic o papagaju koji govori samo španski, i to je da crkneš od smeha ali ne baš toliko, uvatili za dupe prvu žensku koja prođe, to može da bude opasno jer ih ima i takvih koje će da se raskokodaču i da naprave džumbus, pili više piva nego prethodne subote, to je beskonačna trka, pišaćkom gasili sveće u misiji da svi vide da se neće desiti ništa, da je sve što se priča na veronauci samo laž, poslali anonimnu poruku Pepitu bakalinu u kojoj piše da se njegova žena Lupe Sentinela hefta s Taćitom Smitom, otišli da povalimo moju majku, naravno, ja prvi, i da zapišamo vrata Kinezu, ne treba potrošiti svu pišaćku na sveće u misiji, ovog puta mi nije ispalo sedam nego osam marifetluka, nema veze, Holanđanka

Eni bila je carica četvrti crvenih fenjera i žena dobrodušna, Eni je uvek pomagala mojoj majci i svi su je voleli, ceo Toston ju je ispratio kad je umrla, išlo se u više od hiljadu kola, jedni su se molili a drugi su pili pivo, Edi Kapelan ima vidovicu, po ceo dan samo drhturi, on strašno pati ali ljudima je to smešno, treba im oprostiti jer je stvarno baš zabavno, Edi Kapelan nema nikakav zanat, s onakvom drhtavicom niko ne može da nauči neki zanat, Edi Kapelan je siromah i prosi, ide od kuće do kuće i nikad ne ostane bez jela, boljeg ili goreg, Edi Kapelan je mršav i slabačak, ako ga gurnu on padne ali ga obično ne guraju jer nikom ne čini zlo, Edi Kapelan je melez i mora biti da ima nekih dvadesetpet godina, nema ni trideset, sa Hristom ne možeš voditi parnicu zato što je Bog i svaku parnicu dobija, ako Hristos hoće da učini čudo, onda to zavisi samo od njegove volje, Ediju Kapelanu je prestala drhtavica, Hristos je činio još tajanstvenije i teže stvari, evo piše u svetoj istoriji, Hristos je sin Božiji ali je i Bog Svemogući, tako kaže veronauka, otac, sin i sveti duh, Hristos je jači od Arizone i cele granice zajedno, Hrista su mnogo puta izdali grešnici i s njim se ne može zametati kavga zato što je čist i tvrd kao dijamant, u krugu koji se okupio na Agui Dulse prvo je progovorio Bang, čovek mora da ima glas snažan kao moj da bi uplašio svaku životinju, da bude pokriven debelom kožom, kožom kao u slona ili krokodila i da ima snažne kandže i oštre očnjake, još mislim da bi trebalo da ima moju lepu preplanulu boju, riđi medved se zvao Dal, jelen Kili a ovan Sefo, ta imena dali su im mnogo godina kasnije, moj otac imao je crnobelog magarca kojeg je vodio s brnjicom od bodljikave žice zato što je ujedao, Bubotka Miljora polutansko govno što pljuje krv tako je udario nogom u stomak da ga je bacio na leđa, a ovaj ne govori engleski i španski kao aligator, ne, ovaj ima druge sposobnosti, otac nije mogao da tera majku da legne pod magarca jer bi je ovaj pocepao, rasporio bi je, žena ne može da primi magarca da joj nabije kitu, otac je pomišljao na to jer bi mnogo voleo da ih vidi ali posle to ipak nije učinio, crnobeli magarac se zvao Pukovnik i imao je ogromne zube žute kao zlato, majka mi je ispričala jednog dana pošto sam bio sa njom i poljubio je u čelo, bio je to običaj koji sam prihvatio i ne stidim se da priznam, da je otac nedeljom kad bi izjutra išao na misu i uveče na igranku stavljao srebrne mamuze sa zvezdom s tridesetčetiri šiljka, bila je prava divota videti ga u čizmama i s mamuzama, sa šeširom na glavi i revolverom za pasom, sav lepo obučen i udešen, ličio je na generala Emilija Nafaratea, tvoj otac je vadio pevca kroz šlic da ne bi morao da skida gaće i da kvari izgled, bilo je pravo uživanje videti ga kako me uzima uz kredenac ili preko korita za pranje, gura, ruši i zapoveda, pošto tvoj otac nije imao konja da ga zajaše navlačio je srebrne mamuze da zajaše mene, razumeš, magarci se ne jašu sa srebrnim mamuzama, Roudi Kejt Lou i njenog muža Roudi Džoa Loua izbacili su iz Tostona zato što su bili kavgadžije i lupeži, oboje su bili isti, otvorili su kupleraj zajedno s Nosatom Kejt i drogirali mušterije da ih opljačkaju, Kejt Lou je umrla a ostala je dužna mojoj majci više od sto dolara, Nosata Kejt bila je verenica Doka Holideja i umrla je u dubokoj starosti u Preskotu u Pionirskom domu, umrla je skoro u stotoj godini i uzela je ime Meri K. Kamings, njeno mađarsko ime Kati Fišer istrošilo joj se tokom života, Fing se nije slagao s obličjem u kojem je Bang prikazao čoveka, uopšte mu ne treba lavovski glas, mora da bude snažan tačno koliko treba, ni manje ni više, da bude strašno lukav i da ume da se kreće brzo i tiho,

Kili misli da čoveka treba napraviti s lepim razgranatim rogovima da bi mogao da se bori raskošno i bučno, Sefo se smeje jelenskim rogovima zato što se zapliću u krošnje i lako se lome, moji su bolji, oštriji su, Velšanin Džon Karnarvon osnovao je Kvin Krik selo koje nema ni kupleraj ni groblje, samo tri krčme i jednu apoteku, od mrtvaca prave brašno i njime hrane čitavo jato bučnih i nasrtljivih gusaka, graja gusaka iz Kvin Krika čuje se s nekoliko milja odstojanja kako nadleće pustinjsko kamenje, litanija Bogorodici je štit koji nas brani od greha, ja kažem *spiritus sancte Deus* a ti kažeš *miserere nobis*, doktorka Kavakrik, Babi Kavakrik, rodom je iz Kvin Krika i radi u laboratorijama Norman i Hantington, dobro se razume u zmije, Kam Kojote Gonsales ju je poznavao, doktorka Kavakrik puštala ga je da je šašolji ispod suknje po butinama i kroz dekolte po sisama, Kam Kojote je mnogo zaljubljiv i prilježan, ženama pristupa s velikim oprezom, majka je imala jednog sina s Kamom Kojoteom Gonsalesom ali joj se nije održao, u jedanaestoj ili dvanaestoj godini rasprsla mu se prangija u ruci, to se zove loša sreća, to se uvek nekom dogodi, i raznela mu glavu, i ruku mu je otkinula, zvao se Fred i bio je moj polubrat, kažu da je ličio na mene, da se srodstvo ne bi moglo poreći, moj otac gajio je engleske kikireze da se zabavi, uspeo je da ima tri u isti mah i s njima je pobedio u nekoliko borbi i zaradio pare, razume se, i neke pare, za jednog žućkastog su mu nudili brdo para ali nije hteo da ga proda, pre ću da gladujem i da pazim na pevca, i od gledanja se čovek nahrani, Ajk Klanton se opirao prilikom hapšenja i poginuo je od ruke Dž. V. Brajtona, detektiva koga je unajmilo udruženje stočara, u kolibi Saja Vilsona u Donjem Orlovom Potoku, Kam Kojote Gonsales je naučio moju majku jednu pesmu don Gregorija Kortesa, još je se seća, kaže don Gregorio Kortes i puca na sve strane, pobego sam od oluje a kamoli ne od magle, mojoj majci je bilo više od trideset kad je upoznala Panča Vilju, Siudad Huares je baš na granici, moja majka pre nego što se prozvala Matilda zvala se Marijana i još Šejla, zvali su je i Sisi, Marijana zvuči malo stranski, Bufalo Ćamberino voli devojčurke da navodi na blud, nije on to radio u lošoj nameri nego mu je telo tako tražilo, Bufalo Ćamberino je ugađao svom telu, zašto bi mu nešto odricao, kad devojčurci prave razliku već su zrele da im tučak udari po zvonu, ne sme se dopustiti ni da se ubajate, da propadnu a da nikom nisu poslužile, Ferminsita Guanahuata su dobrom rukom pogodili u zloj nameri i ostavili ga na cedilu, to će reći, sirotog, samog i mrtvog, Ferminsitu Gaunahuatu prosvirali su grkljan, sabili mu jabučicu u grlo, progutao je svoju jabučicu, nisu mu je izvadili kroz grkljan pošto se rasprsnula u hiljadu komada, Ferminsitu ništa nije vredelo što se pravio važan pred ženama i stražarima i što je podbadao protiv Boga našeg Gospoda pevajući na kraju smrt je slaba i neće mi moći ništa, ipak je mogla, Tako Lopes, odnosno Tako Mendes bio je bolje sreće zato što nije platio životom nego jednim okom i još mu je ostalo ono drugo, Sem V. Lindo ne pije mnogo, to je cela istina ali ne plaća skoro nikad, jedan šef policije ne sme da ostane ravnodušan ni na porok ni na bolest, Ferminsito Guanahuato je ciketana Obdulija nazvao đubre, varalica i ženskaroš, ako te je polutanka Mikaela kad su joj obesili mužjaka Hanagana škartirala i otišla s narednikom, što ne digneš ruke od nje i ne pustiš je da sama crkne, da li te zanima šta ja mislim, e, pa mislim da je mamlaz svaki ko se okrene za ženom koja odlazi i kartom koja ga neće, onda je ciketan Obdulio trgnuo svoj smit i sručio metak u grkljan sirotog

Ferminsita Bog da mu dušu prosti, da sam ja, umesto što sam ja, bio na mestu Breda S. Redingtona, konjokradice koga je Sem V. Lindo poslao na vešala u kamenjaru kod Maginsa, ne bih sad mogao da pišem ove sveske, greške u pravopisu već će neko da ispravi ako se za to bude zanimao, Bred S. Redington kako kažu bio je i drumski razbojnik, ima zanata koji se mešaju i brkaju, još malo pa izađu na isto, to ti je kao s instrumentima u koje sviraju muzičari, mogu da budu različiti, Ćućita Kontinental svirala je gitaru i harmoniku, već kako joj zatraže, čuvar u zatvoru u Sakramentu nosio je tupe, ponekad bi ga malo nakrivio, ne mogu da se setim kako se zvao ali se sećam da je bio osećajan čovek i da je Kama Kojotea Gonsalesa dok ga je držao u zatvoru puštao da izjutra svira bendžo, uveče nije da ne bi bilo nediscipline i zloupotrebe, Kam Kojote Gonsales trčao je brzo kao vetar, brzo kao konj, mom ocu je uginuo magarac Pukovnik jer ga je udarila struja, primakao je njušku utikaču i ostao mrtav i hladan, ukratko, ostao je lešina, crknuti magarci nisu pokojnici, životinje loše podnose elektriku i odmah crknu, konji, mazge, magarci, svi loše podnose elektriku, mnogo gore nego ljudi, tupe zatvorskog čuvara u Sakramentu bio je boje mahagonija, bio je malo izanđao i bez sjaja ali dobrog kvaliteta, mada mu se baš videlo da nosi tupe robijaši se nisu smejali, ostali bi ozbiljni i gledali na drugu stranu, robijaši ne znaju za poštovanje ali znaju za strah, robijaši već generacijama nagomilavaju strah, prodire im do svesti pod pritiskom, možda i ne može da se govori o generacijama nego o talasima robijaša, ponekad ih ima gomila a ponekad su opet ćelije poluprazne, u zatvoru u Svift Karentu crnac Toni Klints je ostao plavkasto siv, na vešalima crnci izgledaju kao ratni brodovi, postanu mračni kao ratni brodovi, zatvor u

Svift Karentu mnogo je gori od onog u Sakramentu, ni onaj u Safordu nije loš, iz zatvora u Safordu je na Božić pobegao konjokradica Bil Hijena Kihotoa koji je imao cvetni beleg, Isabelo Florens brat-laik u misiji Presvetog Trojstva rekao mi je da i Pato Makario ima cvet na guzici, majci to ne smem da ispričam zato što bi se grozno nasekirala, Velečasni Skotsdejl bio je pravi rasadnik mikroba, imao ih je od svake vrste i sejao ih kud god bi prošao, Indijanci iz rezervata Tani imaju kapavac, hoće da ih izleče aspirinima ali to ne daje neke rezultate, onda je kvarteron Ernando rekao Hesusitu Mudonji Moćili, kvarteron Ernando je dete belca i mulatkinje, tebe će jednoga dana ubiti na prevaru, pucaće ti u leđa i bez upozorenja, ti samo šetaš tamo-amo i nanosiš bol ljudima a jednog dana će da te upropaste i zabiće ti nož u leđa, lakoverni svi na kraju završe u đavolovom kotlu, Hesusito Mudonja Moćila štrojio je stoku iz zabave, štrojio je za džabe, voleo bi on da štroji i dečake, crne i bele, da im sekne njihova okrugla jajca ali nije imao hrabrosti, ne, ne, možda će Sem V. Lindo da mi se naljuti, u selu se jednog jutra pojavila neka devojka s bezmalo novorođenčetom u rukama, zovem se Koreta i hoću da odem u Ćula Vistu gde me čeka muž, to je toliko daleko, zašto muž ne dođe po vas, žena ne može sama kroz pustinju, nikad nijedna žena nije sama prešla pustinju, Koreta je ostala u Tusonu, u kući gospođe Van Buren, na Krejkrof Roudu, pazila je troje male dece, Denija, Donija i Mika, niko joj nikad nije poverovao ni da ima muža ni da je stvarno krenula u Ćula Vistu, žena ne može sama preko pustinje, treba dobro odmeriti deonice i dobro se paziti, Sem V. Lindo se viđa s madam Anhelinom u kući plavušana koji je pušio više nego što je nužno, kod žutog Barta Garsije, Semu V. Lindu bi mazala muda, dobro, šav na mudima, da prostite, osveštanim jelejem pa bi postao bolji, jašta, mazala bi mu madam Anhelina koja je bila veoma vidovita žena, i ud mu je hipnotisala, prenosila je na njega magnetsku snagu, gipkost i čvrstinu, Sem V. Lindo poticao je od fukare, sirote ali dostojanstvene, porodica je još bila s one strane granice kad je njegov otac jahao pored Rita Garsije onog što se pokarabasio sa Hasintom Inohosom i njegovim ađutantom Uvenseslaom Solisom, otac mu se borio na strani liberala, kojot se zvao Aurelio i na skupštini na Agui Dulse govorio je sve s visine, nikad nisam čuo toliko gluposti na jednom mestu, najsavršenija od svih životinja sam ja i zato čovek mora na mene da liči, da ga napravimo s četiri šape koje se završavaju sa po pet prstiju i da mu stavimo oči, uši, usta i nos na glavu, može da ima Bangov glas ali nije nužno da riče, Bang je znao da mu je zadatak da održava red pa je naredio Aureliju da sedne i da umukne, lovci na divljač obično žvaću duvan Bulki Bul koji ima neki dubok miris, žvaću ga i neki Indijanci, stranci povraćaju, duvan liči jedan na drugi ali je i različit, ima ga tri vrste, čovek koji žvaće duvan obično je smireniji i mudriji od pušača, manje sklon kavzi i ispadima, mladi Pol samo što nije ubio svoju suprugu Beti, mladi Pol ispovedao se kod Oca Roskomona, zdravo Marija prečista, itd., tetka Alehandra prijala mi je više od Beti, bila je nežnija i uzdisala je vrlo duboko, tetka Alehandra bila je majčina starija sestra, nosila je fin donji veš i jako se pristojno ponašala, Beti je imala devetoro dece u kući, nijedno od njih nije moje, Beti se udavala pet puta, dobra bi bila samo da je mrtva, ponekad pomislim da bi najbolje bilo da je ubijem od batina, da je udavim u kadi, da joj dam mišomor, da je upucam, nikad se ne zna, recite vi Oče jer ne želim da završim na električnoj stolici kao mehaničar Farabundo Spenser, dosta će mi biti i ako me pusti da iznesem stvari iz stana, Erskin Karlou voli lobanje, indijanske su lakše i glatkije, u klozetu u krčmi Erskin Karlou ima tri lobanje koje drži u kavezu, voleo bi da ih koristi kao pepeljare ali mu je Sem V. Lindo rekao da to zakon verovatno zabranjuje, Sem V. Lindo pazi na red i mir zato što je poreklom od poslušne fukare, deo porodice mu je iz Montereja u državi Novi Leon koja je južno od Teksasa, ljudi za njih kažu da su stipse a što se mene tiče nisu cicije nego su sirotinja, sirotinja je škrta pošto ne može da troši ono što nema i mora da gleda na svaku paru, Ninjo Gabinto nije naročito upicanjen, nekako se olinjao i bledunjav je, nije ni dovoljno zdrav ni dovoljno visok, ima ljudi koji hodaju po zemlji samo zato da bi slušali drugoga i trpeli a uostalom to im se i vidi, zatvorski čuvari ih koriste da im svrše neke posliće i da po njima šalju ljubavne poruke ženama koje su izašle na glas, pa i da ih udaraju nogom i da im se smeju, ha, ha, ha, vidi kako sam dobro potrefio bubrege, Ninjo Gabinto zna šta mu je dužnost i ne žali se, zna da se niko ne bi osvrtao na njegove žalbe, Ninjo Gabinto bi voleo da je kao Edi Pežo ali to gotovo i ne pominje ili pominje bez gorčine i u pola glasa, da bi čovek bio kao Edi Pežo treba poticati od belaca koji su uvek jeli toplo, to je teško, Pato Makario ga je trpao dečacima, opasno je to jer mogu da pričaju, i krotkim životinjama, ćurkama, psima, ovcama, voleo bi on da se usudi sa zmijom ili sa kojotom, treba tu previše hrabrosti, kad je sa brat-laikom Isabelom Florensom to je manje uzbudljivo i tajanstveno ali je i manje opasno, brat-laik Isabelo Florens je kao zec iz dvorišta, sad gotovo da više i nema belih, svi su mešavina stotinu krvi, stotinu mleka i stotinu žuči, crni hoće da izbele decu a belima je jedino važno da zarade novac, ako to i nije smak sveta a ono mu je mnogo nalik, majka je imala šesnaest godina više od mene, još nije bila stara ali je već tako izgledala, majka je umela da ugađa i bila je dobre duše, nikad se nije bunila i umela je da posluša čoveka uz osmeh, voleo bih da sam bio bogat i da sam joj davao lepe poklone, prsten, svilenu haljinu, dve-tri flaše viskija, mnogo konzervi, ćurku, u ulici Konsepsion lepi Lusio Pićulin Estrada poginuo je od noža kojim su mu presekli grkljan u isto vreme kada je lepi Teodomiro Papirus Okendo umirao od metka koji mu je prosvirao oko, Pićulin je imao dvadeset i dve godine a Papirus dvadeset i tri, poubijali su se viceversa iliti uzajamno pošto nikako nisu mogli jedan drugom da oproste, u selu nije bilo mesta za obojicu i jedan je morao umreti, da je jedan od njih otišao nešto da povali danas bi obojica bili živi, niko od njih ne bi poginuo, Bog nije tako hteo i Sem V. Lindo je novcem poginulih ostalima platio pivo, litanija Bogorodici je štit koji nas brani od greha, ja kažem *sancta trinitas unus deus* a ti kažeš *miserere nobis*, Korin Mek Alister nije lako uplašiti, kad dođe do tuče samo treba da ostanem mirna, muškarci znaju gde nišane, napolju možda ali u lokalu nema zalutalih metaka, ukrotila sam ja u krevetu bezbroj muškaraca koji kao da su ceo svet hteli da bace pod noge, kad prebace pantalone preko naslona na stolici onda su svi isti, lovac na divljač je isti kao pisar a neki konjokradica možda će valjati manje nego kaluđerski potrčko, svi hoće isto, svi traže isto, Korin je bila mnogo milosrdna, suklati Endiju Kanelu nije naplaćivala, svršavaj brzo čekaju me, hajde, svrši već jednom i gubi se jer imam posla preko glave, albiničari nisu naročito snažni ni voljni za ševu ali su bezmerno zahvalni, nezgodna im narav ali su mnogo zahvalni, kao i maloumnici, suklata Endi Cimet bio je albiničar i zahvalnost bi pokazivao tako što bi zajahao Korin u dobrom ritmu i ne bi mu ispadao, to se zove kresnuti se s poštovanjem, s pažnjom i obilno, sviđa ti se, prašče, sviđa Korin, mnogo, a tebi, i meni se sviđa, samo ti produži i brzo svršavaj pošto me čekaju, suklati Endiju Kanelu Kameronu najviše se sviđa da zaspi dok sisa ženinu sisu, kad maloumnik svrši on zaspi ako mu ga pažljivo posrču, prvo mu se izbrišu poslednje misli pa onda zaspi, Dina i predradnik Had Pendejl saživeli su se još pre nekog vremena, stvar je počela dok je muž još bio živ, Dina je beskrajno volela svog muža ali je volela i predradnik da joj ga uvali, tako je lepo kada Had legne preko tebe, Endi Cimet Kameron puši opuške, najbolji su oni što ostanu od havanskih cigara koje puši Ebi što mu ih Korin čuva u limenoj kutiji, Dina je bila duša ranča Providens, Hesusita Mudonju Moćilu je izbacila zato što je ogovarao i turao nos gde mu nije mesto, na ranču Kulebron je manje discipline, Makario Lobanja Dejvis voli da keca žene na španskom i da ne mora da pazi hoće li ih nazvati kurvo ili kučko, ranije ih je zvao i zmijo ali na to je polako zaboravio, Santos Zlatni Himenes zatekao je žutu Konski mrtvu, već nekoliko dana je bila mrtva, umrla je iznenada pa niko nije znao, njene dve ćerke nisu se čak ni dale u dreku, i one su nekoliko dana provele bez jela i bez dreke, isto onoliko koliko im je majka bila mrtva, ponekad bi zaspale, zaspale bi i maltene se smeškale s prstom u ustima pripijene uz majku, nisu ni primetile da je majka gluva i hladna, Santos Zlatni Himenes nije bio dobar ali nije bio ni loš, prema devojčicama žute Konski lepo se poneo, odveo ih je mojoj majci da pripazi na njih dok ne smisli šta će, majka mu je rekla, dobro, nekoliko dana može ali ne zauvek, nemam mogućnosti, rođaka don Dijega Matamorosa niko nije našao, najverovatnije je otišao pošto je žutu Konski ostavio trudnu, devojčice su završile na ranču Kulebron gde bi uvek preostalo nešto hrane, kad devojčice budu imale dvaput toliko godina valjaće za krevet a možda i pre toga, devojčice su se zvale Efi i Trudi i bile su punačke, pametne i lepuškaste, Fing se umešao u raspravu na Agui Dulse, mislim da je Aurelio u pravu, čovekove noge treba da su kao moje, Aurelio je ustao i ponovo progovorio, medvedima je velika prednost što imaju rep, rep služi samo tome da se gaje buve, jelen možda ima bolji vid i sluh nego ja ali niko nije srećniji od ribe, ona je čista i gola, krzno je teško ropstvo i voleo bih da vidim čoveka bez krzna i s kandžama jakim kao u orla, morate da priznate dve stvari, da sam pametan i da sam jedina životinja kadra da napravi čoveka, da stvori čoveka, na mene čovek mora da liči, Aurelio je seo mirno i dostojanstveno, Aurelio je bio sav zadrigao, pucao je od taštine, iznad planine Akvarijus lete u krug šugavi lešinari, aure koje ne znaju za milost, to su ptice smrti, ptice koje ždere smrt, leševi ispuštaju neke tajanstvene zrake koje prizivaju lešinare, na nekoliko milja unaokolo, Kam Kojote Gonsales osećao je dubok prezir prema lešinarima, zmije ubijaju, jeste, ubijaju da bi se odbranile ili da bi se zabavile ali ne ždere crkotinu, kojoti ubijaju kokoške i zečeve i srndaće i jariće i jedu ih ali to ne znači da će ždrati crkotinu, hoću da kažem da je crkotina ono što crkne a ne ono što je ubijeno, lešinari ždere zlu crkotinu, uklete mrtvace, mrtvace umrle od smrti, mrtvace koji umru a da ih niko ne ubije, to je najgore kod lešinara, gnusni su poput crva, onda sam otpio malo piva i rekao, čini mi se da to baš i nije previše jasno ali dobro razumem šta hoćete da kažete, Korin Mek Alister misli da je Kenet Tenesi Vernon, računovođa u laboratorijama Norman i Hantington lud kao struja, jedino što voli je da se zavuče pod krevet i da mjauče kao mačka, muškarci ne razmišljaju mnogo niti su ozbilji i postojani a Ken je gori od većine, Kenu treba lekar ili žena koju će tući, ne može ovako dalje, doktorka Kavakrik više voli Kama Kojotea Gonsalesa, malo je prljav ali se ne zavlači pod krevet da mjauče, Korin prezire muškarce, nije da ih ne voli ali joj se ni ne sviđaju nešto naročito, u stvari joj se malo gade i prezire ih, u svakom slučaju Korin isto više voli Kama Kojotea Gonsalesa, Taćito Smit izgleda kao gospodin čovek, sambo, dete Indijanke i crnca, nije lako da sambo izgleda kao gospodin ali je moguće, u Smitovoj automehaničarskoj radnji se pazi na manire, u današnje vreme ne valja to što ljudi iz dana u dan sve više zaboravljaju na manire i tako ćemo svi da završimo u poroku i bludu, Taćito Smit u praznične dane nosi zlatan lančić na satu i dukat sa španskim kraljem, i sat je zlatan, radnim danom Taćito Smit ne nosi ni lančić ni dukat a i sat mu je od nerđajućeg čelika, druga žena Taćita Smita se zove Hovita Idalgo, upoznao ju je kao konobaricu u Las Palomasu i onda je svoju prvu ženu vratio roditeljima, imam pravo da budem srećan a Fransin se ugojila, ni prineti nije Hoviti, ja ne volim debele i oženiću se ponovo pošto mi se tako hoće, imam pravo, Migel Tahitos brat-laik u misiji Svetog Ksavera iliti Divlja Guza znao je mnoge stvari o aligatoru Džefersonu i uvek je bio veliki prijatelj mog oca, uvek je poštovao uspomenu na njega, tvoj otac je baš dobro uradio što je umlatio Bubotka Miljora polutansko govno, neke stvari čovek ne može da otrpi i uvek je bolje na vreme poravnati račune, znam da je tvoj otac bio pravedan čovek i zato je voleo da maže brke briljantinom, nevolja je u tome što nije imao sredstava pa je briljantin morao da krade, dobro, krađa briljantina nije nešto za šta bi te izveli pred sudiju, Divlja Guza imao je cistu na nosu, možda je to bila i velika bubuljica ili gadan čir, to se nije znalo jer nije dozvoljavao da ga pipnu, kada trulež izbije napolje iz organizma najbolji lek je trava dva meseca, ona raste samo u planini Mazacal iza Budaline bare i ima je vrlo malo, nema previše onih koji znaju gde ona tačno raste, don Huansito Kastor činio je prava čuda s tom travom dva meseca, ima cvetiće ljubičaste boje koji prilično strašno zaudaraju, Fransin se ugojila a osim toga je imala vetrove, Taćito Smit je dobro uradio što ju je vratio roditeljima, to što oni nisu hteli da je prime nazad već je druga stvar, ljudi treba da budu složni, Taćito, ljudi će misliti da nam je vraćaš jer je nevaspitana i da se vucarala dok je bila u braku, nemoj Taćito, treba da smo složni, znaš već, Arčibald S. Grau zaposlio je Fransin u pogrebnom zavodu, bićeš pogrebnica, ima da kupaš mrtvace, ima da lepo naslažeš to cveće i da dočekuješ ljude, posle ćemo već da vidimo, kako želiš, Arči, a ja samo želim da jedem i da sačuvam dostojanstvo, Džerardu Ospinu nedostajala je odlučnost, nikad ne bi izveo stvar do kraja, dobro je igrao poker ali na kraju ne bi izdržao ni pogled ni licitiranje, Džerard Ospino bio je i više nego pametan ali nije umeo da se nametne, možda mu je to još iz Port Tiritijane, otkako ga je ujela zelena kornjača i unesrećila mu alatku, Džerard Ospino je makljao Bubotka Miljora bez imalo oduševljenja, on to sam, veruj mi, ovo polutansko govno to samo od mene traži, da ga tvoj otac nije ubio mogao je da ga ubije bilo ko drugi, pa i ja, Džerard je subotom legao s mojom majkom jer ne bi mogao duže da izdrži a da niko ne pljuje na njega, to ti je kao neka nužda, ima mnogo muškaraca koji to dobro znaju, Bubotak Miljor se valjao po zemlji da bi ga udarcima nogu naterali da ustane odatle, hoćeš gutljaj pulkea, budaletino usrana, nesrećniče, što ne odeš da lažeš onoga ko će da ti veruje, Pantaleu Klintonu nisu dali konopac kojim su obesili travara, to je državna svojina i niko ne može da ga uzme, da je moj dao bih ti ga ali nije moj, pripada državi i ne mogu da ti ga dam jer ja odgovaram za njega, Pantaleo Klinton je nezgrapan i malo vuče noge, kao da ne haje, dešava se to visokim ljudima ali oni to možda namerno rade, Pantaleo Klinton meri odstojanja tako što njuši vazduh, ovaj kojot je trista koraka daleko, iza onog kamenjara, malo dalje piša neki Indijanac, sam je i nije baš najbolje sa zdravljem, crnkinja Viki Farli je s revolverom munjevita, da umreš od smeha koliko je brza, crnkinja Viki voli da joj belci pasu žbun, crnkinja Viki ima jedan problem, pola tela joj je žensko a pola muško ali navikne se čovek na to, crnkinja Viki voli i da joj žbun popase neki Kinez, teraj dalje, daj mi još džina i teraj dalje, Kinez hoće da se oženi njome ali crnkinja Viki nikako da se reši, teraj dalje, samo ti teraj dalje i daj mi još džina i teraj, Indijanac koji piša na nešto više od trista koraka možda je unuk Kočiza, Apača Ćirikaue koji je belce izbacio iz Arizone, kad su mu vratili istom merom i kad je počeo da gubi teritoriju još je mogao da preživi sa svojim ljudima u planinama Zmaj i Mali Zmaj, sada preko njih vodi drum, Indijanka Mimi Ćapita izuzetno je lepa i gipka, ima dobar ritam i dobre mišiće, Indijanka Mimi Ćapita je ćerka Indijanke Ćabele Paradajs koja je ušila oko Taku Lopesu, neki ga zovu Tako Mendes, moj brat Bil Hijena odnosno Majk San Pedro, drumski razbojnik Bil Hijena Kihotoa, udvara se Indijanki Mimi Ćapiti i pravi joj velike poklone, u kasi u bakalnici Kena Kourtlanda bilo je malo para i Majk je šutnuo gazdu dva-tri puta da se nauči, moj brat je Indijanki Mimi Ćapiti poklonio hitrog šarca, maramu s resama, ružičastu azaleju koja joj je odmah uvenula i čokoladu, gomilu čokolade, Virdžil Erp sručio je Biliju Klantonu metak posred grudi i ubio ga, posle je pucao u grudi Tomu Mek Lauriju i ubio ga, posle je pucao u glavu Frenku Mek Lauriju i ubio ga, Virdžil Erp bio je veoma smiren s revolverom, veoma siguran, umro je od neke bolesti u Goldfildu, Nevada, 1905. godine, počeo sam da se brinem kad mi je Matilda, dobro, kad mi je majka rekla da mi curi gnoj iz cveta na dupetu i da cvet nestaje, stavi mi asepsol i pljuvačku, dosta ljuvačke, bolja je od asepsola, neću da mi se cvet izbriše, to je svetinja, to je kao krštenica, ako mi se ruža izbriše to mi je isto kao da su me zamenili za nekog drugog, Ani Abandi je mnogo dobro išlo pletenje, bila je i vešta a i volela je to, klot, sve petlje pravo, pa engleski bod, pa pirinač bod, Ana Abanda je Erskinu Karlouu isplela vunenu navlaku da bolje umota svoje jedino jaje, ud mora da bude dobro ugrejan, Ana Abanda je bila monahinja ali sad živi s Lusijanitom Ruterom crkvenjakom koji ume da čini čuda i još zna i da čita iz karata i da recituje poeziju, Ana Abanda je kad više nije bila monahinja ali se još nije bila spanđala s crkvenjakom morala da okupa i obuče leš Bubotka Miljora, poganog mešanca koga je ubio moj otac tako što mu je prekinuo dah, bilo je lako, Bubotku Miljoru je ud uvek bio hladan, četiri jevanđelista, sveti Matej, sveti Marko, sveti Luka i sveti Jovan imali su oznojane udove, u tome je razlika, litanija Bogorodici je štit koji nas brani od greha, ja kažem *sancta Maria* a ti kažeš *ora pro nobis*, loš je znak kada crnkinja pije samo rum, crnkinje ne smeju da budu ponosne da se milosrđe ne bi zaverilo protiv njih i iskoristilo ih i poslalo im bolesti, kada Kinez voli crnkinju mora da ima na umu da i dostojanstvo ima svoje zakone, Kinez Vu se nikad nije udvarao nijednoj crnkinji, niti je ikad s njom vodio ljubav u tišini, Kinez Vu je drugi i Ana Abanda mu je pokazala kako da štrika, odmah je naučio, Kinez Vu je pun poštovanja prema svom gazdi Ircu Erskinu Mravojedu Karlouu, kad razgovara s njim gleda u zemlju, Kinez Vu vrši nuždu napolju kad padne mrak, mora da se brani od insekata, od živine, od svinja, od gmizavaca i preživara, kojoti ne prilaze krčmi, dobro, prilaze oni, kao i divlji veprovi, ali beže od čoveka pa makar on bio i mirni Kinez, moja majka nikad nije saznala ime dalekog grada u kojem me je otac ostavio pošto mi je utisnuo vatreni cvet u dupe, otac nije hteo da joj kaže, ja ga znam jer sam tamo bio u zarobljeništvu nekoliko godina, normalno je da znam, grad se zvao Portales, Novi Meksiko, čuven po tome što je bio kolevka hrabrog ratnika Fidensija Fjera, onog što je poginuo u zasedi kod Almagorda, Portales je blizu granice s Teksasom a institucija u koju su me stavili zvala se *Hospitium of St. Bartholomew*, upravnik je bio neki španski pop, Otac Oktavio Lagares, zvali su ga narednik Lagares, crkavao je za koridom, kad god bi mogao skočio bi do Meksika, mašinovođa Augustus Honatas ponašao se kao kauboj, ličio je na kauboja sa severa, iz Vajominga ili Ajdaha, kad vetar duva kroz pustinju Plekamor zmije se zavlače pod kamenje pošto misle da je došao smak sveta i početak večnih muka u paklu, kaktusi se dobro brane od vetra pošto ga napadaju pa čak i ranjavaju svojim bodljama, zabiju mu svoje bodlje u meso i raspore mu putanju odnosno pravac, ljudi i životinje koji se muvaju po pustinji, lovci na divljač, govedari i zločinci, kojoti, lešinari i gmazovi, znaju da je materija vetra meka kao u puža mada može da izgleda strašno tvrda, Navaho Indijanci su veliki prijatelji s vetrom, imaju davnašnji ugovor s vetrom, njegov vreli bič oni su uvek poštovali, uvek više voleli mir od rata, Vajolet je Navaho Indijanka, smeje se kad se stoka uplaši od vetra, dobro sam poznavao Ronija V. Dekstera Dininog muža, nisam baš bio blizak s njim, Ronija je ubila zvečarka u Topoku, između rezervata Ćemeuevi i Fort Mohave, ovde ima mnogo vode ali i mnogo gladi i bede, sjahao je da malo spere znoj i ujela ga zvečarka, zmija koja ujeda nasmrt, Dina je imala loman struk i čvrste i nešto veće grudi, Dina je bila dobre duše i blagog glasa, Had se prema njoj uvek odnosio s poštovanjem i s puno obzira jer se u krevetu stekne manje pouzdanja nego što se to obično misli, krevet više nameće obaveze nego što daje prava, jedno na drugo ne utiče i van kreveta svako mora znati gde mu je mesto, kad kažem krevet mislim na ono što rade muškarci i žene, na skupštini na Agui Dulse govorile su sve životinje u priličnom redu mada su se na kraju umorile pa su se posvađale, dabar se zvao Brit, krtica Simona a sovuljaga Pami, ta imena su im dali posle, Brit je predložio da čovek ima velik i moćan rep da bi mogao da vuče pesak, kamenje, debla i drugi materijal za gradnju, Pami je mislila da su svi koji su se okupili ludi, kako je moguće da nikom ne padne na pamet da za čoveka traži krila, šta bi čovek radio bez krila, Simona je smatrala da je Pamin predlog besmislen, čovek s krilima razbio bi glavu o nebo a osim toga bi mu se spržile oči kad bi leteo blizu sunca, ja sam beskrajno srećna dok rijem pod zemljom, šta ima veze što ne vidim ako već mogu da opipam i da čujem i da osetim, Ronija je mnogo bolela noga gde ga je ujela zmija ali je još mogao da razmišlja, dobro, gotovo je, ovde mi je došao kraj, u ovom kamenjaru, srećan je čovek koji umre a da mu ne nedostaje pejzaž, koji se ne iznenadi kad se na vidiku pojavi smrt, zvečarka je takođe uginula, ubio ju je Roni pucajući joj među oči, cena života je život i niko ne može da pobegne od zakona, niko ne može ni da zamisli kako će ovde izgledati za nekoliko godina, recimo 1925. ili 1930. godine, da ga ne boli toliko Roniju bi možda bilo i smešno, kakva zgoda, konj se nije odmicao od gazde cele noći, Dina i Had su se uvek viđali na mesečini usred polja, sveta zemlja je dobar oslonac za ljubav i zavijanje kojota nije loše društvo za ljubav koja se može zagrnuti ako je neko uhvati na delu, ovo je greh, Had, Bog će mi poslati neku kaznu, Dini, koja se nalazila miljama daleko, prostrujala je jeza niz kičmu kada je Roni umro, ima stvari kojima se ne smemo igrati, životinje su obazrivije nego čovek i manje se izlažu opasnosti nego čovek, Erskina Karloua je spopala neka čudna pošast u crevima i bar nedelju dana je imao jaku groznicu i gadnu smrdljivu sraćkalicu, dok je bio bolestan nije mogao da prdi jer bi se uneredio, Kinez Vu se vrlo lepo poneo, brinuo se o njemu jako dobro i pažljivo i Erskin mu je u znak zahvalnosti rekao da će ga pustiti da se tri puta napije za džabe i to pićem po svom izboru, Kinezi su dobri ljudi, malo idu na živce ali su dobri ljudi i umeju da se brinu o bolesnicima, Erskin Ardvark Karlou kad je ozdravio skoro mesec dana nije tukao Kineza, Teodulfo Sapata bio je kenjkavi žgoljavko ali je imao veze s tri žene kojima su svi ispirali usta, Korason Leonarda, Mendi Mesilja i Noelija Ćunda, jedna od njih tri mu je odsekla muškost kad je umro, plavuša Irma dala mu je sirup za snagu i Teodulfo Sapata je sve tri povalio jednu za drugom, Teodulfo Sapata je nađen utopljen pored Sajt Siksa, ribe su mu pojele oči a jedna od tri žene mu je odsekla alatku, niko nije saznao koja, Indijanci znaju ali ne pričaju, otac Zaha Muća zvao se Zah Dastin i došao je iz Fort Dodža, Ajova, sa tovarom biblija i petoro male dece sve muškarčići i svakom nešto fali, Džim, Nik, Aleks, Džo i Zah, nedostaci navedeni po redu su sledeći, razrokost, mucavost, znojavost, idiotizam i orhitis, žena Zaha Dastina umrla je na porođaju s ovim poslednjim, ne znam kako se pokojnica zvala, istina nikog nisam ni pitao jer mi je bilo svejedno, nikad nisam bio naročito radoznao, Zah Dastin brojao je dane po umoru i godine po pomrlim prijateljima, život se tka od sećanja na sve i ništa nam ne vredi što hoćemo da pobegnemo od sećanja jer će nas ono progoniti kud god se makli, uspomene neumorno pritiskaju čoveka i podsećaju ga na njegov jad i bedu, kad se Zah Dastin zaljubio u plavojku Irmu svima je govorio jednu vrlo dobro odmerenu rečenicu, što vredi, to vredi i čekati, to sam čuo od Sema V. Linda, možda je to prepisao iz nekog kalendara, kad je plavojka Irma počela da ga vara kod Zaha Dastina se ljubav ohladila i prestao je da ponavlja tu rečenicu, nema razloga da čovek celog života ponavlja jednu te istu stvar kao da je papagaj, Makario Lobanja Dejvis mislio je dve stvari, da žene treba zajahati govoreći im na njihovom jeziku da se ne bi jogunile i da je bolje biti nadničar nego gazda, da je čovek slobodniji, jedan konj vezuje te manje od nekoliko stotina grla stoke, jedino ne valja ono što se dešava onome ko samo ćuti i trpi, onaj ko samo ćuti i trpi ostaje bez rogova, udara glavom o zid pa ostane bez rogova i razbije njušku, to se zove inercija, ko ćuti i trpi toga svi ostali zajedno ukrote, ukrote ga malo žena malo običaji, imaju uticaja i državni činovnici i strah odnosno navika, supruge sanjaju da zauzdaju supruga i kada u tome uspeju onda umru, supruge su prirodni neprijatelji muškarca, mužjaka kojeg sanjaju da poraze i ponize, supruge su smetnja koja se čoveku prilepi za muda da ne bi mogao da ide zdravo i pravo, kod žena dostojanstvo nestane kad se dokopaju dokumenta, preko neba je doleteo balon s mrtvacem, pao je između Džedita i kanjona Kims u rezervatu Hopi Indijanaca, mrtvaca je trebalo brže-bolje sahraniti jer je bio pun crva i zaudarao je na smrt, bio je to događaj koji nikad nije razjašnjen, ne verujem da će ikada i biti razjašnjen, neki kažu da je mrtvac bio avet gusara Džeka Toda, to nije naročito verovatno zato što aveti ne trunu, neki kažu da je to bio Ludi Konj, poglavica Sijuksa, verovatno ni to nije istina, ćoravi Tako Mendes ili Tako Lopes ako više volite ili Tako Peres odveo je Indijanku Ćabelu Paradajs u krčmu Erskina Karloua da mu pogleda oko, dobro ga pogledaj, evo ti ga ovde u flaši za džin, sad svi mogu da ga vide a da smo ga bacili ne bi ga video niko, pojeli bi ga prašina i govnovalji, Erskin Karlou je dobro začepio bocu voskom da apotekarski alkohol ne bi isparIO, Erskin Karlou već neko vreme razmišlja o tome da promeni alkohol jer se već malo zamutio, Kolonija Pisinima ubio je grom dok je Kam Kojote Gonsales pevao pesmu o Marikitinom venčanju, obojica su bili zmijolovci, radili su za laboratoriju Norman i Hantington koja je prilično dobro plaćala, ne žale se a nije ni red da se čovek stalno nešto žali, Kolonio je imao pseću njušku i bio je tako neuredan da bi se ponekad i upišao u gaće, Kam Kojote Gonsales prekrio je leš svoga druga kamenjem, nije dugo potrajao, mogao je još malo da izdrži ali vidi se da mu je kucnuo čas, da li beše imao trideset, četrdeset godina, ćoravi Tako bio je vlasnik polovine Džefersona dresiranog aligatora, kad mu se desilo ono s okom prodao je svoj deo mom ocu da bi kupio poklon crnkinji Ćabeli Paradajs, hoću reći, Indijanki, u Kasadoru nema crnaca, Indijanka Ćabela Paradajs umela je izvanredno da šije i da igra valcer, nadničar Frensis Pako Nogales izgubio je oko a da ga niko nije ranio, malo-pomalo mu je trunulo i ispalo mu je, Frensis Pako Nogales ima jedno prelepo plavo stakleno oko, nosi ga umotano u maramicu da mu se ne izgrebe, ono pravo oko koje je izgubio bilo je tamnosmeđe, kad je ostao udovac Frensis Pako Nogales je kupio harmoniku svom sinu Šeldonu da ovaj ne bi previše tugovao, tuga je pre za životinje nego za decu, tužno dete je nepravda i beskrajno tužna stvar, Džerard Ospino je pre mnogo godina bio misionar, neće preterano da priča o Port Tiritijani, nisam upoznao nikoga ko zna gde je to, Indijanac Abel Tumakakori ga je jednog jutra pitao da to nije možda neko mesto na onom svetu i Džerard Ospino mu je zapretio da će mu razbiti njušku, Džerard Ospino stvarno ponekad priča o stvarima s mora, sve je to dozlaboga tajanstveno, Indijanac Abel Tumakakori umro je a da nikad nije video more, more nema ni kraja ni konca, dobro, ima početak ali nema kraj, travara Giljerma Bakalara Sanspota obesili su a da nikad nije video more, na moru nema konja ni zmija, crnca Tonija Klintsa obesili su a da nikad nije video more, ovde ima mnogo ljudi koji nikad nisu videli more, koji ne znaju na kojoj strani sveta se ono nalazi, na moru nema ni kojota nego samo ribe svih veličina što plivaju pod vodom, na moru ima sirena i ptica koje ni na trenutak ne prestaju da lete, pa i ne mogu da slete jer bi bile nepovratno mrtve, bolje je presvisnuti od umora nego se utopiti, kopnene ptice su zaštićenije pošto mogu da slete na drvo i na kamen i na zemlju, a onaj ko jeste video more bio je Santjago Portosin, razume se, gazda iz Noje koji se ljubakao s plavušom Irmom, on joj je poklonio onu ogrlicu od crnog ćilibara, Santjago Portosin je jako dobro poznavao more, razume se, litanija Bogorodici je štit koji nas brani od greha, ja kažem *sancta Dei genitrix* a ti kažeš *ora pro nobis*, niko nije mogao da mi kaže da li su crncu Toniju Klintsu dozvolili da bude obešen s cvetom u reveru, pitao sam razne ljude ali se niko nije sećao, nisu obraćali pažnju, u poslastičarnici u Smitovoj automehaničarskoj radionici sećali su se Bubotka Miljora poganog meleza, ljudi su ga slali da im obavlja sitne poslove i on bi ih ponekad poslušao a ponekad ne bi, u bjuti šopu kod gospođice Glorije isto se tako sećaju Bubotka Miljora, bio je nevinašce, bolje je da se zaborave njegovi ispadi, dve punačke ćerkice žute Konski porasle su i postale lepe žene, obe su se dobro udale i žive u Trinidadu, Kolorado, tamo živi Endži, a druga je u Boulder Sitiju, Nevada, to je Neli, ne viđaju se skoro nikad, kad su bile male zvale su se Efi i Trudi, pa su onda porasle pa im se ime promenilo, Endži za svaki Božić pošalje nešto para nadničaru Santosu Zlatnom Himenesu koji je već ostario, Neli ima buljuk dece i napiše po jedno pismo godišnje, ne može da mu pošalje pare ali mu svake godine piše dugačko pismo puno nežnosti, Indijanac Kornelio Laguna ukrao je pisaću mašinu koju su piscu Dagu Ročesteru stavili na grob, pokojnici ne pišu na mašini a posetioci vole da vide pisaću mašinu nekog pisca, uvek daju neku paru i fotografišu, Dag Ročester bio je pijanac i ženskaroš, dobro je pisao ali je imao ružne navike, subotom u sedam završili bismo s poslom i onda bismo, ja i Džerard Ospino, izveli one dosadne i jednolične marifetluke da se zabavimo, pošto smo bili mladi nisu nam bili ni dosadni ni jednolični, sad se toga sećam sa setom, tačno, ali i s dosadom, najbolje je dolazilo na kraju, kad bismo otišli da legnemo s mojom majkom, kad bih završio poljubio bih je u čelo, dogovor uvek mora da se poštuje, mnogo sam se zabrinuo kad mi je majka rekla, Vend, cvet na dupetu ti se zagnojio, pun ti je gnoja, možda bi trebalo ponovo da se spali da se ne bi izbrisao, seti se da ti je to jedina uspomena koju ti je otac ostavio, Džerard Ospino je bio snažan kao konj ali u krevetu baš i nije, u Port Tiritijani ujela ga je zelena kornjača na nezgodno mesto pa mu je temperament strašno oslabio, na zapadu Džon Holidej je imao samo jednu ženu, Big Nouz Kejt, upoznao ju je dok je varao na pokeru u salunu Džona Sansija u Fort Grifinu, Teksas, Kejt ga je spasla vešala i Dok joj je bio zahvalan celog života, dobro, skoro celog pošto je na kraju morao da je izbaci, dao joj je hiljadu dolara, stavio je u diližansu i zaboravio na nju, Pantaleu Klintonu nisu hteli da daju konopac kojim su obesili travara-pokućarca zato što je to bila državna svojina i niko nije smeo da ga dira, Sem V. Lindo ispunio je svoju obavezu, Pantaleo Klinton je jureći za divljači stigao čak tamo iza Velikog kanjona, sve do vrleti Eha i Uragana, u jarugama Eha zavijanje kojota odjekuje kao stotinu urlika celog čopora kojota, niko ne zna da li je Bog muškarac ili žena ali kada bi bio žena a ne muškarac Veliki kanjon bi bio Božija pička, uzbudljiva Velika Pička Božija bakarne boje, boje oksidisanog bakra ili srebra zavisi od svetla i od vetra, za Pantalea Klintona njegovi prijatelji su mi rekli da je imao verenicu Indijanku u Litlfildu s one strane brda i pustinje Pobresa, nisu mi baš previše objašnjavali, takve stvari nikad se ne znaju sasvim pošto siromaške ljubavi nikoga ne zanimaju, Pantaleo Klinton je imao vrlo dobar njuh, bilo je to njegovo najbolje oružje i znao bi na nekoliko milja udaljenosti da li ga verenica čeka odevena ili gola, Hitra Veverica bila je prava lepotica i tanana ali tolika kurva da kao da je bila belkinja, da li je tvoj onaj mali što ga je rodila Hitra Veverica, mislim da jeste pošto je pljunuti ja, Hitra Veverica imala je petnaest godina i troje dece, muž ju je ostavio ima tome dosta vremena i ništa se više nije čulo o njemu, Pantaleo Klinton bio je krakat i nezgrapan ali je bio i nežan i lepo vaspitan, prilično lepo vaspitan, travara Sanspota obesili su o vrat za jedino drvo koje se nalazilo u Hiltopu, možda je to bio Majo Manso, ljudi mogu da vešaju druge ljude o drvo celog života, nikad se neće umoriti, i žene isto, crnkinju Patrisiju obesili su o isto drvo kao i travara Sanspota zato što je klala decu, pravila čudotvorne napitke od njihove još vruće krvi i sveže slanine, kažu da je to bio izvanredan lek ne samo protiv ljubavnih jada nego i protiv reume i tuberkuloze, Elviru Mimbre obesili su u Igl Fletu zato što je podala telo đavolu, ništa joj nije smetalo što je sva bila rošava od boginja, ali zar ne kažu da đavo kuša samo žene koje imaju porcelansku put, zmija koral govori pedeset indijanskih jezika ali ne govori dva belačka jezika, dresirani aligator obratno, Bubotak Miljor polutansko govno rekao je mom ocu da aligator ne govori, da je laž da aligator govori i moj otac ga je ubio snažno ga šutnuvši u grudi, nije baš ni tako snažno, osrednji šut već je bio dovoljan, svako bi učinio isto što i moj otac, ne smete muškarca nazvati lažljivcem jer može da se naljuti a tada ubija, botaničar Orson u svom *Izveštaju* priča o tome kako je Džerard Ospino lovio kitove u Tjeri Adelaida, nema razloga da ovde to ponavljam jer se knjiga lako može naći, ranije ju je imao svako, tada zelena kornjača još nije bila ujela Džerarda Ospina za alatku, u stvari je u to vreme bio u najboljoj formi, dvadesetog septembra 1917. godine iskočio je iz tračnica voz Augustusa Honatasa s bolesnim Indijancima i tog istog dana mi je majka kad smo završili s jebanjem rekla taj cvet što imaš na dupetu napravio ti je otac užarenim gvožđem kad si imao pet godina, ima stvari koje se zauvek pamte, ostala sam trudna s tvojim ocem jedanaest puta i rodila sam jedanaestoro žive dece, sve vas je preda mnom žigosao, dobro, mene je terao da vas držim, nikad se ne bih usudila da ga ne poslušam, posle ste odlazili u sirotište ali ja nikad nisam saznala u koji grad, sad je prvo što uradim kad sam s nekim mladićem to da mu pregledam dupe, već godinama to radim ali nisam imala sreće, za sada sam samo kod tebe našla cvet, da li me se stidiš, ja se uopšte nisam stideo majčinog zanata, ima i gorih, a nisam hteo ni da tražim njenu decu, sećanje je alat, a može da bude i hladno oružje, vatreno oružje, otrov, pa čak i jednostavan muzički instrument, frula, bendžo, doboš, moj otac se zvao Sesil Lambert Espana ili Span ili Aspen i kako mi je majka ispričala patio je od čireva po vratu i po dupetu, bili su to ogromni i veoma duboki čirevi puni gnoja što bi kad se rasprsnu uništili sve živo, otac nije bio krupan ali je bio prilično jak, nekad su ljudi bili niži nego sada, otac je bio iz Alamose, Kolorado, najverovatnije iz Alamose, majka kaže da je taj grad na obali Rio Grandea, ja ne znam jer tamo nikad nisam bio, kad je potrošio biblije Zah Dastin se zaposlio u računovodstvu kod Normana i Hantingtona, umeo je pomalo da računa a i sreće je imao, u takvim slučajevima od velike je pomoći dobar izgled, šef mu je bio Ken Vernon za koga se dobro zna da je udaren, kad svakog prvog i petnaestog u mesecu legne s Korin Mek Alister radi beskrajno čudne stvari, mjauče kao mačka, laje kao pas, njače kao magarac, kenjka kao beba, svršava, malo kine pa zaspi, doktorka Babi Kavakrik odmah je raskinula svaku vezu s njim, draži joj je Kam Kojote Gonsales, malo je prljav ali ne zbunjuje žene u krevetu, okupljene na Agui Dulse životinje se nisu dogovorile i sve se završilo vikom i tučom, Ken Vernon držao je burmut u limenoj kutijici od gumenih bombona protiv kašlja, Aurelio je hteo da pobegne ali Pami se ustremila na njega i Brit mu je izgrebao lice što znači da sova i dabar zajedno mogu da pobede kojota, običaj da se žvaće duvan stvara crne zube i crnu, lepljivu i sladunjavu pljuvačku, Bang, Fing i Dal zapodeli su krvav boj dok je Sefo udarao a Kili bô rogovima, Deng glodao svojim zubićima a Simona se sakrila pod zemlju, nema sumnje da to što neko štroji nesrećne mužjake za džabe i samo iz zabave ukazuje na ružne sklonosti, ukazuje i na kukavičluk, kad je umor sve savladao svaka životinja je sela na zemlju i počela da vaja čoveka od grudve blata, svima osim jednome malo-pomalo je dosadilo pa su otišli na spavanje, rođak don Dijega Matamorosa još tumara naokolo na konju i pumpa plavojke ali to i nije loš znak, to je kao neka duga na nebu, od svih životinja na Agui Dulse samo kojot je završio svoje delo koje je u cik zore oživelo jer je srce počelo da mu kuca, niko ne zna da li je to razumno ali je izvesno da je čoveka stvorio kojot, tako se misli u Tes Nos Pesu i u misiji Imanuila tamo iza vrha Pastirica na planini Džinova, to mi je rekla porodica Hitre Veverice verenice Pantalea Klintona, najverovatnije joj je treće dete od Pantalea Klintona, nikad se više ništa nije čulo o njenom mužu, može biti da ljubav propadne i sparuši se ali nema mnogo sumnje da je čoveka neko stvorio, sunce ili vetar ili voda ili životinja ili mineral ili duh, biljka nije, to je manje verovatno, nije ni naročito logično zato što su biljke sasvim drugačije od ljudi nego elementi ili životinje ili kamenje ili aveti, prikaze su kao mrtvaci koji lete ili hodaju ali drveće i trava nisu, čovek voli zemlju na kojoj se rodio, ponekad nije lepa ali je uvek njegova, sunce i vetar i vodu ni vreme ne može da pomeri s mesta, a i ne usuđuje se, čovek voli sunce i vetar i vodu kraj kojih se rodio, ponekad nisu blagi prema njemu ali su uvek njegovi, zdravo je da se priviješ uz zemlju i da ideš bos po zemlji zato što snaga ulazi na stopala, čovek se na kraju pretvori u zemlju i sav život se rađa iz zemlje, i to mi je rekla porodica Hitre Veverice koja je prelepa i preljubazna žena, veoma joj je potrebna pažnja i muškarac odozgo, u krčmi kod Mravojeda nema previše reda i ljudi odlaze a da i ne plate, Erskin Karlou je pijan više nego polovinu puta, i mušterije su ali oni ne moraju da se brinu o kasi, mnogi i dalje veruju da se ja zovem Vendel Liverpul Lohijel, to je bilo pre nego što sam saznao ko su mi roditelji, moje pravo ime je Vendel Liverpul Espana ili Span ili Aspen, tri prsta na ruci koji mi nedostaju, ona tri s leve ruke, izgubio sam u nezgodi na poslu, odsekla mi ih lančana testera, nikoga ne mogu da optužim za nesreću jer sam jedini krivac bio ja, zna se već, preterana samouverenost i loša sreća, obe stvari, gazda se lepo poneo i dao mi za lekove i asepsol, dok mi rane nisu zarasle prošlo je mesec dana a još i više dok nisam mogao da se vratim na posao, Džerard Ospino mi je pozajmio nešto para i Erskin Karlou me je subotom častio pivom, svi znaju da nije isto tući ženu s ljubavlju ili sa srdžbom i besom ili s mržnjom što je još bednije i bolnije, žene se ne mogu tući ni iz obaveze ili ravnodušno, to nikako, srebrne mamuze sa zvezdom s tridesetčetiri šiljka mogu se nositi samo za jahanje izuzetno lepih i okretnih i izdržljivih žena, živeo general Kortinas koji je izašao iz zatvora i otišao da poseti prijatelje koje je ostavio u Tamaulipasu, tada su žene vadile sise iz dekoltea sasvim bestidno da bi ih gledali ljudi generala Kortinasa, živeo general Kortinas koji je slobodan i samovlastan i ugled mu je porastao jer je spasao jednog Meksikanca, trupe generala Kortinasa nisu sjahale i žene su sklonile sise, u stvari su se malo postidele, litanija Bogorodici je štit koji nas brani od greha, ja kažem *sancta virgo virgi-*

num a ti kažeš *ora pro nobis*, dok se moja majka još zvala Marijana odnosno pre nego što sam se ja rodio, u to baš i nisam naročito upućen, upoznala je Panča Vilju i pukovnika Roberta Fjera, soldatuša Lupita Tekolote ceo je pohod prošla zajedno s Margaritom Benavidesom i naučila sama da se brani, Margarito Benavides je sve držao čvrstom rukom, kod njega nisu prolazila prenemaganja i benavljenja a ni izvinjenja jer je dužnost na prvom mestu a zabava dolazi tek posle, Bufalo Ćamberino je pun džak para potrošio na Lupitu uprkos tome što više nije bila devojčica, Lupita je bila neverovatno vešta i umela je da mu ugađa, prema mojoj majci se poneo lošije, šta je imao da joj priča da su joj tatu obesili u Pitikitu, poigraj se malo ovim tu što imam i diši duboko, videćeš, raširi malo noge i samo čekaj, videćeš da će da ti se svidi, nije istina da su tvog tatu vezali za rep konja i vukli ga, ne obraćaj pažnju na priče, videćeš, stani ovde da te malo pipnem, raširi malo noge i diši duboko, Atelsio Danken proveo je život prelazeći s jedne na drugu stranu granice ponekad na konju a ponekad peške, obično bi se odmarao u planini Alamo Ueko, njegova verenica Remedios Harli radila je kao krčmarica u točionici u Animasu, možda je i druge stvari radila no Atelsio se nije raspitivao, pitanja i odgovori mogu čoveku da pomrače volju, u planini Pelonsiljo čuo se kojot svake noći, ovde ih nema više nego na drugim mestima ali se čuju kao da ih je više, Remedios nije bila lepa ali je bila mlada, neki nadničar s ranča Florida hteo je da se oženi njome ali kad su već bili spremili papire našli su ga mrtvog na samom prelazu Antilope tik uz granicu Arizone, zvali su ga Donovan Mali Džons i našli su ga s metkom u leđima, još je bio živ ali pri kraju, u Lordsberg je stigao mrtav i nem, Remedios je nosila crninu za njim a posle je pala u naručje Atelsiju, žena uvek mora nekome da odgovara za svoje postupke, nije dobro ako nikom ne mora da polaže račune, zli jezici kažu da su oni koji utočište nađu na ranču Florida ljudi koji žive na ivici zakona, drumski razbojnici, krijumčari čija je glava ucenjena i drugi zločinci, ja ne mogu da tvrdim jer ne znam, ali jeste tačno da se na ranču Florida radnici stalno smenjuju, gazda je došao sa severa, Mat Danganon je grub čovek i nije naročito pričljiv a svoju ženu Kleo ne pušta da siđe sa sprata, gotovo da je niko i ne poznaje, plava je i vitka i slabog je zdravlja, ponekad je uveče izvede da udahne malo vazduha i da uhvati malo mesečine, Mat mnogo bije Kleo, tuče je kaišem i to s one strane gde je kopča i pljuje po njoj i udara je štapom i nogama, to se zna po kricima žene koji se čuju sa svih strana, Džon Dok Holidej umro je od jektike 1887. godine u sanatorijumu u Glenvud Springsu, Kolorado, otac Hitre Veverice zove se Mustang Tonalea, svi ljudi su braća, naš je otac Veliki Duh a majka nam je zemlja i treba ići bos da bi nam snaga ulazila kroz noge, treba nositi i dugu kosu da bi se ta snaga zagrejala, kao što je nemoguće da reka poteče uzvodno nemoguće je i da čoveku oduzmu slobodu i zemlju, oružje može uneti pometnju među svet ali pre smaka sveta ono će zamuknuti i zemlja će ponovo pripasti onima čija je oduvek bila, Mustang Tonalea video je velika stada bizona, još ih se seća kako se šire do sve četiri ivice ruže, u to vreme još nije bilo gladi, Indijanci su bizone ubijali samo da bi jeli, belci su ih ubijali samo da bi ubijali, da im se zadovolji prst na obaraču, tako rade zločinci, beli čovek je veliki zločinac i ubija zato što voli da vidi kako teče krv i da oseti kako se život gasi, voli on i da uobrazi kako ume da seje smrt, najviše što bi belac pojeo bio je jezik ubijenog bizona i nikad im nije dosta makar i sve jezike pojeli, tada još nije bilo gladi, bolesti i glad došli su posle i niko ne zna da li će jednog dana otići, najbolja stada bila su nešto severnije, prema Juti, Koloradu, Nebraski, Vajomingu i drugim državama, Džerard Ospino mi je rekao, moraš da uvedeš red u to što pričaš da se ljudi ne bi zbunjivali, najbolje bi bilo da ideš od mrtvog do mrtvog, ja sam mu odgovorio, lako je pričati ali uvesti red u ono što se priča nije baš tako jednostavno, Bobu Hanaganu nisu dali ni da pisne, obesili su ga ne pustivši ga ni reč da kaže i meleskinji Mikaeli plač ništa nije pomogao, nema razloga strance puštati da nešto kažu, kad čovek odlazi sa zemlje na kojoj se rodio to znači da mu u organizmu nešto nije u redu, u Kvin Kriku se više niko ne seća Džona Kernarvona, ljudi se trude da probisvete što pre zaborave, Velšanin Džon Kernarvon nije sahranjen u Kvin Kriku, to je selo koje nema groblje kao ni stratište, mrtve istucaju i donekle ih samelju pa ih daju guskama za hranu, guske su lepe i vrlo masne, doktorka Babi Kavakrik je odavde, otišla je još odavno i sad radi u laboratorijama, voleo bih da znam da li su Tonija Klintsa pustili da stavi cvet u rever, mora biti zabavno, crnac obešen o vrat, kita mu polukruta, jezik isplažen, a cvet u reveru, obešene bi uvek morali da fotografišu, ni Karlote se niko ne seća, Toni Klints ju je ugušio jastukom, možda je Karlota mislila da se on napalio, to nikad nećemo saznati, mnoštvo je stvari koje nikad nećemo saznati jer je život skoro uvek tajna a smrt još i više, nijedan mrtvac se nikad nije vratio s onog sveta da nam objasni šta se dešava, Pepito Buva bakalin bio je polukepec ali je izvanredno vodio knjige, njegova žena Lupe Sentinela imala je velike sise i zato joj se dopadao, od mrtvog pisca Daga Ročestera Indijanac Kornelio ukrao je pisaću mašinu s groba, između Daga Ročestera i Lupe Sentinele nikad nije bilo ničega, bili su donekle vereni ali on nije otišao dalje od toga da joj zavuče ruku u dekolte i malo je uhvati za sise, Lupe je bila sušta pristojnost i nije se ni skinula niti je ikad izvadila sise da se on nasiti meseći ih i meseći ih, posle se Lupe udala a Dag je umro, Niki Prasica je tako opaučio Džoa Huaresa da je malo falilo da ga ne ubije, to je bio kraj Džoa Huaresa, od tada je još samo boksovao po seoskim vašarima i dobrotvornim priredbama, Sandri zaudara iz usta, Sandra je žena Nikija Prasice, bazdi joj iz usta i protiv te gadosti joj ni lekovi ne pomažu, to sa smradom je prava nesreća i gadost ali i smejurija, zaudaraš na septičku jamu, zaudaraš na mrtvaca, a ima, naprotiv, drugih nesreća koje kod ljudi izazivaju sažaljenje i oni niti se gade niti se smeju, žena onog drugog, Sindi, žena Bertija Bogatog pije anis i već skoro tri godine se maje s Nikijem Prasicom, viđaju se u skladištu na jednom porušenom ranču u Asajampi, na brdu Marikopa, mesto nije udobno ali je skrovito, kad bi ih zatekla Sandra bi napravila ršum, možda bi i još jače zasmrdela, žene koje smrde, kad se naljute, zasmrde još gore, kapetan teretnjaka Mere oh Romsdal zvao se Lars Korvald i oči su mu bile prečisto plave, kosa plava i svilena a brada meka i uvek lepo počešljana, naredio je da mog oca još živog bace u more ali to je bilo iz straha od zaraze, velike boginje su strašno zarazne i ako se pojave na brodu koji je isplovio može da predstavlja istinsku opasnost, norveški kapetan umeo je da obavlja svoju dužnost, Margarito Benavides polako se lečio od nasilništva i dosade, videlo mu se po brku i po kosim očima, a i po hodu, po osmehu od uha do uha i po pljuvački koja mu je curila iz usta, Margarito Benavides je rukav svog kaputa koristio kao ubrus, Margarito Benavides je pevao i svirao na gitari, nek ostane familija da je ne pojede Zapadna Virdžinija, zbogom državo Teksas i sve tvoje oranje, odoh u Pensilvaniju da zaboravim na pamuka branje, Margarito Benavides je Lupiti Tekolote poklonio živog Gringa vezanog za jaja, drži, pusti ga na granici, ako primetiš da nešto gunđa samo cimneš ovaj čvor, zove se Klem Krajder i ume da igra bilijar, tebi neće biti od neke vajde jer mi izgleda kao pečurka, rekao bih da je cvetić karoljub, Lupita je izvukla silne pare od Bufala Ćamberina, umela je da mu ugađa i izvukla je od njega silne pare, kad je Margarito Benavides ostavio Lupitu još joj je rekao, sad se lepo vladaj i nemoj da zakeraš više nego što treba da ti se ne desi isto što i carici Karloti, šantavi žive kao lancima vezani za svoje navike, Rehinaldo Ferbank šamarao ga je nekako krišom, malo bi isplazio jezik, prevrnuo okicama i osmehivao se tako slatko i stao bi na samim vratima niskosti, Rehinaldo Ferbank bio je prilično srećan, ne baš najsrećniji što čovek može biti ali bezmalo tako, Rehinalda sad gotovo da i nisu više šutirali jer kad bi video da ide neko ko voli da šutira šantave smesta bi mu se sklonio s puta, u selima su se svi znali iz viđenja i nikad nije bilo previše nevolja, u Majo Mansu ljudi su bili mirni i nisu imali ružnih sklonosti, s vremena na vreme bi nekoga obesili, istina, u svakom mestu s vremena na vreme nekoga obese ali ne bi se moglo reći da to rade bez razloga, to nikako, Elviru Mimbre nisu obesili u Majo Mansu nego u Igl Fletu, to da su je obesili u Majo Mansu rekao je računovođa Ken Vernon zato što je pobrkao stvari, uvek bi brkao stvari, zna se već da je bio malo ćaknut i neuravnotežen, Elviru Mimbre su obesili u Igl Fletu zato što se podavala đavolu i to što je još gore svojevoljno i s bolesnim uživanjem, kažu da se nečastivom sviđaju samo žene koje imaju tananu i nežnu kožu a Elviru je imao više puta bez obzira na to što je sva bila rošava od boginja, pokazivao joj se u obliku guštera ili jarca ili propovednika, sve može da posluži kad treba da se zadovolji požuda, valjao se s njom cele noći i tako mesecima, Elvira nikad nije saznala ime svog đavola ali je upoznala njegov pohotni ljubavni apetit koji je bio otporan na krstove i svetu vodicu, ništa joj nije vredelo ni što se krstila ni što se škropila, kad je Elvira Mimbre izdahnula na vešalima čula se strašna grmljavina groma s nebesa, vidi se da je to bio poraz neprijatelja duše, pukovnik Roberto Fjero bio je s generalom Viljom kad je osvajan Siudad Huares, Lupitu Tekolote verenicu Margarita Benavidesa pogodio je metak u nogu ali je začas ozdravila jer su na njoj rane brzo zarastale, crnkinja Viki Farli već godinama ne pije ništa osim ruma, ni viski, ni džin, samo rum, vidi se da joj je to navika na koju ne zaboravlja, njen verenik Kinez zapeo je da se oženi njome, crnkinja Viki Farli puca iz revolvera kao prevejani nadzornik i može da pogodi onoliko novčića u letu koliko metaka može da stane u burence, crnkinji Viki Farli je svejedno da li je revolver ove ili one marke, možda joj je smit draži od kolta, sigurniji joj je, priča se da je avet iz planine Sauseda neki Španac kome je taština uništila telo a dušu mu osudila na večni oganj, ne, na privremeni oganj, sad se s vremena na vreme prikaže putnicima i preklinje ih da očitaju očenaš za spasenje njegove duše iz čistilišta, možda mu je ostalo još malo, kauboj bez glave s druma za Aho ne može da uđe u čistilište zato što još nije prestao da seje smrt, madam Anhelina je oslobodila žutog Barta Garsiju poroka duvana tako što ga je dodirnula iza levog uha Aparisijevim osveštanim jelejem punim esencije gospine trave, madam Anhelina kadra je da hipnotiše muški ud samo pogledom, ume ona da nađe i žilu vode, skriveno blago i nestale osobe, malog Huanita Pitalicu što je nestao u Durangu, Kolorado, našla je u kući nekog sarača koji je na njega slučajno naleteo usred polja i pružio mu krov nad glavom za sve to vreme, mogao je da ga zadrži kod sebe celog života, Huanito Pitalica čistio mu je radionicu i odlazio u krčmu po pivo, još ima dobronamernih ljudi, ljudi koji čine dobra dela i pomažu bližnjeg, Ćućita Kontinental svirala je gitaru, pevala i igrala, i harmoniku je svirala, valcere, polke i mazurke, Ćućita Kontinental bila je pravi veseljak, njen muž umeo je da pije viski kroz nos i obratno to jest kroz usta da bi ga izbacio kroz nos umesto da ga ispiša ili ispovraća kao sav normalan svet, onda bi ga izbacio pravo u čašu, kao da istresa slince od viskija, ponovo bi ga popio i zagledao bi se u nekoga svejedno u koga jer svakog čoveka možeš uplašiti, slažeš li se, kume, ćelavi Fidel Lusero Džonson napravio bi lom kakav god odgovor da dobije, desno, levo, svejedno, svaka je strana dobra da se zapodene kavga, litanija Bogorodici je štit koji nas brani od greha, ja kažem *mater Christi* a ti kažeš *ora pro nobis*, Taćito Smit vodi posao gvozdenom rukom i s trgovačkim osećajem, Smitova automehaničarska radionica je uzor organizacije, tamo je sve moderno i efikasno, sve funkcioniše, Taćito Smit nosi izvijene zulufe i napadne brke, dobro se oblači i krivonog je, dobro, malo su mu krive noge, Taćito Smit je i pravi gospodin, o tome jasno svedoči njegovo ponašanje, kad je neko sambo on opet može da bude i gospodin, nije lako ali dešava se, da tako i izgleda već je malo teže, njegova supruga Fransin počela je da pati od vetrova, po ceo dan bi imala nadimanja, štucala, icala i podrigivala pa ju je muž vratio roditeljima, mislim da je dobro uradio pošto ima stvari koje se ne mogu dozvoliti, ružno je kad muškarac dopusti sebi tako nešto ali kada to čini žena još crnje i gore, ne mogu žene tek tako da podriguju okolo, Fransin se osim toga i ugojila a debele žene je kao što je dobro poznato teško podneti pošto se u njima osim kila i kila mesa nagomila i zla narav pa se samo nešto bune, na sve se žale, ne, ne, debele žene najbolje je ostaviti, nema potrebe da ih čovek vraća kući roditeljima, dovoljno je da ih ostavi u pustinji, ne izdrže dugo, Fransin je muž vratio roditeljima, što nisu hteli da je prime to je već druga stvar, kad ćerka izađe iz kuće sve se promeni, onda je Arčibald zaposlio Fransin kao pogrebnicu, samo ti vredno radi a ovde ti nikad neće zafaliti da štogod staviš pod zub, Taćito Smit je s Abelom Tumakakorijem menjao dukat španskog kralja za revolver, kad se Taćito oženio Hovitom Idalgo nosio ga je okačenog o lančić za sat, Indijanca Abela ubili su ubrzo posle čarke kod Dve Glave i onda je njegova udova plavojka Irma nasledila revolver, stalno je nosila revolver okačen o pojas, Taćito Smit se majao s Lupe Sentinelom ženom Pepita Buve bakalina, onog što je skupljao marke i vodio poslovne knjige, kad je neko sambo onda je sklon telesnom grehu, Otac Roskomon to zove pohota, Otac Lagares požuda, a Velečasni Džimi Skotsdejl razvrat, svi su mislili na isto, velečasni je bio rasadnik zaraze, gajio je mikrobe gotovo svih bolesti, duvan za žvakanje čoveka dovodi do toga da se pomiri sa sudbinom, da se smiri i uspokoji pred opasnošću, Kvik Lizard, to je marka duvana, blaži je i gotovo da ima ukus kao gospino bilje, madam Anhelina se svojim veštinama naučila u Agui Prijeta, i veštičije i one druge, madam Anhelina ima velike prohteve u krevetu, stalno zakera i pravi je despot, prvo organizam dovede u red a onda ga izmoždi u zamenu za uživanje, Semu V. Lindu hipnotiše ud i pipa mu muda, dobro, šav na mudima, da prostite, svakom se desi da pogreši, Aparisijevim osveštanim jelejem dobro izmešanim s gospinom travom, mnogo im prija, kao da u njih navre mleko, kao da se iz njih izlije vrelo mleka, koža se štavi uvijena u smrad i strpljenje, komine preživaju tanin i polako ga ispuštaju, to ti je još malo pa kao muškarac i žena koji vode ljubav bez žurbe, muškarcu ništa ne vredi što je u pravu ako ga nigde ne strpa, reči su uvek izdajnice i na kraju odaju onoga ko ih izgovara, kad bi ljudi bili nemi zatvori bi bili prazni i vešala ne bi ni bila izmišljena, čovek je životinja koja ne ume da umre na vreme i moli se da bi sačuvao život, čovek se baci u onaj sramni položaj kad preklinje, šumske životinje imaju više dostojanstva i zato žive slobodne i opasne, nije važno ako izgubiš pamćenje ali je važno ako zaboraviš da si izgubio pamćenje, sećaš li se kada si hteo da ceo svet baciš pod noge, kad si mi se zakleo na večnu ljubav, kada si mi govorio da si kadar da uhvatiš bika za rogove samo jednom rukom, ne brini, ni ja se ne sećam da si mi to ikad govorio, majka se prisećala tanga s fonografa i sode, žene se uvek sećaju navika muškarca u krevetu, to je atavizam, muža Moli Blond Bredšo jednog jutra su našli ubijenog metkom, plavuša Moli radila je u Berd Kejdž Teatru u Tostonu, ubio ju je Bakskin Frenk Lesli u nastupu ljubomore, Moli je bila Frenkova četrnaesta žrtva, njega su strpali u zatvor u Jumi da ne bi ceo okrug ostavio bez kurvi, Isabelo Florens brat laik u misiji Presvetog Trojstva takođe ima dobro pamćenje, Pato Makario ima cvet na dupetu, video sam ga, Isabelu Florensu sam naredio da ćuti, pazi šta radiš, ako progovoriš ubiću te čim te vidim a još ću i da te potražim, odsad si gluv i nem, razumeš, nemaš pojma kakvo je bilo čije dupe, ni dupe Pata Makarija niti bilo čije, ako progovoriš, ubiću te, čim progovoriš, za sat vremena ćeš umreti, pazi šta radiš, Endi Cimet Kameron imao je ptičje lice, legao je s mojom majkom svakog meseca i uvek je pošteno plaćao, niko ne zna odakle mu pare ali to i nije važno, majka je govorila da ne gnjavi mnogo, kurac mu je bio velik i ratoboran ali je brzo svršavao bez većih svinjarija pa bi onda zaspao kao beba, obično bi zaspao sklupčan uz moju majku sisajući joj bradavicu, maloumnici nisu kao deca ali neki liče na decu, maloumnici nisu kao bolesne životinje ili otkinuto cveće, maloumnici bi trebalo da uvek sede pod suncobranom, Sindi žena Bertija Bogatog igrača bejzbola već neko vreme se skida za svog devera Nikija Prasicu boksera, Sindi ima koščate noge, vidi se da je vrlo temperamentna žena, firca se ona i sa suklatom Endijem Cimetom, hajde da mi bude lepo, nesrećniče, dobro me izgnječi i lepo me oraspoloži i kunem ti se da nikad više u životu nećeš morati da pušiš opuške, ove sise su tvoje, kurviću, protuvo, i moje telo, nek mi bude lepo i kupiću ti šešir i celu kutiju cigara, Edi Pežo je belji od ikoga i otmeno se ponaša, vidi se da je iz porodice koja je uvek jela toplo, od toga ti lice postane belje i pokreti sigurniji, Endi Cimet Kameron počeo je da šeta u novom šeširu s cigarom među zubima, nosim je ugašenu jer mi se tako hoće, ako hoću, upaliću je, kod kuće imam još, Edi Pežo nije lekar ali se razume u medicinu a to je vrlo dostojanstven i isplativ poziv, jako ugledan, ljudi obično ne pitaju za titulu, važno je da meštani ozdrave ili da umru bezbolno, kad su obesili Boba Hanagana meleskinja Mikaelita se udala za narednika Salustijana Sabina pošto je prezrela zamlatu Obdulija, Ferminsito Guanahuato mu se smejao i onda ga je zamlata Obdulio ubio jednim hicem u grkljan, pričaju da se meleskinja Mikaela Viktorio maje sa zamlatom Obduliom Tularosom, ne bi to bilo ništa naročito, muškarci i žene već godinama se navoze, namiču i bruse, pretpostavlja se da su četvorici jevanđelista, svetom Mateju, svetom Marku, svetom Luki i svetom Jovanu udovi uvek bili oznojani, niko to ne može znati pošto su odavno pomrli a i nisu bili iz ovih krajeva, Lusijanito Ruter nije bio ljubomoran zbog čarapice koju je Ana Abanda isplela da bi krčmar Karlou utoplio svoje jedino jaje, ne, ne, to je bilo pre, ne mogu ja da tražim od Ane da predvidi ljubav koju ću prema njoj osetiti, lepo je, jeste, veoma je plemenito što je Ana htela da utopli jaje Erskinu Karlouu, Irci su izuzetno skloni tugovanju, bore se protiv toga tučom i pijančenjem dok bez svesti ne padnu na zemlju, muž tetke koju je Viki Farli najviše volela zvao se Ben Abot i bio je učitelj, držao je nastavu u parohijskoj školi, čika Ben je obeščastio Viki bez mnogo prenemaganja i pripremanja, malo joj je nešto pričao, pomilovao je po licu pa po bokovima i kad ga je devojčica pogledala i osmehnula mu se pa onda zatvorila oči, čika Ben je prešao na sedam uobičajenih koraka, oborio ju je, zadigao joj suknju, skinuo joj gaćice, legao na nju, raširio joj noge ugrizao je za usne i zabio joj žilu tamo gde joj je mesto, nije bilo teško, nije ni bilo razloga za to, Viki je već imala skoro jedanaest godina a to su dobre godine da se pristane, Viki i ujka Ben su se neko vreme prcali svake večeri u parohijskoj školi, Vikina tetka se zvala Konstans i kad je saznala pobesnela je i dobro je istukla, oči je htela da joj iskopa, Ninjo Gabinto nije zadovoljan svojom sudbinom ali za to nikoga nije briga, kad neko ne raste ni stasom ni po ugledu, nema mu druge nego da trpi jer je ostalima svejedno, da bi čovek bio kao Edi Pežo treba da ima više sreće kad se rodi, svako ispadne u onoj boji u kojoj ga naprave, a bogami i u veličini, ništa tu ne pomaže kuknjava, crnac Parsli, to jest bogati crnac Abraham Linkoln Parsli Lorovil imao je razvaljen sfinkter, uživao je kao prasac, tačno, ali mu se čmar razvalio, moj ujka Ted odnosno Nensi ne zna više šta će s njim pošto borna voda blaži ali ne obnavlja tkivo, Otac Oktavio Lagares umro je baš onomad, već je bio pravi starkelja kad je umro, zvali su ga narednik Lagares jer je mnogo voleo da zakera, bio je dobroćudan ali je stalno nešto tražio, Otac Oktavio upravljao je Sirotištem Sent Bartolomju, kad je odlazio u Meksiko na koridu prenosio je svoje dužnosti na sestru Klementinu koja je bila monahinja zadužena za ekonomat, Otac Oktavio mora da je već imao oko devedeset i nešto godina ili celih sto, možda i manje, uvek je teško proceniti godine nekog popa, Ken Vernon je umeo nogom da ošajdari Zaha Dastina, nije mu dao da diše i grdio ga je zbog svega i svačega, prekorevao ga je i za to što je zaljubljen u plavušu Irmu, ona je pijana udovica a osim toga i sise su joj se oklembesile, ne znam šta ste to videli na njoj, Zah Dastin mu je odgovorio, ja gledam šta mi je volja i vas se to ne tiče, vi jedino možete da mi kažete da sam pogrešio u računu ili da sam neuredan došao na posao, u Fort Dodžu se niko nije mešao u moj život niti mi je davao savete, onda mu je Ken Vernon rekao, u računu grešite gotovo uvek, iz ovog ili iz onog razloga nikad vam račun nije u redu i kad šef bude zatražio knjige neću moći da sakrijem vaše greške, a osim toga i dolazite na posao prljavi kao svinja a to znači da nemate poštovanja, Zah Dastin je oborio pogled ka zemlji i progovorio blago, što ne ispričate kakve sve svinjarije radite sa Korin Mek Alister, svi kažu da ste veliki pokvarenjak i da ste impotentni ali to nema veze, vi ste besomučni drkadžija svi to kažu, mladi majmun koji ništa drugo i ne radi nego ga samo šamara, ali nema veze, pristajem da mi platite pivo, Ken Tenesi Vernon se osmehnuo pa su zajedno otišli na pivo, da li je mnogo teško imati decu kakvu vi imate, pa jeste, mnogo je teško, nemojte se smejati mojoj nesreći, ma nemoj, a zašto ne bih, mislite li da čovek može da ima decu kao što su vaša a da mu se drugi ne smeju, preterujete, prijatelju, previše tražite, od platna na balonu koji je pao s mrtvacem među Indijance u Polaki, Šongopovi, Džedito i ostala sela napravila su pantalone i kapute, platno na balonu je veliko i jako je izdašno, niko nikada nije saznao ko je mrtvac koji je doleteo balonom, aveti ne trunu a Indijanci ne poznaju tehniku lebdenja, hajde, ne znaju da prave balone niti da u njima lete, mrtvac nije bio avet nekog gusara niti velikog poglavice Sijuksa, niko nikad nije saznao ko je taj mrtvac, dotle je stigao voz Augustusa Honatasa sa tovarom Indijanaca na samrti, Sem V. Lindo šef policije zapodeo je razgovor sa strancem, znam da se taj zvao Edgar Hač ali Sem njegovo ime nikom nije hteo da kaže, strah privlači opasnost, plašljiv čovek pre će umreti a osim toga će se još i usrati u gaće, zmija prvo uplaši ptičicu pa je onda ubije, čovek ide kroz planinu i misli, ispod ovog kamena je zvečarka pa onda ispadne da je to istina, da se ispod tog kamena sklupčala zvečarka spremna za napad, litanija Bogorodici je štit koji nas brani od greha, ja kažem *mater divinae gratiae* a ti kažeš *ora pro nobis*, tri lobanje koje je Erskin Karlou držao u kavezu u klozetu u svojoj krčmi nisu bile indijanske, Erskin Karlou voli lobanje i ima ih još, možda još šest-sedam, čuva ih u kovčegu sa okovom od lima u zlatnoj boji, možda je bolno ono što se dešava Zahu Dastinu s njegovom decom, to je kao kad kidaš laticu po laticu sa bele rade, eto tako nešto, Džim je razrok, Nik muca, Aleks zaudara, Džo je idiot, Zah ima orhitis, to ti je kao razbibriga, kao neka zagonetka ili fote, gazda Parsli nema milosti prema mom ujaku Nensi i muči ga bezobzirno kao da je pas, kad ga zaboli dupe, a dupe mu je raščerečeno i ponekad svo u živim ranama, onda mu narav postane blaža ali čim se oporavi vrati se svojoj uobičajenoj prirodi i onda šutira poslugu i govori im najgore uvrede, dupe koje ništa ne boli je vrlo opasna i agresivna životinja, bol ga pripitomi ali brzo zaboravlja a onda se pokaže njegova opaka priroda, njegov izopačen nagon za osvetom, moj brat Bil Hijena je pobegao iz zatvora u Safordu jednog božićnjeg dana, Indijanka Mimi Ćapita nije čula ništa o njemu ili bar neće da kaže, bolje da ćuti nego da govori pa da druge dovede u nepriliku, Bil Hijena je oduvek mislio da u životu postoje samo pobednici i pobeđeni i da je bolja pustinja i njene zmije nego zatvor i njegove vaške, ja se sad zovem Majk San Pedro ali ni za to nikoga nije briga, Mimi Ćapita čini me presrećnim i kancelarija u zatvoru Saford može da izgori svakog dana zajedno sa svim dokumentima, u kasi u bakalnici Kena Kourtlanda bilo je baš malo para a sve to nije ni vredno da se na njega poarči previše hartije, nema vajde, jedino je izvesno da postoje samo pobednici i pobeđeni, pobeđuje onaj ko je najbrži a gubi onaj ko ne ume da se na vreme skloni, oružje je napravljeno da bi se njime ubijalo a ako se ne koristi za ubijanje onda se zatruje ili zarđa i na kraju se rasprsne u ruci, ima onoliko ljudi koji nemaju oko ili tri-četiri prsta zato što im je oružje eksplodiralo u ruci, najgore s oružjem je to što je mnogo proždrljivo i što stalno mora da grize, moj ujak Don poginuo je u evropskom ratu, zvali su ga Džesi, a moj ujak Bob umro je u zatvoru u Sokoru, ja mislim da su ga ubili svi zajedno jer su mu ga neprestano nabijali u dupe, po zatvorima se ljudi snalaze kako znaju i umeju, njega su zvali Pansi, majka je o svojoj braći uvek govorila s nežnošću, bili su veoma duhoviti i dobrodušni, umeli su da pevaju i da igraju i bili su pravi veseljaci, mog ujaka Teda zvali su Nensi i on je još živ, već godinama je sluga kod bogatog trgovca i živi sa svojim gazdom u Novoj Iberiji, Lujzijana, u kući sa mehaničkim pijaninom, električnim ventilatorom i kristalnim lusterom, na kući je još i perda od šarenog platna i elegantan baštenski nameštaj, braća moje majke ispala su ženskasta, to je već rečeno, kao i gazda Abraham Linkoln Lorovil iliti Parsli zvani Peršun, Korason Leonarda bila je veća kurva od Mendi Mesilje, a od Noelije Ćunde, ne, ona je bila najveća kurva od sve tri, možda se i ne može biti veća kurva ali to se nikad ne zna, to niko ne zna, Teodulfo Sapata bio je vetropir koji je umro zlom smrću, plavuša Irma mu je dala da popije sirup za uspravljanje, vidi se da joj se omaklo i Teodulfo Sapata je sve tri žene ostavio iznemogle od tolikog rmbanja u krevetu, jeste, baš kao što ste čuli, od tolikog tuc-tuc su isplazile jezik, posle su ga našli utopljenog i sa odsečenim udom, ubica mu je stavio stvarku u usta, pa jeste, stavio mu ga u usta za ukras, možda je ubica bila žena, to je detalj o kojem dobro treba razmisliti, Vajata Erpa su zvali Tostonski Lav, ovakvi nadimci nikad se ne daju džabe, Tostonski Lav je umro od kapavca već duboko u dvadesetom veku, umro je poslednji od svih koji su se tukli kod O. K. korala i niko nije mogao da mu protivreči kada bi pričao o obračunu, u Sirotištu Sent Bartolomju bilo je pet maloumnih dečaka, imali smo petoricu maloumnih drugara, stalno su bili raščupani i curile su im bale i gledali su izgubljeno, Erni, Hari, Pako, Maks i Luisin, brat laik Timoti Melrouz razvalio je dupe svima njima, jednom za drugim, svako se napaljuje na svoj način i u zavisnosti od prilike makar one bile i zabranjene, to je manje važno, sestra Klementina iz ekonomata bila je duša od žene, niko ne sme da živi bez imalo ljubavi, kad bi se neki maloumni dečak razboleo sestra Klementina bi ga uspavljivala gladeći mu ga sasvim polako i tiho mu pevajući pesmice, niko ne sme da živi a da ne dobije bar malo ljubavi, makar to bilo gotovo ništa, nama koji nismo bili maloumni nije ga drkala, istina je i da smo mi što nismo bili maloumni mogli bolje da se branimo, sestra Klementina nas je učila jako pevljive pesmice, neophodno je verovati u nešto i znati pesmice, život bolje ide kad se veruje u nešto i kad se znaju pevljive pesmice, brat-laika Timotija Melrouza su strpali u zatvor u Magnoliji, Arkanzas, u strogi zatvor, zato što su otkrili da je jednog maloumnika držao u kovčegu, na poklopcu mu je napravio otvore da može da diše, kad su ga našli bio je već polumrtav, nije dugo poživeo a osim toga drhtao je celim telom i dupe mu je bilo puno gnoja, Otac Lagares ga ponekad malo izudara i išutira u rebra, osam ili deset puta ga udari štapom i osam ili deset puta ga šutne, ponekad i više, onda brat laik po nekoliko dana ne muči maloumnike, Ćućita Kontinental je volela muziku i igranke, bila je vesela koliko i moji ujaci, njen muž ćelavi Fidel Lusero vezivao ju je na kratak lanac pa i onda, Ćućita Kontinental imala je lep glas a uz to je išao i vitak stas i gipki pokreti, da znaš da te volim ostavi me u Foro Vestu, kad se budeš zaposlio piši mi gde si, kaplar Klotildo Nutrioso suočio se s gazdom pa su ga ošinuli bičem po licu, sledeći put ću da te ubijem a neću ni da te sahranim, strvinu će brzo da odnesu lešinari i kojoti, crvi maltene neće ni imati vremena, nema ničega čistijeg od lobanje na suncu, razumeš, kaplar Klotildo Nutrioso razišao se sa ženom koja je celog života bila zle volje, najbolje da stalno jaše na konju da se vidi hoće li poginuti, ali ne, kurveštija jedna, nije poginula, dobro jaše a još ima i sreće, Velečasni Džimi Skotsdejl govorio je da je paganstvo razvrat, možda je kapavac koji su imali Indijanci iz rezervata Tani otuda došao, Isabelo Florens i moj brat Pato Makario takođe su imali mikrob, vrlo je otporan i teško je izboriti se s njim, od paganstva treba pobeći na vreme i pokajati se pre nego što bude prekasno, šteta što kapavac ne može da se izleči svetotajstvom iskajavanja greha, ima tu nešto što ne valja jer su najteži gresi smrtni gresi, lakomost, bes i drugi mogu da se speru u ispovedaonici, kaplar Klotildo Nutrioso dobio je kapavac od svoje gospođe ali on to neće da prizna, madam Anhelina dala mu je da popije neki napitak od trava i bilo mu je malo bolje, istina, ali se nije sasvim izlečio, stalno držite oboleli deo u ovoj vreći s prahom s groblja što sam vam dala i skidajte je samo kad treba da mokrite, dobro, veliko hvala, ako ozdravim doneću vam pevca i nekoliko kokošaka, kavez sa tri lobanje koji je Erskin Karlou držao u klozetu u svojoj krčmi pao je na pod i lobanje su ispale iz zglobova, nisu se razbile ali su ispale iz zglobova, ali oko Taka Lopesa, ima ih koji ga zovu i Tako Mendes, i dalje je u svojoj boci kao da se ništa nije desilo, alkohol se već malo zamutio ali oko je tu i nije se raspalo, dobro je očuvano, zmijolovca Kolonija Pisinima ubio je grom pa od njegovog leša nije bilo koristi, a još ga je pritom Kam Kojote Gonsales prekrio kamenjem da ga zveri ne bi razvukle, lobanje ispadaju iz zglobova a oči se raspadaju, posmrtni ostaci se razvlače, svaka stvar traži svoj red i svoj nered, Kinez Vu hteo je da zalepi lobanje s malo lepka ali nikako mu nisu dobro uspevale, neka, pusti ih, možda ću naći druge nove, šteta je pošto ove nisu bile indijanske, mislim da ću moći da nađem druge nove, nisam siguran ali uzdam se u strpljenje i u srećnu zvezdu, lepo, ako bolje razmislim ja na lobanje mogu samo da se iskezim, Roni Lapton zna da se to samo tako kaže, mislim, zaboleše muda za njih, na konja treba paziti jer je najgore što čoveku može da se dogodi to da kroz život mora da ide peške, dobro, nije najgore ali jeste još malo pa najgore i najgorče, čovek mora da ide na konju, uvek na konju, zavisi to i od poziva, znam da kroz Veliki kanjon ni uzbrdo ni nizbrdo ne može da se ide na konju ali ni penjanje i spuštanje po Velikom kanjonu baš nije neki poziv, mazga može da se popne i da siđe niz Veliki kanjon, čoveka ne mogu da sahrane na konju, ne bi mogao da stane u grob a i pred Gospodom Bogom našim treba se pojaviti pešice i sa šeširom u rukama i veoma ponizno i umereno, pred Gospodom Bogom našim ne valja da se čovek previše prsi, ništa mu ne vredi što hoće da se junači jer je Bog toliko moćan da će mu to biti smešno, protiv Boga ne mogu ni najjače oluje a Hristos je Bog, to niko ne sme da zaboravi, Hristos je najjači od svih stvorenja, jači je nego hiljadu bizona ili nego vetrušina što šiba pustinjom s kraja na kraj sa severa na jug i sa istoka na zapad, muškost Zaha Dastina nije baš bila nešto naročito a ni Zah Dastin nije bio Bog, u to smo svi potpuno ubeđeni, apostola nije bilo pet nego dvanaest i bili su zdraviji i jači, izabrani, to se samo priča da su apostoli imali oznojane udove, sveti Jakov Veliki više nego sveti Jakov Mali, moja dva brata, to jest Bil Hijena i Pato Makario imaju po ružu sa pet latica na dupetu, žar ne može da izbriše ništa osim smrti, na Bilu ju je video lovac na divljač Pantaleo Klinton u zatvoru u Safordu a onom drugom ga je otkrio Isabelo Florens zato što sam ja to od njega tražio, majka to ne zna, mislim da ne zna, ne bi ni htela da zna, u to sam potpuno ubeđen, ne sviđaju se svim ženama promenjena deca, pre nekoliko godina đavo je zatrovao tri izvora u pustinji Juma, dobro, pustinja

Juma je samo jedno ćoše u pustinji Sonora, nalazi se zapadno od pustinje Lećugilja i od brda Hila i Tinahas Altas, lećugilja je neka agava od koje se pravi žestok meskal, rakija koju zovu bakanora i još lećugilja, sva tri izvora jednog jutra je zaposeo đavo i zaudarali su na sumpor što svedoči o satanskom zlu, sva tri je dohvatila đavolja zaraza, to su donela tri podivljala konja kojima je griva bila umetnički upletena a da ih niko ni pipnuo nije, konji vrlo prirodno umeju da prime đavola, maltene s uživanjem, konji su životinje u koje đavo komotno može da se smesti, na Garsijin Izvor spustio se oblak zelenih muva koje kao da su bile od otrovnog metala, te muve donose strašno tešku i bolnu smrt, evo ovde je istrulio leš Indijanca Abela muža plavuše Irme, kraj Izvora Tjul sasušili su se kaktusi saguari a zmije gotovo da nisu mogle da puze a kod Izvora Papago digao se orkan koji je kamenje dizao u vazduh, kamenje se sudaralo i sevalo varnice, kao da je plakalo vatru, i u one koji su pili vodu iz tih izvora ušao je đavo i kad su uspeli da im izbace đavola iz tela počeli su da bljuju zarđale klince i plave i zlatne balegare, jeziv smrad uzdigao se nad svim glavama i trebalo je da prođe nekoliko sati pa da se raziđe, sledećeg dana još se osećao zadah tik uza zemlju, litanija Bogorodici je štit koji nas brani od greha, ja kažem *mater purissima* a ti kažeš *ora pro nobis*, Adelino Orogrande i Arabela Spindl verili su se u Karisosu, Novi Meksiko, a to je selo na raskršću puteva, kažu da je Adelino vodio ljubav s Korason Leonardom pre onoga s Teodulfom Sapatom, bila je to nesreća za koju niko nije želeo da ode toliko daleko, čoveče, ne znam, to što su mu odsekli istrulelu stvarku i stavili mu je u usta za ukras nije baš znak velikog milosrđa, znate i sami da milosrdnih dela ima četrnaest, sedam telesnih i sedam duhovnih, ni u jednom od njih nije dozvoljeno odseći alatku mrtvom čoveku i staviti mu je u usta, to je divljački običaj koji nije svojstven dvadesetom veku, suprotno od vrline je porok, ići peške, to je porok siromaha i sakatih, nema im druge, suprotno od milosrđa je ravnodušnost, ljudi misle da je surovost, ono što je najgore u tome da nekome odsečete alatku jeste to što to radite a da i ne gledate kako, da bi se nekom dalo da jede ili da pije treba gledati u oči, kao i da bi se oprostila uvreda i da bi se utešio ko je tužan, onda sam rekao kaplaru Klotildu Nutriosu, jesi li već jednom izlečio taj triper, jesam, skroz, jesam, hoćemo li da legnemo s Matildom, tvojom majkom, hoćemo, dobro, Danijel ima tri godine i Klotildov je sin, on ga svuda vodi sa sobom jer nema s kim da ga ostavi, kad su se razveli majka nije htela da ga uzme ali Klotildo jeste, dečko ne može da ostane sam pa da ga prožderu psi, još je toliko mali a meni ne smeta, Danijel je pametan i maltene se uopšte ne buni, kad ogladni jede šta mu dopadne šaka, kad oseti želju da vrši nuždu on to i uradi, kad mu se prispava on zaspi sklupčan u nekom ćošku ili legne kod nogu ako ja pijem piće ili igram partiju, kad hoće da skakuće na jednoj nozi ide sredinom ulice i skače na jednoj nozi, kad hoće da zviždi, on zviždi, a kad hoće da plače, onda plače, Danijel je presrećan i njegov otac kaplar Klotildo Nutrioso nikad ga ne tuče, voleo bih da nosim malo mira u srcu da bih mogao da objasnim kaplaru Klotildu Nutriosu razmišljanja sestre Klementine, maloumnici su beskrajno zahvalni za nežnost, niko ne bi smeo da umre a da nije dobio malo ljubavi, šteta što muškarci i žene nemaju ništa jedni drugima da kažu, zato i ne razgovaraju, niko ne bi smeo da umre a da ga nikad nisu makar malo voleli, makar to bilo gotovo ništa, muškarci i žene jedni druge trpe samo kad legnu zajedno a maloumnici se zaborave, maloumnici obično nisu ni dobri ni velikodušni ali jesu zahvalni, Erni i Maks su beli, Hari je crn a Pako i Luisin su melezi, sestra Klementina ne drka svakom od njih jednako, ne može tome da se otme, brat laik Timoti Melrouz ne tuca svakog od njih na isti način, ne može tome da se otme, jedne malo gricka za potiljak i štipa ih za bradavice a drugima to ne radi, i kad je malouman čovek ima potrebu da veruje u Boga i u dušu i da nauči da zviždu će melodije i da peva pesme, makar bio i malouman čovek mora da se potrudi da živi dostojanstveno i da umre uredno, Bubotak Miljor uvek je vukao tugu što nikad nije uspeo da u krevetu zadovolji lutku na naduvavanje Žaklin, moj brat Bil Hijena Kihotoa malo je razrok, otprilike je moje visine, igra vrlo lepo i trči bezmalo isto onoliko brzo kao i Kam Kojote Gonsales, šteta što ga odavno nisam video, Indijanka Mimi Ćapita nikom ne govori ni reč, moguće je da bi pre pustila da je ubiju nego što bi i pisnula, njena majka Indijanka Ćabela Paradajs bila je na glasu kao diskretna žena, pričalo se da ume velikodušno da udovolji čoveku, ona je bila ta koja je koštala oka Taka Mendesa, neki ga zovu Lopes a neki Peres, čoveka obavezuje kad stalno mora da čuva neke tajne, Indijanka Ćabela Paradajs veoma je ljubazna i mudra, prijatno je porazgovarati i s njenom ćerkom Mimi Ćapitom, to pokazuje da nije istina da žene sve zatruju, ima ih koje su vesele i milosrdne, neke žene sve rade da bi zatrovale vazduh i vodu ali ne polazi im za rukom zato što obično nisu dovoljno priležne, sveti anđeli čuvari bdiju nad čovekom i udaljavaju ga od provalije u koju srlja sa ženom koja zaudara, sa ženom koja prdi i koju bi trebalo dželat da ubije kurcem nasred ulice da svi mogu dobro da vide, Blek Džejn bila je biser burdelja kod Dač Eni, crni biser, bila je jedina obojena žena u Tostonu i imala je velikog uspeha kod muškaraca zato što se tucala temperamentno i rikala i poskakivala, pogrebniku Grauu besede su sve bolje i bolje ali ne može da izbegne bolne misli, pokvarene, izdajničke misli, čovek se godinama bori i na kraju ga savlada familija, gospođa počne sa svojim mušicama, i kičma joj se iskrivi, ćerke se opijaju i udaju se za probisvete i luftiguze, jedini sin ispadne mu šućmurast i sve tako redom, Taćito Smit je kupio omnibus marke Dodž Braders, u rezervatu Taos, tamo iza Santa Fea, Novi Meksiko, ima neka gospođica Dodž koja se udala za poglavicu Abela Sančesa i sad ne može da napusti teritoriju, moraće da umre od starosti a da ne promoli nos u grad, hirovi mogu skupo da koštaju, Taćito Smit stavio je omnibus da vozi od Tusona do Nogalesa, kretao je izjutra i vraćao se uveče, šezdesetpet milja, deset centi za sve deonice, stajanje u Ksavijeru, Sauariti, Kontinentalu, Amadu i Karmenu, melez Dijego Dijego dao je oglas u *Glas Nogalesa*, nadam se da ću u vašoj veoma čitanoj rubrici Razno saznati gde je moja žena koju nisam video više od deset godina a u pitanju je izuzetno važan posao, zove se Klarita Gavilan, kažu da je Dijego Dijego malo pozadinac, i više nego malo, voli da mu ga strpaju i da mu ture slamku u sutlijaš to jest kad radi svinjarije namesti se četvoronoške i raščepi dupe da bi taj što ga guzi mogao bolje da mu ga zavuče i da bolje pogodi, Dijega Dijega keca kapetan Heremijas koji mu je i ženu obrađivao, Klarita je razmetljivi šišmiš, umislila je da je tesna i da piša hipermangan, kapetan Heremijas vešt je sa svakom rupom još je i kočoperan kao pevac a zna se, kad neko zapoveda, onda zapoveda, ako i pogreši, opet zapoveda, nije predstavljalo nikakvu teškoću to što je voz s Indijancima Augustusa Honatasa iskočio iz šina, predstavljalo je pokolj ali ne i teškoću, gotovo svi su bolovali od malarije i vodili su ih da umru što dalje moguće, gotovo svi su pomrli usput, od meleskinje Asoteje muž je napravio slaninu, stavio je u salamuru na putu koji vodi iz Kita Bakita do izvora na Tinahasu, to mesto je i Bog dopola prokleo pa deca nisu mogla da pronađu leš, obično čoveka razbesni kad ne može da sahrani majku kako nalaže običaj, dobro, neki kažu da su na kraju ipak našli leš pa su mogli lepo da ga okupaju i sahrane, sve je to malo nejasno, polovina Džefersona dresiranog aligatora pripadala je mom ocu a druga ćoravom Taku Mendesu, ako neko dobro zna tu priču onda je to Migel Tahitos brat laik iz misije Svetog Ksavera koji je i rečju i delom mučio Bubotka Miljora poganog meleza, zgodno je kad u svakom selu ima po dvojica-trojica nesrećnika koje čovek može da išutira, oni na kraju sviknu pa im više nije ni čudno, Hesusito Mudonja Moćila voli da unesreći mužjaka radi zabave, samo da bi video kako će im izgledati njuška, podiđu te žmarci kad vidiš kako se mužjak stresa dok mu polako završćeš muda da bi shvatio da će mu se promeniti karakter, pogled mu se zamagli i kad već vidi da je izgubljen on malo pusti bale i počne da drhti, e tad je smešno, nije isto kad ga vidiš očima ili kad ga opipaš pod rukom, Hesusito Mudonja Moćila dobro zna da to nije isto, krčmar Erskin Karlou rodio se u nekoj dalekoj zemlji u kojoj rominja kiša i gde rastu trešnje, to je krajnje plemenito i velikodušno drvo, mora da je lepo sesti pod trešnju i jesti trešnje i čitati knjigu pesama nekog bledog pesnika čije je lice gotovo žensko, Erskin Karlou već neko vreme razmišlja da bi trebalo promeniti apotekarski alkohol za oko Taka Mendesa jer se već upola zamutilo i ne sija, kad je moj otac ubio Bubotka Miljora, poganog meleza koga je šutiralo bezmalo celo selo, osetila se kao neka praznina, ljudi nisu tačno znali šta se dešava ali su znali da se dešava nešto, Dina Dekster je izbacila Hesusita Mudonju s ranča jer ju je pogledao sa premalo poštovanja, nadničarima se ne sme dozvoliti da sebi previše dopuštaju a ponajmanje da se ponašaju saučesnički, trupe moraju da gledaju u zemlju i da ćute, sve ostalo je subverzija, izvikivali su proglase, predajte se, nemojte biti tvrdoglavi, zapalićemo vam kasarnu i svi ćete izgoreti, svake godine treba preispitivati savest, časne osobe to rade jednom mesečno ili kad treba da krenu na put ili da se venčaju ili da krste dete, Al Taćolji je ime koje je teško izgovoriti, zovu ga Kolumbus jer je tako lakše a ljudi ne vole da se naprežu, Kolumbus je stranac, kažu da je Italijan, novčanice vadi bezočno, Kolumbus je uložio novac u dva-tri posla i napravio je omnibuski prevoz s istom maršrutom kao i Taćito Smit samo po pet centi, Taćito Smit reče sebi, ovaj hoće da mi upropasti posao, jasno je ko dan, ali ovde ćemo svi da se sjebemo, onda je dao da se ljudi voze za džabe, podići ću ja već cenu kad Italijan propadne, ne treba žuriti, Kolumbus se maje sa Hovitom, viđaju se u oboru onde ispod Izvora Orka, Kolumbus pali seno da rastera zmije dimom, Fransin je poslala anonimno pismo svom bivšem mužu i sve mu to ispričala, zla namera nije hrana ali je uteha, Taćito je odmah pretpostavio da mu je pismo napisala debela, htela je da izmeni rukopis ali to se uvek primeti, zla namera ne zna za granice i vrvi poput crva na mrtvacima, crknuta životinja u pustinji kao da vri na suncu, to su crvi, tačno je da Hovita pušta da je Kolumbus zajaše, niti joj je prvi, niti će biti poslednji, nije ni jedini, od konobaričkog posla smokvica postaje veselija a Hovitu još nisu ni pritisle godine, Hovita peva u horu u misiji Presvetog Trojstva i uspali se kad sluša muške glasove, zatvori oči i naoštri se, Hovita je dobra prijateljica s Anom Abandom i pušta da je crkvenjak Lusijanito Ruter nemarno pipka, stvar nikad nije otišla dalje od *necking* i *petting* to jest od poljubaca i mažnjavanja i opipavanja, Hovita je iznenada otkrila da je zagreju i ženski glasovi, ogovaranje i tvrđavu može da sruši, ako lutku obučeš u plavo i staviš kuglicu žive u čašu čiste vode s imenom tvog čoveka napisanim lepim slovima, taj će ostati zauvek vezan za tebe Isuse i pružaće ti zadovoljstvo po sedam puta svake noći sve do smrti, ogovaranje može da sruši sve tvrđave u Arizoni, Fort Difajans, Fort Apači, Fort Huačuka, itd., ogovaranje je kao kap vode koja pada stotinu godina, Indijanac Balbino misli da ljudski jezik može da bude otrovniji nego zmijski, govorkalo se kako je Kinez Vong onaj iz restorana spremao pite četiri sreće od mrtvaca, naročito od male dece, to je bilo tačno ali to nikada niko nije mogao da dokaže, Kinez Vong nije bio ubica jer nije ubijao žive ljude nego je iskopavao mrtvu decu, onda bi ih iseckao na komadiće ili ih rascepkao na tračice, sve na pola pa na pola i sasvim tanko, slatke su bile i mrvice soje sa seckanom svinjetinom, prskao ih je esencijom jasmina i imale su izvanredan ukus, pošto je Kinez Vong radio u tajnosti i pametno nikad ga nisu zatekli da bilo koga iskopava, Kinezi su obično sitni ali je Vong Ći Hung bio velik i debeo, možda je bio poreklom od mandarina, Sem V. Lindo mu je rekao, ovde možete da naiđete na nevolju pošto ljudi stalno ponavljaju one jebene glasine, znate već, Indijanac Balbino strašno je ponosan što ima bradu, plavuša Irma zna kvartinu koja kaže ovako, strašni su bradati Indijanci, opasni ćosavi Španci, i žene od čije reči te podiđu žmarci i blebetavi kao dete muškarci, Indijanac Balbino ume da leči bolesti i da uklanja bol, stavi ruku na bol, namršti se, zagleda se pažljivo u njega, naredi mu da ode i on ode, Indijanac Balbino leči vrhovima prstiju a i pogledom, dahom i mislima, maltene nikad ne mora da koristi trave ni mokraću device ispišanu u noći punog meseca, bolje da se stavi malo kafe i koja kap anisa, Indijanac Balbino puni prste magnetizmom tako što pogladi bradu nekoliko puta, tri, šest, devet puta, posle se sav uozbilji i već je spreman, litanija Bogorodici je štit koji nas brani od greha, ja kažem *mater castissima* a ti kažeš *ora pro nobis*, kad je Taćito Smit stavio da omnibus bude džabe Kolumbus je rekao, ma nemoj, e pa ni ja neću da naplaćujem, a osim toga ću i putnicima da služim čokoladu, Taćitu Smitu trebalo je nekoliko nedelja da ubedi ljude da je čokolada u konkurentskom omnibusu suviše vodnjikava, pa on se nama podsmeva, kad ljudima daje takvu vodicu znači da nam se podsmeva, šta taj došljak misli, Kolumbus je govorio Hoviti, tvoj se muž kroz život šeta kao neki gospodin ali on nije dobar čovek, neću ti reći šta ću da uradim zato što ste vi žene kučke koje se uvek izlaju, znam da me mnogo voliš ali velika si kurva, ne možeš ti tu ništa, ženski jezik može da bude otrovniji od zmijskog, ovi nesrećnici što se bune nikad nisu popili tako dobru čokoladu a još pritom za džabe, hajde, lezi tamo, evo stižem, dosta priče, žuti Bart Garsija rekao je Semu V. Lindu, neću nikoga da ogovaram ali nemam poverenja u ovog Italijana, meni tu nešto smrdi, stavlja briljantin i gleda žene kao da im zapoveda, kao da su sve njegove, u zatvoru u Svift Karentu obesili su crnca Tonija Klintsa, nosio je cvet u reveru i boja u licu mu je došla modro plava, ima kože koja se sija i kože koja se ne sija, zavisi to i od trenutka i od okolnosti, koža na licu Tonija Klintsa nije sijala i po jeziku su mu se šetale dve muve ali se nisu naročito žurile, kad je Toni Klints izdahnuo otvorile su mu se sve šupljine u organizmu i on se ispraznio, uvek ima neka žena koja bi htela da popuši obešenom, nevolja je što običaj to ne dozvoljava a zakon još manje, to je slast koju gotovo nijedna ne doživi, uoči smrti Toni Klints je razmišljao, na mene stvarno nikad nisu obraćali toliko pažnje, obesiće me kao da nisam crnac, sve je veoma dobro spremljeno, belci umeju da poštuju uslove, zatvorski čuvar dozvolio je Toniju Klintsu da stavi cvet u rever, to je simpatična tradicija, crnci mnogo vole da ih vešaju s cvetom u reveru, Toni Klints je ugušio Karlotu jastukom i nije se smejao, ni sad se ne smeje, Toni Klints misli da se Karloti dopalo što ju je ubio jastukom, u krevetu se nikad ne zna hoće li jedno da ubije ono drugo i ko će biti ubijen, ne valja kad greh nema ime jer je najlakše obesiti grešnika i poslati ga u pakao da se svi uzmu u pamet, u pojedinim kućama uvek stoji neki lek na stolu, ima ljudi koji vole da govore o bolestima, što su zaraznije i surovije, to bolje, teški porođaji i bolne agonije takođe imaju svoje poklonike, zmije menjaju kožu a dve ćerkice žute Konski promenile su imena kad su odrasle, Endži dobro živi i za Božić uvek pošalje nešto novca nadničaru Santosu Zlatnom, Neli ne može pošto ima puno dece i mnogo obaveza, pre su se zvale Efi i Trudi što su manje odgovorna imena, više priliče malim devojčicama, žutu Konski je napumpao neki Španac za koga se ispostavilo da je rođak svetog apostola Jakova, vidi se da mu je izgledala rasejana, žuta Konski nikad nije bila naročito srećna i dala mu je, razume se, ljudi koji nemaju potrebe ne znaju zašto ljudi koji imaju potrebe daju onima koji su samo u prolazu, Torin Dajamond rodom je iz Luisa Lopesa, Novi Meksiko, i oduvek ga je bio glas da ume dobro da daje injekcije, stavlja obloge i klistir i druga lekovita sredstva, Torin je za života bio živa vatra i imao dobre navike, u krčmu maltene nije ni zalazio i uvek je bio spreman da obavi poneku sitnicu za nekoga, za Torina se moglo reći da nikad nije imao neprijatelja a ipak, pošto se na kraju događaju nerazumljive stvari, jednog jutra osvanuo je nabijen na kolac na ogradi kod bakalnice Koralitosovih, nabili su ga tako što su mu zakucali kolac u dupe i isterali mu ga na usta, pošto je kolac bio poboden u zemlju Torin je ostao u krajnje čudnom položaju, ličio je na strašilo ili na upokojenu avet, ljudi su govorili, kakva grozota, kakva ga je jebena smrt snašla, kad god bi Ajk Klanton izgubio postajao bi otrovan, senka brata poginulog od metka nikad nije dobar savetnik i obračun kod O. K. korala u Ajku Klantonu je stvorio mnogo žuči, sudija Vels Spajser nije izgledao naročito ugledno, ličio je na komedijaša, sudiji Spajseru poslali su upozorenje preteći mu smrću ako ne ode iz Tostona i nekoliko dana kasnije neki konjanici koji su potom pobegli pucali su na gradonačelnika Džona Klama, osnivača novina *Tombston Epitaf*, Džon Klam bio je mršav i vrlo naočit, Bonifasijus Brenson propoveda da su svi ljudi braća i da je vera lekovita, pre je ubijao Indijance i kojote i pume, puma je otmena i plašljiva životinja i pravi se da je i više nego što jeste, Bonifasijus Brenson ubijao je i jaguare, antilope i divlje veprove, sve živo je ubijao ali posle ga je pozvao Bog, vera ruši planine i može da pruži oproštaj grešnoj duši i da vrati zdravlje bolesnom telu, Bog je najbolji lekar i ako on hoće da neki bolesnik ozdravi onda će bolesnik i ozdraviti ali ako hoće da neki bolesnik ne ozdravi onda bolesnik neće ozdraviti pa ga pokopaju, treba dobro izabrati trenutak u kojem će se duša uzneti na nebo ili se survati u pakao jer to je korak koji važi na veki vekov, eto tako je kako čujete a Bogu uopšte nije važno da li u njega veruju ili ne, Bog se ne ponižava, niko ne sme da zaboravi da je Hristos Bog i da nije protiv čoveka ma koliko čovek zasluživao da tako bude, ovde u Arizoni i tamo preko u Sonori i u Čiuaui nema ništa više poroka ni vrline nego na drugim mestima, to vam gotovo uvek ide čas ovako, čas onako, ja kažem *Deus cujus verbo sanctificantur omnia benedictionem tuam effunde super creaturam istam* a ti kažeš *et cum spiritu tuo*, Bonifasijus Brenson prodaje keramičke figurice, svece, bogorodice, hristove, keramičke bude, igračice, klizačice, materinstva, Mikelanđelove madone, Rodenove mislioce, i ruke u prirodnoj veličini stisnute u šipak i čarobne napitke predivnih boja, na flašicama je napisano ime svakog napitka izvanrednim engleskim krasnopisom s elegantnim ukrasima, *Ostani sa mnom*, *Ubij me jer sam tvoja* i *Nateraj me da patim i da uživam*, sva tri u boji purpura, *Voli me do smrti* u boji smaragda odnosno u zelenoj, boji nade, *Nikad mira nemao* u bisernosivoj bolji, *Protiv zavisti* u boji otrovnog zlata, *Protiv zaborava* u plavetnoj boji vedrog neba, iz svakog imena proizlazi i njegova namena, kao i iz svake boje, Torin Dajamond obično je govorio onima kojima je davao injekcije i meleme, uvek drži širom otvorene oči pre nego što se oženiš a posle uvek malo zažmiri, ništa mu nije vredelo pošto su ga svejedno ubili, smrt niti pravi razliku niti ima poštovanja a organizam se rasprsne kad u njega nabiju gvožđe kroz dupe a isteraju ga na usta, Arnoldo Kalderon je otkinuo uho harmonikašu zato što je falširao, to je bilo još odavno, harmonikaš se zvao Adelino Bjendićo i sve se to dogodilo u Nogalesu s one strane, Adelinu su stavili prašak seroform i rana mu je zarasla za tili čas, vidi se da je imao puno crvenih krvnih zrnaca, neumorno to ponavljam iako znam da je uzalud jer niko ne obraća pažnju, lutka na naduvavanje Žaklin niti je imala buve ni mikrobe a nije se ni opijala džinom, lutka na naduvavanje Žaklin nije bila ništa veća kurva nego ostale žene, Ebi i Korin Mek Alister, meleskinja Mikaela Viktorio, Korason Leonarda, plavuša Irma i ostale, moja majka, Ana Abanda i Vajolet, nema potrebe da dalje nabrajam, lutka na naduvavanje Žaklin nije uživala ali nije ništa ni tražila, botaničar Orson pripoveda u svom *Izveštaju* pustolovine Džerarda Ospina dok se ovaj motao po Tjeri Adelaida i ubijao kitove, najverovatnije je treći sin Hitre Veverice sin mog dobrog druga Pantalea Klintona, deset zapovesti Telesfora Bebibataka Polvadere niko ne treba da zaboravi, kaže ovako, jaši uvek na konju koji ti je naklonjen, upamti da sunce svakog dana izlazi na istoku, nemoj žuriti jer ni smrt ne kasni a ni život se nikom ne daje na veresiju pa zato ni ti ne veruj nikom, sklanjaj se od vlage kao i od peska, ne ulazi u selo dok ne razmisliš šta radiš, ne pucaj bez upozorenja osim ako vidiš da će da te preteknu, nikad ne jaši galopom po suncu ako ti život nije u pitanju, upamti da po vrletima konj lomi kopita i da se tamo skrivaju zmije, nikad se ne bori protiv vetra, ovih deset zapovesti znači da se ne treba plašiti mrtvačke asure ali se ne treba ni kurčiti, Kinez Vu navikao je da prazni stomak po mraku i na čistini, kad razgovara s gazdom smerno gleda u zemlju da se ovaj ne bi naljutio, Telesforo Bebibatak Polvadera smeje se kad se seti kako je njegov prijatelj Pantaleo nanjušio verenicu s nekoliko milja udaljenosti, Maksin je radila u maltene svakom burdelju u Tostonu, odasvud bi je izbacili kao lopužu, to je bilo jače od nje, Džo Dreksel nadničar na ranču Armadiljo, ostavio joj je ožiljak na licu onim istim bodežom koji mu je bila ukrala, izlečio ju je doktor Gudfelou, mislim da se zvao Džerom, ali ožiljak ju je pratio kroz ceo život, Roni V. Dekster Dinin muž umro je kad ga je ujela zvečarka u Topoku, ima vode, istina, ali ima i bede, Dina ima lepe sise dobre za milovanje, Had ih joj pipa s mnogo poštovanja, i sisa joj ih, ponekad Dina traži od Hada da joj sisa bradavice s mnogo pljuvačke, Bonofasijusa Brensona je jednog dana pitao krčmar Karlou, ima li čega posle smrti, a odgovor je glasio ovako, ima, mnogo više nego za života odnosno pre smrti, ako bismo pitali mrtve s onog sveta žele li da se vrate nijedan ne bi rekao da želi, duhovi su mnogo srećni u eteru i vraćaju se samo kad ih Višnji Tvorac vrati u telo, u mojoj kući je duh moje prababe Elinor i lebdi nad nama, pre neki dan mi je slomila keramičkog budu, znam da nije bilo namerno, Erskin Karlou mu je natočio još jedno pivo, samo vi nastavite, kako želite, Teodulfa Sapatu je na smrt osudila plavojka Irma kad mu je dala napitak od kojeg snaga nagrne u ud, Korason, Mendi ili Noelija, jedna od njih tri, odsekla mu je alatku kad je već bio mrtav, Teodulfo je sve tri povalio jednu za drugom, Bonifasijus Brenson je nastavio da priča, moja prababa još se nije reinkarnirala ni u kome, još nije dobila zapovest, možda se već popela na viši nivo, onaj koji dolazi posle sedme reinkarnacije, to mi ostali smrtnici ne možemo da znamo pošto živimo u mraku neznanja i greha, ja sam tu negde na četvrtoj reinkarnnaciji, ostalo mi je još tri i Boga molim da me prosvetli i da mi podari sreću da bih mogao da nastavim da se penjem, obično se ljudi ne sećaju prethodnih reinkarnacija ali meni je moje ispričala sveta Rosa jedne noći s mesečinom kad je sve bilo mnogo tužno i mnogo nežno, evo ovako, prvo sam bio brat laik u misiji Svetog Braulija, nisam činio čuda ali sam lečio neke lake bolesti, posle sam bio narednik kod generala Vilje, ubili me vojnici generala Obregona iz zasede, ubili su nas više od dvadeset, posle sam postao čuvar zatvora u Jeringtonu,

Nevada, a evo sad kako me vidite, a nikad niste bili životinja, lešinar, kojot, bik, ne, nisam, to su legende, duša životinje nije večna pa zato i ne valja za reinkarnaciju, oni koji prihvataju tako nešto padaju u smrtni greh za koji je maltene nemoguće dobiti razrešenje, ne može se tek tako iskušavati sudbina pothranjujući izopačene i revolucionarne ideje, niste bili ni Indijanac, ne, ni to, to jeste moguće, nema nikakvog božanskog naloga koji bi branio belcu da se reinkarnira u Indijancu ili Kinezu ili crncu, i oni su ljudska bića pa su zato i deca Božija ali vidi se da sam ja imao sreće, Indijanka Ćabela Paradajs voli da šije, da kuva i da igra igru namicaljku to jest da bludniči, nikad nije kasno, Indijanka Ćabela se skida i po sisama pospe sitno mirišljavo cveće, mnogo uživa, ume i da igra valcer i da čita s dlana, litanija Bogorodici je štit koji nas brani od greha, ja kažem *mater inviolata* a ti kažeš *ora pro nobis*, Indijanka Ćabela Paradajs jednako će ušiti oko na živom čoveku kao i pantalone na mrtvacu, Tako Mendes, Tako Peres, Tako Lopes rekao je Ćabeli, ovo moje oko odneću na poklon Erskinu Ardvarku da ga pokazuje gostima, Indijanka Ćabela Paradajs jednako dobro kuva mole od gvahalotea i čorbast pasulj, moj mali brat Pato Makario rekao je Ćabeli, teško je jesti pasulj a podrigivati na šunku, kod mog malog brata Pata Makarija prdež je nečujan pošto su mu od silnog trpanja ispeglali nabore u dupetu, obično se kaže jedi sira da ti guza svira, prdež kod pravog muškarca čuje se kao udarac biča, odjekuje kao udarac šibe na vetru, ni Indijanka Ćabela Paradajs ne tuca se više od ostalih ali se i ne žali, za žene se obično sa zavišću kaže, ova, u petnaestoj s kim je htela, u dvadesetoj s kim je mogla a u tridesetoj s prvim koji se pojavi, ono što se time kaže nije istina jer žene iz dana u dan imaju sve veće potrebe, madam Ernestin i madam Belinda, travarke koje jedna drugu dopunjavaju, kažu u oglasu, lečimo sve bolesti duše i tela, infekcije, zaraze i lakša oboljenja, ispitujemo stanje pameti i sve tri sile, bezbolno pogađamo bolesti, dajemo savete kako da se osvetite, primamo svakog dana osim praznika posle jedan popodne u baru Sompo de Kanutiljo, Teksas, ne primamo same muškarce, neka je hvaljeno Sveto Srce Isusovo, niko ne pamti da je neko uspeo da pripitomi zmiju s roščićima uz pomoć litanije svetom Jovanu, trgovca svilom Dejvida Kolba ujela je zmija između aveti Čarlstona i Kontenšna i umro je a da mu niko nije pritekao u pomoć, ostao je mrtav u kočijaševom sedištu a mazga je nastavila da tegli kola sve tamo do iza Palominasa, još malo pa do Naka koji je već samoj na granici, Sem V. Lindo uhapsio je Džeronija Veltona, zvali su ga Džeronio Loptica Velton, zato što je napravio streljanu s maloumnicima, to je zakonom zabranjeno, tri maloumnika za gađanje, treba imati sreće ali treba imati i sigurnu ruku, to je stvarno smešno, i šest loptica za nešto sitniša, loptice su krpene zbog krvi, opšte je pravilo da maloumnici imaju tvrde kosti ali možda ne baš toliko, Džeronio Loptica Velton je bio pop pa se raspopio zbog madam Belinde s kojom je vodio bračni život otkad je Klement Ader prvi put leteo aeroplanom pa sve dok Bugati nije osvojio 24 časa Lemana, to jest više od dvadeset godina, Otac Oktavio Lagares, onaj iz Sirotišta Sent Bartolomju, rekao je madam Belindi jednog dana kad je bio polupijan, samo ti lepo živi, veštice, neće ti zafaliti ko će da ti ga uvali i madam Belinda ga je tako zalepila flašom da mu je glavu razbila, bilo je to u krčmi Kod zlatnog kopca koja je vlasništvo Stiva Morisa, muž madam Ernestine, ta madam vraća tesnoću školjkicama u mladih devojaka koje su se zanele ispirajući se vodicom od ruzmarina, ona druga uči lepom vaspitanju sise kod svake one koja to zasluži, malo ih istrlja metvicom pa ih steže sve dok ne ostanu kako treba, obe madam su sapunjarke, sad nije nimalo redak slučaj da se žene međusobno akaju kao da je to najnormalnija stvar i da zajedno uživaju i da pokazuju šipak muškarčevoj dobroj volji, onoj što se iskazuje tvrdom rotkvom, Otac Oktavio krvario je kao prasac pa je morao da ga leči Torin Dajamond, onaj jadnik što je skončao onako ružno i bolno, u ovom životu nije dovoljno da se čovek lepo ponaša nego ga na kraju još i ne zarezuju ni za suvu šljivu, Torin Dajamond lečio je Hesusita Mudonju Moćilu od stomačnih bolova, od avokada mu se trbuh naduo kao da je u devetom mesecu, Torin je seo na njega dok je Bonifasijus Brenson govorio dubokim glasom, *praetende Domine fidelibus tuis dexteram caelestis auxilii*, onda je Hesusito počeo da ispušta vetar što je trajalo beskrajno dugo, bar ceo minut vetrova ili možda i više, za tren oka je splasnuo, splasnuo je maltene istog trena, sestra Klementina, zadužena za ekonomat, uvek bi svih pet čula usredsredila na brigu o maloumnoj deci, niko ih nikad nije voleo i oni to znaju, nedostaje im ljubav koju im odriču od trenutka kad su se rodili, od istog trenutka, kad je nekom maloumnom detetu zlo sestra Klementina ga privije uz srce i pruža mu toplinu odnosno nežnost odnosno dah pa maloumnom detetu bude bolje, Arnoldo Kalderon kroz život ide žustro i bučno, svako ide kako zna i ume i onda ga ljudi puste, znate već kako to ide, Halisko nikad ne gubi a i kad izgubi on otme, ako harmonikaš falšira onda Arnoldo Kalderon dođe i iščupa mu uho, onda sam to o uhu ispričao Adelinu Bjendiću, gledajte, ja se zovem Vend Liverpul, dozvolite mi da se predstavim, verujem da su jaja simbol smrti, kad se jaja blagoslove kaže se *subveniat quaesumus*

Domine tuae benedictionis gratia huic ovorum creaturae, ko to ne kaže umre ili se bar primakne smrti, vi ste tamo jeli ptičja jaja i sad treba da platite za svoju drskost, jaja donose nesreću ako ih čovek samo i pogleda i guraju čoveka u trostruku nevolju koja mu isprazni džep, ogoli mu srce i uništi zdravlje, Taćito Smit nešto je načuo da mu Hovita nabija rogove s došljakom Kolumbusom, ako se stvar sagleda razborito to je više neprijatno nego što je ozbiljno, a nije ni mnogo neprijatno zato što i to ima svojih dobrih strana, psi ne zapišavaju kuće samrtnika, puni su poštovanja i samo prolaze, ovome nije ovde mesto ali ipak beležim da ne zaboravim, Hovitu bezmalo sve može da napali, zahvalne je prirode i osetljivost joj je dobro raspoređena, najviše je nadražuje glas i miris muškaraca i žena, glas izgovoren tiho i bez pogleda i miris kite ili pičke, snažan miris, kao i šum pišanja, kad muškarac piša uz drvo ili uza zid, kad žena piša u nošu koja odzvanja to je divota jedna, ne samo što je to jače od nje nego je čak i raduje, kad Hovita čuje disanje muškarca ili žene, a bogami i psa, ona već počne da se dirka prstom, da se čačka prstom, Taćito joj je kupio po jedan prsten za svaki prst, baš je lepo kad si siguran da će čim zapovediš ženska ruka puna prstenja da ti pomiluje muda, u oboru tamo iza Izvora Orka došljak Kolumbus zapoveda Hoviti da mu miluje muda obema svojim negovanim rukama na kojima je deset prstenova koje joj je poklonio muž, samo ti radi a ja ću te već svući kad mi dođe iz muda koja ti miluješ, jesi li razumela, jesam, ljubavi, Lusijanito Ruter crkvenjak u misiji Presvetog Trojstva mnogo bi voleo da mu ga Hovita izdrka sa svim onim prstenjem na rukama, nikad se nije usudio da joj to traži a šteta je pošto bi mu Hovita rekla da može, Hovita poludi kad vidi svoju ruku punu prstenja kako se trudi da muškarcu uspravi krutilo, to je kao blagoslov, hoćeš li da ti ga sisam, hoću ali drži me za batinu samo jednom rukom a drugu stavi na glavu da mogu dobro da vidim svaki prsten, Hovita voli i da se miluje između nogu, radi ona to i kad nije sama, raskreči se pred ogledalom da joj ne promakne nijedan pokret ni detalj i da uživa dok gleda kako joj se prstenje presijava, Korin Mek Alister je hrabra žena i ume da stoji mirno kao kaktus saguaro, mirno kao štene kad se sunča, muškarci znaju gde treba da opale i u četiri zida nikad nema zalutalog metka, Bilija Sakramenta je ubio zalutali metak ali je to bilo na otvorenom, to svi znaju, pod vedrim nebom isto je kao i pred otvorenom rakom, uvek se gubi, muškarac se nikad ne zbuni kad nabraja uzroke propasti, subotom smo odlazili s posla u sedam i onda smo, Džerard Ospino i ja, izvodili sledećih sedam marifetluka, setili bismo se Bubotka Miljora, poganog meleza što je pljuvao krv, sećaš li se Bubotka Miljora, poganog meleza što je po ceo bogovetni dan pljuvao krv, a ponekad bi mu krv pošla i na uši, oprali ruke, patku i noge, subotom čovek treba da se lepo uredi, obukli čistu košulju, seli u omnibus iz Tusona za Nogales, sad je džabe a još ti daju i čokoladu, odigrali neki ples s Klaritom Gavilan, onom iz oglasa u *Glasu Nogalesa*, melez Dijego Dijego zanosi malo ulevo, razumete šta hoću da kažem, pa je njegova supruga Klarita morala da se snađe da bi se malo smirila, već odavno je istakla firmu kod babe za džabe i još ima volje da se proveseli, Klarita Gavilan je prava čigra i ne pomišlja da obuče gaćice ni za živu glavu, ako Bog htedne da je pogleda na nebu neće valjda da zagleda i kako je obučena, madam Ernestina izlečila je Klaritu Gavilan od engleske kijavice tako što joj je propisala po sedam injekcija svakog jutra i svake večeri od neke smese od smokve i mrvice olovnog acetata koji se zove Saturnova so, i još jedne soli koja se zove budimpeštanska so, sad vidim da meni i Džerardu Ospinu fali još dva marifetluka, on ti je bio i misionar, i lovac na kitove, da se kockamo u pivo i da zapišamo vrata Kinezu, omnibusi marke Dodž Braders izuzetno su otporni i brzi, jako udobni i prostrani, Klarita Gavilan ne nosi gaćice ni kad ide na misu, to niko ne zna, kapetan Heremijas nije čovek koji se mnogo prenemaže a ni Klarita Gavilan nije više što je nekad bila, melez Dijego Dijego voli da mu ga nabiju kao kučki, onda je krotak kao jagnje i poslušan, maltene nema nikoga ko ne voli bar ponešto i to mu na kraju dođe glave, možda Karloti nije bio potreban Toni Klints da je uguši jastukom, to se nikad ne zna a i sad je već kasno, razume se, možda bi bio dovoljan bič pa da zalaje kao lisica kad oseti lisca na sebi i u sebi, lisac uhvati lisicu kitom koja liči na udicu i ugrize je za potiljak pa se lisica širom otvori od zadovoljstva, nema sumnje da čitalac ove hronike već zna da se ja zovem Vendel Liverpul Espana ili Span ili Aspen, neko vreme sam se zvao Vendel Liverpul Lohijel ali se posle sve dovelo u red, Bubotak Miljor pogani melez kome je iz usta bazdilo na mrtvaca legao je s lutkom na naduvavanje Žaklin koja je bila rodom iz Roki Forda, Kolorado, pored La Hunte, sela iz kojeg je Bonifasijus Brenson, Žaklinina majka rodila se u Las Animas gde je njena porodica imala bar i benzinsku pumpu, Žaklinina majka uvek je bila živahna lepotica a udavila se u rukavcu Džon Martin, nije mnogo dubok ali ipak dovoljno da se čovek udavi, i pola pedlja vode više je nego dovoljno da se čovek udavi, možda je to bila Božija kazna zato što se kupala nepristojno skroz gola dok je na obali šest mladića masturbiralo, nijedan od njih nije skočio u vodu da je spase, vidi se da su se baš bili zaneli, kad muškarac treba da svrši, i već malo pre toga, njemu se razum pomrači pa ne razmišlja jasno, baba lutke na naduvavanje Žaklin bila je jedna debela žena koja je pohlepno negovala svoju dosadu i umišljala da je uvek u pravu, istina, nije mnogo verovala u to, ta vam je gospođa najviše volela da ode da se popiša u rukavcu Meredit, tamo ispred Šugar Sitija, dok još nije bila tako debela jahala je do tamo na konju ali sad odlazi u laganim i otvorenim kolima, rukavac Meredit okružen je životinjskim kosturima, to je dobro mesto za pišanje, Žaklinina baba mnogo je volela da šmrče burmut, iz nosa joj je stalno curila neka grozna vodica smeđe boje, lutka na naduvavanje Žaklin nije uživala kad ju je polutansko govno bacalo u krevet ali je istina da nije ni mnogo tražila, bila je udobna i pažljiva i znala je gde joj je mesto i kako treba da se drži, mislim da ćemo od sad pa nadalje morati litanije da krunimo na dve po dve, lutka na naduvavanje Žaklin nije imala parazite (buve, gnjide, picajzle) ni bakterije nekih bolesti (tuberkuloze, gube, ospica) lutka na naduvavanje Žaklin nije bila ništa veća kurva nego druge žene, doktorka Babi Kavakrik, madam Anhelina, meleskinja Asoteja, crnkinja Viki Farli, Indijanka Ćabela Paradajs i ostale, moja majka, Klarita Gavilan ili Arabela Spindl, nabrajanju nema kraja, lutka na naduvavanje Žaklin bila je pravo vrelo zadovoljstava, u poslastičarnici Smitove automehaničarske radionice prodaju divne puslice posute šećerom u prahu, najbolje su u celom kraju i ljudi dolaze iz daleka da ih uzmu za krštenja i svadbe, u pogrebnom zavodu Grau se može prirediti veoma dostojanstveno bdenije za preminule članove porodice i prijatelje, služe se i sendviči, sokovi i alkoholna pića, u hitnoj pomoći jedni se zaleče a drugi ne, to se svuda dešava, i u bjuti šopu gospođice Glorije mogu da se izaberu najlepši parfemi, kad je moj otac ubio poganog meleza tako što ga je ne previše snažno šutnuo u grudi ljudi su crkavali od smeha, onda ga je Sem V. Lindo šef policije nekoliko puta udario nogom i ostavio ga na granici, u predgrađu Kadisa, Kalifornija, u pustinji Bernardino, tamo su neke razvaline u koje se niko ne usuđuje da zalazi noću, u ruševinama Fort Čabeka stanuju aveti trinaest tragača za zlatom koji su linčovani između Zlatnog Vrzišta i Đavoljeg Vrzišta sad će tome pedeset godina, možda i više, ljudima uđe strah u kosti kad se samo toga sete, vreme prolazi munjevito i narod brka uspomene, sve uspomene mu se pobrkaju, na putu od Topoka, Arizona, za Barstou, Kalifornija, ima nekoliko suvih rukavaca, voda im je presušila ali su im imena ostala, Denbi, Dedmen, Meskite, sigurno ih ima još, to su urvine koje skrivaju mnoge tajne, kad su ga ostavili bez uha Adelino Bjendićo je neko vreme bio u bekstvu, vidi se da mu nije bilo lako, ali se posle polako vratio svojoj prirodi i nastavio da svira harmoniku, posle je više pazio da ne falšira, Kam Kojote Gonsales pokazao mu je mnogo lepe usamljeničke pesmice koje je sam bio smislio, *Seta u tvom pogledu*, *Tri sestrice*, *Rosalinda Luserne*, mnogo sam ti zahvalan, Kojote, samo zapovedi, Toston je mnogo brzo rastao kad se raširio glas da je Šiflin našao brdo srebra koje je vredelo sto miliona dolara, isplati se ubijati Indijance Apače, u pozorištu Berd Kejdž igrale su najzavodljivije i najlepše žene, Lizet Leteća Nimfa lebdela je nad pozornicom okačena o nevidljivu žicu, letela je kroz vazduh kao da je leptir i kada bi pala zavesa prigrlila bi onoga ko bi bio voljan da potroši neku paru, svi su muškarci dobri i u isto vreme dostojni prezira, svi su muškarci prljavi i puštaju da ih zatruje nasilništvo, svaki ti pruži uživanje i svaki ti rani srce, Lizet je imala ogromnu kosu zlatne boje, muškarci su mnogo voleli da ih po licu i po mošnjama miluje ta Lizetina bujna i zlatna kosa, njen udvarač Džon Bilingsli čuva neke izvanredne fotografije s Lizetinom bujnom kosom zlatne boje koja u blagim talasima pada na ramena, Lizet je došla u Toston s glumačkom družinom Monarh Karnival, Lizet je bila lepa žena ali tužna, možda ju je bolela duša pošto se polako utapala u viskiju i jednog lepog dana je nestala i nikad se o njoj više nije ništa čulo, fotograf Adams živeo je i radio u svojim cirkuskim kolima, više su ličila na taljige jer su se kotrljala na dve osovine, platno je bilo plave boje i s obe strane se moglo pročitati *A. Adams Photographer* pisano elegantnim engleskim slovima, ta skalamerija bila je veoma prostrana i već pomalo izanđala ali se još kotrljala i nije se raspadala, Ebi Adams sabrao je mnogo godina i mnogo uspomena ali nije umeo da uštedi nijednu paru, Ebi Adams oduvek je bio nomad i milosrdan čovek a bogatstvo se lepi samo za džep čoveka koji se ne mrda mnogo i zatvara oči pred sudbinom onih oko sebe, šta će meni pare, nemam poroke ni obaveze ni prema kome i ako napravim jednu fotografiju nedeljno Barnet i ja već možemo da jedemo, Barnet je bio mazgov, jedne noći je neko za koga se nikad nije saznalo ko je to mogao biti polio benzinom kola i upalio ih, vatra se raširila za tren oka i Adams je uspeo da pobegne ali nije mogao da učini ništa da bi je ugasio na vreme i izbegao katastrofu i mazgov je buknuo kao varnica, maltene niko ne zna da mazge mogu da gore kao slama, tri puta je dugo zanjištao i uginuo, možda je to bilo i njakanje a ne njištanje, neke mazge liče više na magarca nego na konja a druge obrnuto, kako to da ga nije ispregao, ne znam, možda je Adams hteo da krene u cik zore, Barnet je bio krotak i poslušan mazgov, veoma poslušan mazgov, Erskin Karlou i njegov Kinez pomogli su Ebiju Adamsu da pokopa ostatke mazgova, potom je Erskin Karlou pozvao fotografa na kafu, i ja mislim da bi od sad pa nadalje trebalo da litanije krunimo na dve po dve, vreme prolazi za sve i svako može da kljokne kad to najmanje očekuje, litanija Bogorodici je štit koji nas brani od greha, ja kažem *mater intemerata mater inmaculata* a ti kažeš *ora pro nobis* dva puta, Lupita Tekolote je na granici pustila Gringa koga je vodila vezanog za jaja, bio je to poklon od Margarita Benavidesa, pevača prekaljenog u tučama i u dosađivanju, makar mi volove i taljige tvoja majka dala tobom se ženiti neću, oko moje crnoga jagnjeta, Gringo se zvao Klem Krajder i lepo se poneo, Lupita nije morala da ga pričvrlji, nije morala da cima kanap, kad bi Rehinaldo Ferbank zatvorio oči video bi Lupitu nagu, to je nešto što donosi mnogo utehe potrebitom čoveku, Elviru Mimbre zaposeo je đavo i obesili su je u Igl Fletu za nauk svima i kao upozorenje onima koji su već zaraženi i onima koji su tome skloni, brat laik Timoti Melrouz zaslužio bi da mu prokrčkaju dupe u kotlu punom kipuće vode i sa solju, onu moju petoricu maloumnih drugova što sam ih imao u sirotištu izakao je bez mnogo zazora i ustezanja, ima sve više i više tih fićfirića bez ikakvog stida, Otac Lagares je jednog dana rekao bratu Timotiju da će mu razbiti njušku ako se ne smiri, Kinez Vu je već prilično dobro naučio da štrika, vidi se da su mu lekcije koje mu je davala Ana Abanda bile od koristi, Margarito Benavides pevao je veoma muzikalno, i mazgu i kola makar mi tvoj otac dao s tobom više govoriti neću, oko moje šugavog kučeta, moja majka je bila hladna kurva, odnosno krotka kurva a ne vrela kurva odnosno divlja kurva, u celoj državi Arizona nema mnogo građana tako belih kao što je Edi Pežo, hladne kurve nisu pokvarene ali i ne prave neku razliku, te kurve se ne unose nešto naročito i obično ne naplaćuju mnogo, kad su obesili Boba Hanagana meleskinja Mikaelita se saživela s narednikom Salustijanom Sabinom, divlje kurve su pokvarene i dobro prave razliku, svakako prave razliku, to su kurve koje se mnogo trude, mnogo su pažljive, i skuplje su, moja majka je zarađivala za hleb i nije se obogatila ali se nije ni žalila, svako zarađuje za život kako zna i ume i dokle mu dozvole i kad se bolje pogleda zanat kurve i nije među najgorima, nikom ne čine zlo i umiru ne praveći veliku galamu, ne može baš ni da se govori o hladnim kurvama, pre će biti da su mlake, biće tačnije ako kažemo da su to mlake, a ne hladne kurve, bolje im ide uz njihovu krotkost, Margarito Benavides je napamet znao gotovo svaki način da se odustane, zbogom lepa moja Lusija, zbogom divna zvezdo Danice, čekaš telefonski razgovor stranče, tokom cele ove povesti pričalo se o tome kako je Indijanac Kornelio Laguna ukrao pisaću mašinu s groba pisca Daga Ročestera u Paharitu, Novi Meksiko, ta stvar jednako može biti istina koliko i laž pošto su žene velike lažljivice, stalno trčkaraju oko tebe i moraš da ih tegliš na grbači i uvek kažu jednu stvar pred muškarcem a drugu kad govore među sobom, muškarci i žene nikad ne otvaraju srca nego igraju ulogu onoga ko se pretvaraju da jesu, među muškarcima i ženama ništa nije spontano i sve se utapa u gustoj kaši krotkosti, nezadovoljstva, kao i nesreće i mržnje, muškarci i žene su kao muve udavljene u prst dubokoj hladnoj kafi, dok ne uginu prođe cela večnost i kad već izgleda da su mrtve još mrdaju nogama, mnogo je tužno i neshvatljivo a ponekad je čak i odvratno i grize te savest, mnogo godina kasnije, u Taosu, takođe su ukrali pisaću mašinu koja je ostavljena na grobu drugog pisca, Dejvida Herberta Lorensa, autora *Ljubavnika Ledi Četerli* i čoveka kome se nijedno mesto nije dopadalo ni da u njemu živi ni da u njemu umre, Klarita Gavilan obično se ne opire mnogo kad joj se neko udvara zato što zna da uživanje može da uteši i da donese mir telu, prvo što Klarita Gavilan uradi jeste da se osmehne, pa onda zatvori vrata, izvadi sise iz dekoltea i sedne na krevet, sve ostalo ide svojim tokom i dođe u svoje vreme koje se sve više ubrzava, Mejbel Dodž dala je Lorensu ranč San Kristobal u zamenu za rukopis *Sinova i ljubavnika*, možda muž Mejbel Dodž nije bio Abel Sančes nego neki drugi Indijanac, Bautista Tenijente, Nepomuseno Senorita ili bilo koji drugi, Lorens je umro i sahranjen je u Francuskoj ali njegove posmrtne ostatke je ekshumirala verna Frida koja je zajedno s njima prešla preko Atlantika i ostavila ih u Taosu, Lorens je živeo na Kajova Ranču, stalno je od nečega bežao, Čak Skakavac Dejvis posvađao se s verenicom zato što nije prala ni uši ni potiljak, pod pazuhom se zapirala ali ne dovoljno, Telesforo Bebibatak Polvadera nije pritekao u pomoć Torinu Dajamondu dok su ga naticali, nije to bilo baš užasno ali je bilo krvi do kolena i posle se samo o tome pričalo, Telesforo Bebibatak Polvadera nikad nikom ne pritiče u pomoć zato što je sujeveran i misli da, kad pobeđeni izgubi, za to ima nekog razloga, ljudi obično ne staju na stranu pobeđenog jer se Bog ne sme nikad iskušavati, Boga moramo poštovati i povinovati se njegovoj volji, sve se odvija po zakonu života i običaj je da se čovek osmehne dželatu i da pljune u lice osuđeniku na smrt, ljudi se već rađaju s maskom na licu i s borama urezanim svaka na svom mestu, na čelu, u uglovima očiju, u uglovima usana, na obrazima, ima već mnogo godina otkako se stalno rade iste stvari, pljujemo na onoga ko izgubi i osmehujemo se onome ko pobedi, na dželata se ne može pljuvati iz tri razloga, iz poštovanja, jer zato i nosi rukavice, zato što mu je lice pokriveno i zato što nosi oružje u ruci, na osuđenika se pljuvati može, osuđeniku vežu ruke da bi ljudi mogli da mu se smeju bez straha i sa zdravom radošću, muževi s mnogo razloga odu da se razgale sa svojim ženama kad vide kako su obesili nekoga malo drugačijeg, grozan je običaj da veselje tražiš uvek po istim domaćim vrletima, supruge im obično odgovaraju tako što puštaju da im muževi grickaju grlo i njihove masne ponore, nema nikakve veze što se verenica Čaka Skakavca Dejvisa pere samo ispod pazuha, šta je pa vredelo Torinu Dajamondu što je umeo tako dobro da daje injekcije i klistire, ništa, baš ništa, eto vidite, od Luis Lopesa do San Marsijala čovek može da se spusti niz Rio Grande provlačeći se kroz visoko iždžikljalu trsku i poneku uginulu kravu s naduvenim trbuhom što pluta po vodi, ima i pasa ubijenih štapom i mačaka ubijenih kamenicama tek radi vežbe, mačke su gipke i brze i teško ih je pogoditi, dete koje uspe da pogodi kamenom dobro će potezati revolver kad odraste, zamah je vrsta nagona, to svi znaju, Telesforo i nema razloga da brani slomljene ljude i nesrećnike, život je samo sunčani zračak trudi se da uhvatiš svaki njegov tračak, uvek je bilo pobednika i pobeđenih i ljudi moraju o nečemu da pričaju da ne bi izgubili dostojanstvo i ugled, Pantaleo Klinton poznaje ceo kraj kao svoj dlan, Pantaleo Klinton bi voleo da tako u prste poznaje i telo Dine Dekster, njene grudi, struk, bokove, njena dva guza kao od gipke slonovače i poput mirišljavog cveta u samo jednoj noći, Had natapa Dinu pljuvačkom zato što zna da ona to voli, i on to voli, Pantaleo Klinton ne sme ni da pita, svi muškarci i sve žene vole da se valjaju u pljuvački i posle da umru, nije da Pantaleo Klinton ne bi voleo da to uradi nego ne može, i sama pomisao ga plaši, Had nije tako tvrd kao Dina, ima žena za koje pljuvačke nikad nije dosta, iza zločina Korason, Mendi ili Noelije, ne zna se koju od njih tri bi trebalo obesiti, širi se more pljuvačke u kojoj pluta leš Teodulfa Sapate kome su alatku odsekli skroz naskroz, da li je tačno da su mu ga stavili u usta, jedni kažu da jeste a drugi da nije, verenica Čaka Skakavca Dejvisa bila je crnka koja je mirisala na prčevinu i na duvan za žvakanje, a bogami i na trulu ribu, tajni su putevi kojima se kita kreće i ponekad ulaze na nos pa se čovek navikne na mirise, ne voli da ih izgubi, Čaku je žao što se posvađao s verenicom i traži trenutak da se pomire, za smrt Teodulfa Sapate kriva je plavuša Irma koja ga je ošamutila eliksirom, Bonifasijus Brenson zna kuda ide Teodulfova duša, zna ali ćuti, zna kojem novom telu hrli po zapovesti Višnjeg Tvorca ali nikom neće da kaže, istina je da i ne može, to su delikatna pitanja koja obično svima izmiču, poneke noći s mesečinom sveta Rosa iz Viterba, iz trećeg reda svetoga Franje, i sveta Rosa iz Lime, iz trećeg reda svetog Dominika, pojavljuju se telom i dušom i pripovedaju ove tajne prosvetljenima, i oni se kunu da će ćutati šta bilo da bilo, Bonifasijus Brenson samo ispunjava svoju dužnost, prababa Bonifasija Brensona ljuljuška se u eteru poput čička na mirnom vazduhu, tako je, veoma mirno i elegantno, karma može da ostane da lebdi za razliku od duše koja uvek završi na nebu, u paklu, u čistilištu ili u limbu, čistilište nije večno ali može da traje vekovima, prababa Bonifasijusa Brensona s velikim razlogom je bila na glasu kao milosrdna žena mada je bila nešto niža rastom, general Obregon bio je iz Sikisive u Sonori i bio je jako divalj, general Vilja bio je iz San Huan del Rija u Durangu i isto tako veoma divalj, zato su sevale varnice kad bi se sreli i zato su ginuli i vojnici i seljaci, soldatuša nije bilo dovoljno za sve potrebe, oni iz Duranga kažu da oni iz Sonore ganjaju ćurke guaholote pištoljem, i obratno, kad je Bonifasijus Brenson bio narednik, to jest u drugoj reinkarnaciji, generala Vilju je uvek zvao don Doroteo, meleskinji Asoteji ništa nije vredelo što je imala lice poput mačkice i ustašca kao kokošije dupe pošto ju je muž svejedno ubio, stavio je u salamuru i nije joj ostavio glavu napolju, to se desilo na putu koji vodi od Kita Bakita prema izvoru Tinahas čim se prođe brdo Pinta, Saturio nije bio ni dobre naravi niti je gledao dostojanstveno, kažu da je brat-laik Migel Tahitos koga takođe zovu Divlja Guza, onaj iz misije Svetog Ksavera, nakratko bio u vezi s meleskinjom Asotejom, ne mogu da stavim ruku u vatru pošto ne znam ali nije to ni bilo nešto važno, ono što je Migel Divlja Guza Tahitos zaista voleo bilo je da je udara nogom u dupe i po nogama, ponekad i u stomak i u glavu, dobro, gde mu ispadne najzgodnije, Bubotku Miljoru, poganom melezu, ta zabava je izašla na nos kad ga je moj otac poslao, svi znaju da je on nesrećno polutansko govno, da prebroji pločice na pločniku u paklu, litanija Bogorodici je štit koji nas brani od greha, ja kažem *mater amabilis mater admirabilis* a ti kažeš *ora pro nobis* dva puta, Ebi i Korin bile su riđokose, Korin daje za džabe suklati Endiju Cimetu Kameronu, ne naplaćuje mu zato što su i maloumnici deca Božija i ne prave nimalo veće svinjarije od pametnih, nimalo drugačije svinjarije, ko ih je prebrojao kaže da ih nema više od sto i za njih znaju jednako i pametni i glupi, na dan Strašnog suda biće mnogo iznenađenja zato što tamo niko neće moći nikoga da prevari, moja majka jeste naplaćivala Endiju Cimetu Kameronu, za njega je imala poseban popust ali mu je ipak naplaćivala, Endi Cimet Kameron imao je velik i ratoboran kurac ali je brzo svršavao pa bi onda zaspao sisajući sisu nekoj ženi, ne valja kad je čovek niotkuda, kad ne zna odakle je došao, da li sa severa ili s obale reke ili iz pustinje ili iz nekog seoceta s one strane, svi znaju da ne valja, pa i opasno je biti došljak, došljaci skoro uvek prežvakuju neku gorku i bolnu priču koju bi radije prećutali, ja sam kojot iz Tipijasitasa i pešice sam došao ovamo pre više od dvadeset godina ali vi niste niko i niotkuda niste došli a to je još gore, meni daju na veresiju u bakalnici i u točionici a vas nagrde na pasja kola, došljaci pljačkaju banke i diližanse, pa i vozove, došljaci kradu konje zato što su presekli veze sa pamćenjem, crnac sa saksofonom zvao se Gas Koral Kendal i bio je izvanredno lepo vaspitan i elegantan, umeo je i da peva, igra i zviždi kao ptičica, u trilerima, u arpeđu bi se ponekad pomagao grlom, u Fort Huačuki rekli su mi da ga je pregazio kamion iz laboratorija Norman i Hantington, možda je taj koji mi je to ispričao malo lagao pa ovo i nije tačno, kamo sreće da je onaj ko mi je to ispričao malo lagao, Gas Koral Kendal bio je u zatvoru zato što je u Baton Ružu njegova gospođa pobegla s blagajnom, Gas je sve to pričao veoma precizno, u Baton Ružu sam imao orkestar zajedno s nekim prijateljima, ja sam bio šef zato što sam bio jedini koji je znao solfeđo, moja gospođa pobegla je s blagajnom u lošem trenutku, u blagajni je bilo više od dvanaest dolara i sve su nas strpali u zatvor, bilo nas je šestorica, pustili su nas posle nekoliko dana jer se bjagajna zajedno sa sadržajem pojavila, moju gospođu su malo išibali kaišem i odmah je priznala, Gas Koral Kendal osmehnuo se kad je došao do kraja, u Virdžila Erpa ispalili su pet hitaca na uglu Pete ulice i Ulice Alen kad je pošao na spavanje, Virdžil

Erp je živeo u hotelu Kosmopoliten, pet hitaca iz dvocevke, to je deset tanadi, iz sačmare bar četrdeset, u Virdžila su pucali iz saluna Palas pored radnje Traskera i Pridamsa, dva hica su ga pogodila u levu ruku i bok a preostala tri ušla su kroz prozor saluna Orlova pivnica i nikog nisu pogodili, mogli su da ubiju nekoga, jednog ili više, ali je već bilo kasno i salun je bio gotovo prazan, trojica su projurila pored ledare u ulici Taf Nat, neki svedoci su rekli da su to bili Ajk Klanton, Henk Sviling i Frenk Stilvel, na zemlji je ostao Ajkov šešir, moj prijatelj Adoro Žabac Alamur je strašno sentimentalan, vidi se da nije naročito dobrog zdravlja, moj prijatelj Adoro Žabac Alamur ima pravilne crte lica i malo je bled, i debeljuškast je i nekako mekan, u školi su ga zvali Perivinkl, Puž Obalar, i on bi se rasplakao, moj prijatelj Adoro Žabac Alamur piše pesme i skuplja sušeno cveće, kad je bio mali stavljao je bube u staklenu cevčicu koju bi dobro zapušio da bi ih gledao kako umiru jer im ponestaje vazduha, neke bi izdržale više a neke manje, zatvorio bi ptice i mačke zajedno sa zmijom u kožni džak da se pobiju i uguše, to je bilo manje uzbudljivo jer se ništa nije videlo, samo se čulo, jedne večeri sreo sam Adora u krčmi kod Karloua pa smo otišli da prošetamo van grada, Adoro se osećao usamljeno pa mi je ispričao neke lične stvari, ljudi se malo stide da drugima pričaju lične stvari ali Adoro je imao mnogo poverenja u mene, Adoro Žabac Alamur pričao je ne gledajući me u lice, tri događaja koji su na mene ostavili najjači utisak u detinjstvu bili su klanje svinje u kući kod babe i dede, i pored toga što sam na nju bio besan jer je pojela celo leglo kunića, zatim sahrana Megi Sedarvejl, devojčice iz susedstva koja mi je dirala pišu, sirotica je umrla od jektike, bilo je to nešto što me je mnogo ražalostilo jer sam imao osećaj da i mene malo sahranjuju, užasavalo me je što će pod zemljom istrunuti prsti koji su mi milovali pišu najmanje sto puta, nedelju dana, ili više, nemirno sam spavao, i još jedna stvar koja je na mene ostavila jak utisak bio je papagaj Indijanca Abela Tumakakorija koji je pevao *Rattling rakes, nature makes* na engleskom i *La Pensilvania*, na španskom, zbogom Foro Vest, zbogom Dalase, gradovi jako bitni, odoh za Pensilvaniju, inače propadoh u skitnji, Indijanac Balbino Pitoikam je bradat, ne sreće se često ta osobina među njegovima, i leči bolesti tela samo tako što dodirne bolesni deo, Peti Redrok je mnogo debela i Taćito Smit tvrdi da joj je poremećena ravnoteža u krvi, Peti Redrok zabeležila je na parčetu hartije kako se izlečila, i to krasnopisom, u ime Oca† i Sina† i Svetog Duha†, sad je bolje staviti veliko početno slovo, neki put je upadljivije jedno a neki put drugo, svojeručno ispisujem ovu hartiju i potpisujem da bih posvedočila o čudesnom ozdravljenju koje je na meni izveo Indijanac Balbino koga Gospod Bog Naš††† nek sačuva i Gospa Bogorodica zaštiti zdravo Marija prečista majko grešnika amin Isuse, imala sam u uhu kesicu punu gnoja koja mi je pukla jedne noći i izlila mi se na deo mozga, odveli su me u bolnicu i lekari su rekli da mi nema pomoći, da je to bolest zloćudna i ovoj ženi ostalo je samo nekoliko sati života, onda je moj sin Lester otišao po Indijanca Balbina ali je ovaj rekao da neće da ulazi u bolnicu zato što se tamo šire svakojake zarazne bolesti nego da mu donesu uvojak moje kose jer mu ne treba ništa više, moj sin Lester mu je odneo, Indijanac Balbino je stavio ruku na njega i ja sam odmah počela strašno da se znojim i da povraćam gnoj na usta, Juma, trećeg februara 1915, potpisala Patrisija Redrok, čim je Lupita razdrešila pomičnu omču kojom su mu bila vezana jaja

Gringo Klem Krajder je duboko udahnuo i odjurio u galopu, trčao je poput pomahnitalog konja, jednom davno Margarito Benavides je zatvorio trojicu pedera u obor i držao ih tamo celu noć terajući ih bičem da igraju, nije isto da li čovek nešto radi u zloj nameri ili samo hoće da se malo razonodi, ipak je njegov postupak naišao na opštu osudu i bilo je malo onih koji su za njega našli neko izvinjenje, zna se koliko je zabavno terati pedere bičem da igraju ali uprkos svemu to je nešto što među civilizovanim osobama treba izbegavati, priča o udaji Mejbel Dodž za Indijanca nije nimalo jasna jer je na nju pao zaborav a više nije ni bila zanimljiva, Abel Sančes bio je poglavica rezervata Kanjonsito a Nepomuseno Senorita vladao je u rezervatu Zuni, ono čega se ljudi, međutim, sećaju jeste to da je Mejbel Dodž njen muž zatvorio i nije je nikad puštao da izađe iz uskih granica teritorije, Kornelio Laguna bio je Indijanac koji je u Paharitu ukrao Ročesterovu pisaću mašinu, to svi znaju, ali gotovo niko ne zna kako se zvao Indijanac koji je u Taosu ukrao Lorensovu pisaću mašinu, e, pa, zvao se Rodrigo Ajres i kad je počinio krađu imao je četrnaest godina, meni je to rekao fotograf Ebi Adams pred Erskinom Karlouom i Semom V. Lindom nekoliko dana pošto mu je izgorela radionica, u vazduhu se još osećalo na izgorelu mazgu, Rodrigo je išao tamo-amo, ulazio u rezervat San Karlos pa izlazio napolje mrtav ladan, čas je bio ovde, čas tamo, u stvari uvek je išao s jedne na drugu stranu, Indijanac Balbino je izlečio nebrojene ljude, Indijanac Balbino izlečio je i Berta Vajominga Kornetu, njegova verenica Mami Emi zapisala je na parčetu papira kako ga je izlečio, Mami Emi imala je lep okruglast rukopis, u ime Oca† i Sina† i Svetog Duha† svojom rukom ispisujem ovaj dokument i potpisujem ga da bih potvrdila kakvo je čudo učinio s mojim verenikom Indijanac Balbino koga Gospod Bog Naš††† nek sačuva i Gospa Bogorodica zaštiti zdravo Marija prečista majko grešnika amin Isuse, usled pada s konja moj verenik Bert Vajoming Korneta polomio je kičmu i ostao presamićen i nije mogao da pogleda u zvonik na misiji, dugo je bio takav, ni druge stvari nije mogao da radi što ostali muškarci rade sa ostalim ženama, ja sam se umorila od toga što lekari nikako da pogode kako da ga izleče pa sam otišla kod Indijanca Balbina jer i ja imam prava da moj muškarac ne ide naokolo presamićen, mogla sam da ga zamenim za nekog drugog, znam, ali ja ovoga mnogo volim, moj verenik nije hteo da ide kod njega jer je bio u velikom očajanju i beznađu, obe stvari, Indijanac Balbino mi je rekao, donesi mi neopranu odeću tvog čoveka, njemu ništa ne govori, onda sam poslušala i Indijanac Balbino je prespavao zagrlivši odeću koju sam mu odnela sve dok je nije dobro natopio znojem i tako tri noći zaredom, onda ju je spalio na osveštanoj lomači i moj verenik Bert Vajoming Korneta je odjednom ozdravio i mogao je da uzjaše konja, da bude sa mnom kako je prirodno i da ponovo gleda u zvonik na misiji, Aho, devetog januara 1916, potpisala Margaret Emili Vilarok, sad nastavljam s pričom, moje je ime Vendel Liverpul Espana ili Span ili Aspen i sve što je do sada rečeno zapisao sam svojeručno, ima tu mnogo istine mada sam malo i slagao, ubacio poneku laž radi ukrasa, moje će biti i sve što mi je još ostalo da kažem, u ovoj hronici pomagali su mi prijatelji ohrabrivanjem i obaveštenjima koja su mi davali i izjavljujem da bih bez njihove stalne podrške odavno prestao da popunjavam ovu svesku, moj se otac zvao Sesil Lambert Espana ili Span ili Aspen i bio je vlasnik Džefersona dresiranog aligatora koji je govorio španski i engleski, majka mi se zvala Matilda ali je imala i još mnogo drugih imena, pre nego što sam se ja rodio zvala se Marijana, to zvuči malo stranski, zvala se i Šejla, zvali su je Sisi, i Bonita, zvali su je Boni, majka me je našla, otkrila me, prepoznala me dvadesetog septembra 1917. godine dok je voz Augustusa Honatasa iskakao iz šina pun bolesnih Indijanaca, ovaj dan stavljam tek tako, možda i nije taj nego neki drugi, majka se osmehnula s malo tuge ali i uz mrvu radosti i rekla mi, ovaj cvet što ga tu imaš ostavio ti je otac usijanim gvožđem, još nisi bio napunio šest godina, kad sunce zađe bube zbunjeno lete na sve strane pre nego što oslepe sve do sledećeg dana, ima buba koje žive samo jedan dan i jednu noć, kaplar Stiven Zvonce Stivens bio je čovek plahovit i opasan, čovek ne baš pristojnih navika, Stiven se bio opako spetljao s crnkinjom Eufemijom Eskabosom, onom ćoravom iz Santa Akacije, što je jadna tako ružno skončala, Stiven ju je draškao po stopalu, uzicom bi joj vezao nogu za ormar ili bilo šta drugo pa bi oboje žestoko uživali i sve bi rikali od zadovoljstva, ponekad bi joj umesto kurca ili posle kurca stavljao cev revolvera, malo je hladan ali ćeš ga ti već ugrejati, ali tvrd je toliko da nema ničega tvrđeg, tako ćeš bolje da osetiš, kurvo, jedne noći mu je revolver opalio, sam Bog zna da je bilo nehotice, i Eufemija Eskabosa umrla je od krvoliptanja, Stiven nije mogao da joj zaustavi krvarenje, sledećeg dana Sem V. Lindo mu je rekao, neću te stavljati u zatvor jer je jasno da si je ubio u igri ali bolje ti je da odeš malo u Nevadu ili Kaliforniju, nemoj u Novi Meksiko, litanija Bogorodici je štit koji nas brani od greha, ja kažem *mater boni consilii mater creatoris* a ti kažeš *ora pro nobis* dva puta, Kvin Krik je mesto bez groblja, kažu da ga je osnovao neki pijani Velšanin koji je život proveo bežeći, kad

Ken Vernon legne s Korin Mek Alister prvog i petnaestog u mesecu radi veoma čudne i neuobičajene stvari, krekeće kao žaba, zavija kao kojot, grakće kao gavran, cvili kao porodilja, svršava, brizne u plač, malo kija pa zaspi, doktorka Babi Kavakrik smesta je okončala vezu s njim jer ju je uplašilo njegovo ponašanje, Kam Kojote Gonsales je bolji, tačno je da je malo prljav ali ne zbunjuje žene u krevetu, Korin Mek Alister ga trpi pošto je više svikla na ludosti, Ana Abanda je bila ta koja je okupala i obukla leš poganog meleza, svaka stvar traži svoje vreme i o Bubotku Miljoru ćemo još progovoriti, i to ne jednom, Ana Abanda živi sa crkvenjakom Lusijanitom Ruterom, onim što čini čuda i igra karte, uvek pogodi kartu koju mu traže, i pesme ume da recituje, Ana Abanda i crkvenjak zajedno su već najmanje pet godina, njihova ljubav ne može još dugo da potraje, ćoravica iz Santa Akacije to jest crnkinja Eufemija Eskabosa, žena kojoj je otekla sva krv, plela je kosu u jednu pletenicu što joj je padala do struka, zar ne liči na bič za teranje marve, Eufemija Eskabosa bila je najkosmatija crnkinja na svetu, toliko je bila kosmata da je ličila na belkinju, kad iz organizma oteče sva krv srce prestane da kuca, to ti je kao čajnik iz kojeg izvri sva voda, Stiven ju je hvatao za pletenicu, pokaži lice, kučko, govno ćoravo, jebena crnkinjo, pa bi je raspalio šakom posred lica, udarao ju je i kaišem, udarao ju je snažno da dobro utuvi o čemu je reč, oboje bi se jako zagrejali i krv bi im proključala, bili bi napaljeni i balavi, ostali bi maltene bez reči i bez daha pa bi se preznojavali, ponekad bi se i usrali a ne bi ni primetili, zaneli bi se i usrali i upišali, sve kao jedan dubok uzdah, na sve bi zaboravili, i da dišu, ne puštaj me, pre ću da umrem nego da me pustiš, i voleli su se i želeli jedno drugo, želja je poput upaljača za osećanja, čovek nešto oseća ako želi i obratno, kad je Stiven preležao tifus bio se sav sfuljio i ostao bez snage, Eufemija je govorila prijateljicama, tako mi je slab da mi dođe da ga ubijem, moram da se dobro napregnem da ga ne ubijem, posle se polako oporavio, Eufemija ga je brižno negovala i on je ubrzo ponovo postao onaj stari, videćeš ti svoga boga kad mi jednom revolver opali, Stiven je bio u Nevadi duže od godinu dana, u Boulder Sitiju tik uz granicu, morao je da ode pošto mu je Sem V. Lindo rekao da mu je to najpametnije, u Boulder Sitiju živela je Neli, ćerka žute Konski koja se kao mala zvala Trudi, Neli je majka mnogo dece i mora da pazi na svaku paru, Neli novac ne pretiče, kad treba da kupi lekove za decu ona legne s Lijem Šenonom poštarom, Li joj nikad ništa nije odbio, Indijanac Floro Aravaka kaže da je smrt dosadna i zamorna, uvek je ista, ljudi umiru a da niko i ne primeti, sećaju se samo onih koji umiru na vešalima a ni njih ne baš dugo, onuda kuda su se šetali ljudi sad se šetaju crvi, to se dešava s mrtvim ženama, s leševima žena, tamo gde su žene uživale i milovale se i trljale sad su se razmileli crvi, isto je i s muškarcima, s leševima muškaraca, niko se ne usuđuje da kaže dosta, ne idem ni koraka dalje, ljudi više vole da se i dalje pretvaraju i da preklinju, napravio si pravu krpenu lutku od mene, samo još treba da me gurneš i da mi se smeješ, Čester Jona nije imao kud, morao je da ubije ženu pa ga je savest grizla celog života, nisam imao kud, morao sam da ubijem ženu, celog života se u meni taložilo gađenje, celog sam života povraćao i sad savest više nikad neće prestati da me grize, hoćeš li da ti ispričam, dobro, devojka je sela na pod i osmehnula se, hoćeš da kleknem i da ti ga popušim, dobro, Džesi bi ponekad izvadila kitu iz usta da kaže, lepo mi ispričaj, ponovi ovo poslednje, šta ti je to rekla kad je uzela otrov, nisam dobro shvatila, sviđa li ti se, žena ti je rekla malo mi se vrti u glavi a tebi je počelo da kuca u slepom oku sve dok nije prestala da diše, onda si joj sklopio oči, je li tako bilo, Džesika ima četrnaest godina i mnogo želja da udovolji muškarcima, bez muškaraca mi žene ne bismo mogle da živimo, muškarci su stvoreni za to da im mi žene ugađamo, meni je dosta da zatvorim oči pa da vidim kako muškarac uživa a onda uživam i ja, morao je prst nečemu da mi posluži, Džesiku su pustili iz zatvora u Boulder Sitiju pa je došla da živi sa Stivenom Zvoncem Stivensom pošto Čester Jona više nije hteo da je vidi, Džesika je Zvoncu govorila, meni ne smeta što si ubio crnkinju kad si joj stavio revolver u pičku, ima žena koje su loše sreće pa im na kraju sve ispadne naopako, želim da to uradiš sa mnom, ljubavi, onda je Stiven odgovorio, ne usuđujem se, pa je Džesika razumno rekla, neće te uvek terati maler, ne boj se, to se dešava samo jednom u životu, Džesika je pobegla iz Hurona, Južna Dakota, otac se prema njoj odnosio veoma grubo pa je više volela da pobegne, Čester Jona i Stiven bili su jednako nasilni kao i njen otac ali je s njima uživala, uprkos pričama otac je nikad nije odveo u krevet i nikad joj nije pružio uživanje do kraja, najviše što bi učinio bilo je da je uhvati za grudi zavukavši joj ruku kroz izrez na bluzi, moja majka je bila smrtno zaljubljena u mog oca i s tolikim je divljenjem gledala na njega da ga je poredila s generalom Emilijanom Nafarateom, junakom Indijanaca Papago, taj general bio je propisno nagizdan i stasit ali je bazdeo na gavrana, dah mu je bazdeo na gavrana, loš je znak kada čovek od oružja bazdi na gavrana, tvoj otac je vadio miška kroz šlic da se ne bi gnjavio sa skidanjem gaća, u to vreme muškarci su više brinuli o ponašanju, postoji loša smrt od koje se nikad ne može pobeći, koga pogode u grkljan i sabiju mu jabučicu, taj je gotov, tane je tvrđe od jabučice, olovo je tvrđe od mesa, tane je i strašno brzo a osim toga ide pravom putanjom, Ferminsita Guanahuata pogodilo je sigurnom rukom i ubilo ga, malo sa strane i okrznulo mu srce ali ga ubilo, tako je svršio Ferminsito Guanahuato, nikad mu se više neće ukrutiti kita pošto je na onom svetu svaka pohota izbrisana, nema tamo razumevanja za razvrat, Zah Dastin zna rečenice na latinskom, *diaboli virtus in lumbis*, snaga đavola je u bedrima to jest pomiluješ nekoga po bedrima i dovedeš ga do ivice raskalašnog uživanja za koje će morati da odgovara na dan strašnog suda, možda Ferminsita Guanahuata već ispituju, Mej Davenport je takođe stigla do Tostona s pozorišnom trupom, pošto je bila lepa koliko i pametna i hrabra brzo se obogatila i na kraju je čak imala i svoju kuću, upravljala je njome uz širok osmeh ali gvozdenom rukom, u ovom poslu ne može čovek ni na trenutak da se zaboravi, kad se pojavio bakar s meksičke strane, u Kananeji, pošla je za parama i otvorila raskošan lokal Mejs Palas, gde su se mogle naći najbolje žene s celog zapada, najpoželjnije i najotmenije, najmudrije i najuglednije, s Mej Davenport radila je Perl O'Ši koja je bila na velikom glasu zbog svojih sposobnosti i svog strpljenja, u nebeskom horu parohije Bele Device devojčice nose velike mašne u kosi i pevaju prelepim glasom, ko odseče mladicu zelene trske, dečkić jedan, španski princ, nijedna od devojčica još nije imala mesečnicu a ni nežne paperjaste bruce nisu joj se pojavile, ko poseče mladicu zelenog limuna, dečkić s ružicom u reveru, u dolini San Hoakin i u pustinji Juma i na drugim sušnim i prašnjavim mestima stvara se neka nezdrava gljivica, možda je to neki mikrob, zarazi te bolešću koju zovu groznica iz Doline, napada više

Indijance nego belce i izaziva bolove u glavi i grudima, leđima i zglobovima, groznicu, nelagodnost, kašalj i malaksalost, od toga pate mnogi ali malo njih umire, ne umire maltene niko, u stvari je to bolest koja je više dosadna nego što je teška, pustinja Juma je manja od Sonore i nalazi se u njoj, Bubotka Miljora polutansko govno hvatala je groznica iz Doline s vremena na vreme, onda bi legao u krevet i pokrio se u pomrčini, preznojio bi se i nalivao se vodom pa bi posle nekoliko dana počeo da se oseća bolje i već bi povratio snagu, melezi obično nisu najboljeg zdravlja ali dobro podnose zaraze, vidi, sine, nemoj da mi se raspekmeziš ali nikad nemoj ni da zaboraviš ono što je govorio Kinez Čeuk Han Čan, svekar Belhike Rejes, bio je u nekom srodstvu s Kinezom Vuom slugom krčmara Erskina Ardvarka Karloua, nikad to nemoj da zaboraviš, Kinez Čeuk je govorio, čovek treba da ima malo stvari kako bi više mogao da voli svaku od njih, mnogo da ih voli, Belhika Rejes Mesa, velika kurva, imala je sudar u svom dodžiću model 1917 u mestu Ćoklos Duros s one strane granice, leš su pojele škorpije, ostavile su samo kopču s kaiša, noć je prešla preko vremena bola, preko sveg vremena gorčine, gladi i nesreća a sad treba da govorimo o drugom mrtvacu, niko ne može da prebroji mrtve jer je njihov broj beskonačan, u novinama *Tribina* objavljena je čitulja gospodina Pomposa Sentinele, zvali su ga Gutač Tanadi i Zlatna Kita zato što je uvek bio hrabar čovek i vešt rupometač, bio je stric sisate Lupe Sentinele, supruge filateliste Pepita bakalina, Gutač Tanadi rastao se od života popivši tri pinte lužine s mnogo baruta i više od stotinu izmrvljenih glavica šibica, umro je u jezivim bolovima, tako je pisalo u čitulji, prvo krst a posle voljeni prijatelji, umro je tata, upokojio se u sredu zorom i za sobom ostavio pokajničko pismo u kojem je tražio oproštaj od Gospoda Boga našeg, hteo je da ode bez oproštaja i ne dajući nam vremena da shvatimo, naš tata Pomposo Sentinela, iz *Komeršal Džilberta* i Rotari Kluba, ostavio nam u nasleđe ceo život ispunjen radom i ljubavlju, predano posvećen drugima, jednostavnost i nežnost, *requiescat in pace* amin Isuse, jedni umiru po svojoj volji a drugi protiv volje i batrgaju se, Boba Hanagana nisu pustili ni da govori, obesili su ga ne pustivši ga da otvori usta osim da bi isplazio jezik, kako znate da je voz Augustusa Honatasa bio prepun Indijanaca na samrti, nakrcan sagnjilim Indijancima, pa znate ja to nisam video ali su mi ispričali ljudi veoma dostojni poverenja, neki kalifornijski bogataši stižu do mesta na kojem piše Mađarski greben goneći puškama podivljalo jagnje, uzbudljiv je lov na tu životinju zato što mnogo krvari, svo je prekriveno krvlju koja se sliva, muškarci i žene se uspale, sve drhte puni požude, žene čekaju u točionici Nabora Gevare, zabavljaju se dodirujući, gnječe se i drpaju međusobno, pričaju jedne drugima masne priče i ubijaju golube drobeći im glave, i dave pevce stežući ih među butinama, to je izvanredna stvar, kad se muškarci vrate iz lova na jagnje sve ih ižvalave poljupcima, puni su pljuvačke i vlažni, nemoj da se pereš, ljubavi, nemoj da skidaš sa sebe zadah i mrlje krvi, diši duboko i grizi kao pas, udari me, ljubavi, jarče, udari me kaišem, žigoši me gvožđem s kreveta, ljubavi, jedni muškarci udaraju jače a drugi slabije, neki uopšte ne udaraju, njima kafu kuvaju manje poslušno, lovište se nalazi na osam milja od San Luis Rio Kolorada, grada koji je ne tako davno osnovao Blas Jokupisio, negde 1905. ili 1906, Blas Jokupisio bio je polubrat Ćućite Kontinental žene Fidela Lusera Džonsona onog što je viski pio kroz nos, Mađarski greben je novo ime, dato je zato što su prvi koji su prešli pustinju u automobilu bili neki Mađari koji su radili s dresiranim životinjama, bili su svi kosmati i crni pa su deca mislila da su đavoli, to je don Oskar rekao don Valdemaru a ovaj je to posle meni ispričao, meleskinja Mikaela dobro se seća pokojnog Džona Kernarvona, bio je zabavan ali je imao ružnu narav i šale nije umeo da otrpi mirno i s vedrinom, često se i opijao i onda je bio svađalica i ogorčen, nikad nije hteo da u Kvin Kriku bude groblja, nema nikakve potrebe a osim toga to je leglo pacova i zmija, mrtve bi najbolje bilo pojesti, neka mi Bog oprosti, zavisi od starosti i od vatre u peći, mogu i da se čuvaju u soli i u svinjskoj masti, neka mi Bog oprosti, mrtvi nemaju nikakvu zarazu i ne pate ni od kakvih bolova ni od gube ni od reume, litanija Bogorodici je štit koji nas brani od greha, ja kažem *mater salvatoris virgo prudentissima* a ti kažeš *ora pro nobis* dva puta, nema prevare, to ti je kao igra nerava, igra veštine, uvek pobeđuje onaj ko je pametniji, ljudi ne veruju ali se isto dešava i u lutriji, Kam Kojote Gonsales naučio je moju majku pesmu don Pedra Haramilja, još se seća, zbogom Pedrito brate po duhovnom znanju, mori me tuga, Bog sveti zna hoću li još videti druga, i drugu pesmu, onu što kaže *Kad izađoh da prošetam*, mnogo ju je voleo travar-pokućarac Giljermo Bakalar Sanspot, u tome je uvek bilo neke zbrke, još se sećam, kad izađoh da prošetam, sretoh ženu, ide sama preko polja, kaže, znaš li kol'ko volim kad zapucaš iz pištolja, onda se povuci unazad pet-šest koraka da imaš dobar pogled, don Huansita Kastora zvali su Čelična Muda zato što je bio kadar da golim rukama udavi lava, bio je hrabar i jak koliko i najjači a možda mu nije ni bilo ravnog i lepo je to pokazao u vreme bune kod potoka Batamote gde je zarobio šest naoružanih povrtara, don Huansito Kastor mnogo je znao o travama i drugom bilju i jednako je umeo da izleči organizam od udaraca koje mu je nanosila priroda kao i da napravi zupčanik od sva tri pustinjska drveta, obrađivao ih je nožem i strpljenjem, zeleno drvo, tvrdo drvo i kinesko drvo, da bi njegov kadilak mogao da nastavi dalje, mnogo je gutao vodu i stalno prokuvavao i brektao, Eufemija Eskabosa ćoravica iz Santa Akacije umrla je na poseban način, više nije mogla da govori dok joj je krv tekla po podu, samo je uzdisala i kaplar Stiven Zvonce nikad nije saznao da li je crnkinja uživala ili se borila s dušom, može biti oboje istovremeno, Eufemija Eskabosa uvek je bila raspoložena za ljubav, u životu nije radila ništa drugo nego je volela i zbližavala se sa smrću, ali umrla je nesrećom, to je tačno, umrla je ošinuta nesrećnom zvezdom, istina, umrla je i voleći i puštajući da joj celo telo sklizne u smrt potresano krotkom i dobrom željom da živi u slasti, život je nepravedan prema onima koji umiru a da nisu makar malo bili voljeni, makar to bilo bezmalo ništa, niko ne bi smeo da umre a da nije dobio malo ljubavi, smrt je nepravedna i prema onima koji žive s praznim ćelijama ljubavi, uvek suvim i praznim, Ana Abanda isplela je vunenu navlaku, jedna klot, jedna frket, to smo već rekli kad smo govorili o objašnjenju, da bi Mravojed ugrejao svoj jedini testis, lovci imaju običaj da žvaću duvan Bulki Bul koji ima prodoran miris i vreo ukus, pljuvačka postaje kao kafa s medom, Božiji zakon nije odmeren nego hirovit, ljudi su polako menjali Božiji zakon a da to niko nije primetio, niko ne bi smeo da umre a da ga nisu voleli zatvorenih očiju i uz uzdahe, dobro, makar i otvorenih očiju i bez uzdisanja, milosrdnih dela ima više nego što ih je pobrojano u veronauci, Ana Abanda je brižljivo okupala i obukla leš Bubotka Miljora poganog meleza, možda je u tom trenutku crkvenjak Lusijanito Ruter počeo da se zaljubljuje u nju, u ispovedaonici mladi Pol odgovara Ocu Roskomonu da u svojoj tetki Alehandri uživa više nego u supruzi Beti, nežnija je, oče, slađa je i u krevetu i u šetnji, tetka Alehandra ima mnogo ljubavi u srcu i u celom telu, Beti se pet puta udavala i ima devetoro dece, nijedno moje, svi žive u kući, Beti je već neko vreme suva kao saraga i snuždena, ima zlu narav i uvek je tužna i zakera, Korin Mek Alister se ne plaši tuče, ako nema previše krvi čak joj se i sviđa, Korin Mek Alister je dobra duša i ne naplaćuje maloumnicima, to dobro zna albiničar Endi Cimet Kameron koji ponekad, pošto sebi da oduška, zaspi sisajući ženi sisu, mojoj majci, Korin Mek Alister, kojoj god, sada će biti rečeno nekoliko reči koje ne važe za maloumnike, a to su sledeće, muškarci i žene prestaju da se mrze i preziru kad zajedno legnu, ne traje to ni pola sata, dok jedno drugom pružaju uživanje i jedno od drugog dobijaju uživanje, posle se mrze i preziru, nemaju ni o čemu da pričaju, ovde se završava to što ne važi za maloumnike, svako ima svoja pravila, maloumnici su rasejani i nisu naročito uslužni ali prave razliku između milovanja i šibanja kao i između različitih odsjaja u očima, krotak odsjaj i divalj odsjaj, topao odsjaj i hladan odsjaj, sladak odsjaj i gorak odsjaj, itd., sva trojica braće Erp i Džon Dok Holidej nosili su brkove, Bili Klanton i Tom Mek Lauri bili su obrijani a onaj drugi Klanton, Ajk Klanton, i drugi Mek Lauri, Frenk Mek Lauri, nosili su brkove i zulufe, Ana Abanda uvek je mislila da gospodi ud mora biti oznojan, sva četvorica jevanđelista i vitez Amadis od Galije uvek su imali oznojane udove, Karlo Veliki takođe, što se tiče hipnotisanja uda, to je druga stvar, Džesika je došla da živi sa Stivenom Zvoncem posle smrti ćoravice iz Santa Akacije, pre toga je bila sa Česterom Jonom, onim što je otrovao svoju ženu, maloumnici iz sirotišta bili su u četiri boje, nije bilo nikakvog Kineza, Hari je crnac, Pako i Luisin su melezi, Volter je mulat a Erni i Maks belci, sestra Klementina ne uspavljuje svakog od njih na isti način, ne zadovoljava svakog na isti način a ni s jednakim oduševljenjem i jednakom ljubavlju, smeje se jer ne želi da se toga okane mada je grize savest, s njom je isto kao i sa Česterom Jonom koji je otrovao svoju ženu, Taćito Smit se naljutio kad je počeo da uviđa da mu Hovita skreće s pravog puta pa je onda dao da diližansa, dobro, taj njegov omnibus, bude za džabe, u omnibus stane deset osoba prvog razreda odnosno za sedenje i pet-šest stajanja odnosno kešanja, Taćita je skupo koštala ta zafrkancija, a bogami i Kolumbusa, brat laik Timoti Melrouz ne muči svakog maloumnika isto, smeje se pošto ne želi da se toga okane mada ga grize savest, s njim je isto kao i sa Česterom Jonom, neki dečaci su mu simpatičniji, naravno, uvek je neko dupe privlačnije, to je zakon stvaranja, brat laik Timoti Melrouz ima tvrd i nasrtljiv kurac i svaki maloumnik se rasplače kad mu ga nabije držeći ga za ramena, zahvat se zove dvostruki nelson i protiv njega nema odbrane, moj brat Bil je manje-više moje visine, dobro trči, igra izuzetno dobro i malo je razrok, prilično razrok, život mu je uvek bio strašno zbrkan i tajanstven, grozna je zbrka koja može da se ugnezdi u glavi muškarca, i veličanstvena je i bolna, riđokosa Ebi je deset godina starija od Korin, i ova druga je riđokosa, i puši ekstrafine havanske cigare marke Flor de Aljones, nešto ih je teže naći ali za nju ih uvek čuvaju u bakalnici kod Arteage, u Agui Prijeta, selu iz kojeg je vidovita madam Anhelina, ona što se viđa sa Semom V. Lindom u Sauariti u kući kod žutog Garsije i hipnotiše mu alatku da bi mu pružila uživanje,

Fermin Arteaga mnogo voli lepe manire Ebi Mek Alister, ona je prava dama čak i kad sedne na nošu, gotovo da više i nema tako lepo vaspitanih žena, sve manje se pridaje važnosti lepim manirima, Blond Mari je takođe bila krajnje učtiva, Blond Mari bila je madam najotmenijeg kupleraja u Tostonu, bila je to velika bela kuća u Šestoj ulici, strašno čista i otmena i nije imala bar i nije primala kavgadžije i pijance, sve štićenice bile su Francuskinje i Grof ih je često menjao da se mušterije ne bi umorile i da se one ne bi zaljubljivale, Grof je bio jedan od šefova francuskog sindikata koji je eksploatisao te kupleraje, dolazio je svake godine da izda naredbe, podmladi ljudstvo i odnese pare, Blond Mari nikad nije bila kurva, bila je to visoko profesionalna nadzornica koja nikad nije mešala polja, otac Ebi i Korin Mek Alister bio je veliki gospodin koga je upropastila bakara, imao je dve fabrike jednu štofaru i jednu pivaru i gajio je trkačke konje ali ga je upropastila bakara, i zdravlje je izgubio i počeo da pati od srca, od prostate i od bronhija, najverovatnije su ga varali a možda su čak i bacili na njega neke vradžbine, inače nema objašnjenja, Irving Mek Alister postao je krotak kad je osiromašio i razboleo se, ranije, dok je bio bogat i zdrav, ništa nije moglo da obuzda njegovu volju i njegovu osionost, kad se napije Ebi priča kako je njen otac jednom naredio da skuvaju kočijaša crnca zato što mu je smrdelo iz usta, dobro su mu vezali i ruke i noge, stavili ga u ogroman kazan pun vode a glavu mu ostavili napolju i potpalili vatru, pošto je voda bila hladna kočijašu je trebalo vremena dok se nije skuvao pa je tako dugo vremena zaglušujuće urlao, čak je i psovao, Irving Mek Alister je umirao od smeha, Ebi često pije i onda nije baš diskretna pa priča o onome što bi morala da prećuti, treba reći da u kući Blond Mari nisu sve bile Francuskinje, bila je i jedna umilna Kineskinja i jedna Španjolka, španska grofica, Beatris N. N., neću da stavljam prezime zato što je bila rođaka mog oca, pošla je iz Španije za nekim raspopom, Paracelzijem Martinesom Gnjilim, koji joj je pokrao nakit što ga je nasledila od majke, subotom bi nam otvarali vrata radionice u sedam i onda bismo poskočili kao mazge kad im skinu povodac pa bismo, Džerard Ospino i ja, izveli sedam sledećih marifetluka, pljuvali s prozora na spratu, ja bih obično dopljunuo dalje a nisam bio ni misionar niti sam lovio kitove, oprali ruke i stojka s mnogo mirišljavog sapuna za slučaj da noć bude jebozovna, a to je vrlo moguće, sapun što miriše na promincle rasteruje insekte, a bogami i mikrobe, očešljali razdeljak po sredini, ranije smo subotom i nedeljom razdeljak terali na desnu stranu a ostalim danima u nedelji na levu stranu, isprali usta perboratom ili vodicom marke *Kajnd of Ajris*, odvojili neku paru, bar jedan dolar, poslali poruku mojoj majci i Kinezu zapišali vrata vodeći računa o tome da *more than two shakes and you're a wanker*, otreseš li ga više od dva puta, već si drkoš, najgore je umreti s izrazom zaprepašćenja na licu, mnoge junake prestali su da poštuju samo zato što im posmrtni izraz nije bio dostojanstven, možda bi isplazili jezik ili bi malo žmirkali okom ili bi im kosa bila slepljena od znoja, kod mrtvaca najviše zbunjuje to što su ponekad smešni, dečak poznat kao Huanito Pitalica pojavio se u Durangu, Kolorado, na drumu za Ermosu, njegov tata nagradio je s deset dolara madam Anhelinu koja je uspela da ga nađe beskrajno pažljivo proučavajući samrtne grčeve otrovnice s roščićima, prvo joj dobro smrskaš glavu, mora da se koristi neprozirni kristalni tirkiz dobro opran u vodi božanskog kamena, pa se posle gleda da li dok se grči ocrtava izuvijane ili isprekidane linije, pravac i rastojanje saznaju se po pravcu u kojem ostavlja trag i po njegovoj dubini, pevač Eriberto Espinosa bio je široke ruke pošto je smatrao da sin nema cenu, naredniku Lagaresu odnosno Ocu Oktaviju Lagaresu iz Sirotišta Sent Bartolomju mnogo su se dopale ove reči i stalno ih je ponavljao, Perivinkl je mnogo osećajan i gotovo svakog dana se seća Megi Sedarvejl susetke koja mu je kao dečaku dirala pišu, milovala mu je veoma nežno i još mu je i sisala, posle je umrla od jektike, bolna je ta igra života i smrti, Perivinklovi roditelji bili su dobrostojeći i u kući su imali kadu od cinka duboku u čvrstu i dobro izvedenih otmenih oblika, Perivinkl se kupao svake subote u toploj vodi, baba mu je pripravljala kupku s mnogo ljubavi, kad bi ostao sam Perivinkl bi otvorio staklenu cevku u kojoj je čuvao četiri-pet muva, kvasio bi ih dok ih ne bi napola udavio, kidao im krila i puštao ih da mu šetaju po glaviću koji mu odmah izleti iz futrole, bilo mu je slatko tako da bi ga uvek na kraju izdrkao, Perivinklov deda imao je prepariranog crnca koji je sedeo u naslonjači, bio je to jedan veoma poslušan rob pun poštovanja koga je uvek zaista voleo, Migel Tahitos brat laik iz misije Svetog Ksavera rekao mi je da se dresirani aligator moga oca zvao Džeferson, Migela Tahitosa su zvali Divlja Guza zato što nije puštao furunašima na volju, uvek ih je bilo mnogo naročito oko misija ali sad kao da se to više vidi, Arturito Ričard Stounmen voljeni sin Hane Stounmen bio je profesionalni igrač španskih igara i bacač u ekipi Bi Ridž Vajt Soks ali se siromah utopio u nekom rukavcu u Majamiju kad je otišao da peca, to se moglo pročitati u *Dnevniku Sarasote*, Hesusito Mudonja Moćila bio je nevaljalac kome se dizao na nesreću, litanija Bogorodici je štit koji nas brani od greha, ja kažem *virgo veneranda virgo praedicanda* a ti kažeš *ora pro nobis* dva puta, možda je baš obratno pa Hristos hoće da povede parnicu protiv Arizone i da napravi smak sveta, Hristos mora da je sit i presit grešnika zato što stalno izazivaju neku nevolju, Hristos je Bog a protiv Boga se ne može povesti parnica zato što je on beskonačan i svemoguć, kadar je da podari i oduzme život pa čak i da sunce skrene s puta, Bog ima moć koju ne upotrebljava zato što mu to ne dozvoljava njegova dobrota kojoj nema ni početka ni kraja, Mustang Tonalea veruje da otac svih ljudi spava u nebeskom vazduhu, na oluji se seli od zemlje do zemlje, na buri plovi morima i nošen vetrušinom prelazi preko pustinja, munje mu osvetljavaju put i gromovi odzvanjaju ritmom njegovih koraka, svoj bes pokazuje kroz vulkane i zemljotrese, plače kroz kišu, sunce mu briše suze, zaljubljuje se u dugu, peva pesme mesečini i oplođuje zemlju kad niknu prvi pupoljci, zemlja je element iz kojeg se rađa život i zato čovek treba da ide bos da mu snaga uđe kroz noge i pomeša se s krvlju, Donovana Malog Džonsa ubili su na prelazu Antilope, njegova verenica Remedios Harli nosila je za njim crninu a posle se podala Atelsiju Dankenu, čoveku koji granicu poznaje kao svoj dlan, svako živi od svog znoja ali malo je onih koji hleb zarađuju od posla koji vole nego moraju da rade onaj koji mogu, nije isto biti kauboj ili pop u misiji ili baštovan što i biti kasapin niti je frulaš isto što i dželat niti krčmar isto što i pogrebnik, gostioničari i poslastičari su posebna priča a neki od njih čak iznajmljuju sobe parovima, znamo da ćemo svi umreti ali pre nego što kucne čas da odemo Bogu na istinu treba da preispitamo savest i da shvatimo da jedni žive od života a drugi od smrti, oduvek je tako bilo, otkako je sveta i veka, i niko nikad ništa nije učinio da bi to izbegao, onda su tu i oni koji žive od pričanja i mlataranja rukama, kurve, kartaroši, komedijaši, poslanici i kaluđeri, Eufemija Eskabosa umrla je na baš nesrećan način, Stiven Zvonce nije je ubio namerno ali kad je crnkinja počela da urla i kad je krv počela da joj lipti on nije mogao da se uzdrži da ne prasne u smeh, prošlo ga je munjevitom brzinom i posle se stvarno uplašio, ćoravica iz Santa Akacije skončala je na neuobičajeni način, četvrt Kasa Grande u Tusonu nalazi se između reke Santa Krus i reke Riljito koja je čuvena po krupnim i bučnim žabama, crnkinja Eufemija Eskabosa živela je neko vreme u četvrti Kasa Grande, posle je upoznala Stivena i s njim otišla u Vikenberg, u zatvoru je običaj da se uštroji onaj ko je silovao decu, muke mu prekraćuju tako što mu zavrnu muda jer nemaju mačetu, osveta je vrlo uzbudljiva stvar, od nje se čovek jako zagreje, tamničar pokuša da zažmuri da bi zatvorenici nastavili posao, orao jede životinjke žive i zdrave a lešinar crknute i gnjile na kojima se ne oseća više ništa osim smrada, na granici ima više brazda nego što je na drumu kolotečina ali Atelsio Danken granicu zna u prste, mogao bi da je pređe zatvorenih očiju, Sonoita je preko puta Lukvila a San Luis Rio Kolorado preko puta Gadsdena, kroz pustinju ide bar sto pedeset milja granice, don Valdemar zna mnoga imena s meksičke strane, s njim me je upoznao Roberto Napoleon Morales, iliti Gudjear, neki tip iz San Luisa kome sam izvozio gume a preko njega uvozio anis, don Roberto Napoleon umro je u siromaštvu ali veoma dostojanstveno, u potoku Drugi april vlasnik pumpe Grano Menendes je izgubio svoj ševrolet, verenica mu je umrla od žeđi pa je Menendes morao da spali leš da ga ne bi pojeli lešinari, nezgodno je kad čovek mora da spali ostatke voljene žene ali još je gore da leš iskljuju ptičurine, crnac Gas Koral Kendal predivno svira u saksofon i uvek se ljubazno javlja, morao je da napusti Baton Ruž pošto je njegova gospođa pobegla s više od dvanaest dolara i ceo orkestar uvalila u neprilike, u jezeru Ćango, još tamo napred, na drugoj nacionalnoj teritoriji, napravi se veliki glib kad padne jaka kiša, jedne pepeljave srede pukla je osovina na diližansi Rita Melgarina Domingesa, prevozio je sedam vrlo koketnih umetnica iz varijetea zrelih kao mango koje su prosto tražile kavgu ali je on ostao zauvek zaglibljen jer premda su poslali ekspediciju pod zapovedništvom narednika Orasija Estrade Francuza, nisu ih našli žive, Rito Melgarin je mnogo voleo žene pa mu je i smrt došla shodno tome jer se smatra da je umro dok je tamburao neku, svih sedam umetnica imale su zadignute suknje i bile su bez gaćica, žbunovi su im bili puni muva a oči otvorene, kad ih čovek vidi onako, dođe mu ni sam ne zna šta da uradi, ljubavnika Donovana Malog Džonsa izrešetali su na prelazu Antilope ali je umro na putu za Lordsberg, nije u Lordsberg stigao živ nego mrtav i beo, iz rane od metka tako mu je šikljala krv da čoveka strava uhvati i razume se da su mu se žile ispraznile pa nisu mogli da mu pomognu, kad se tela raspadaju u konačnoj propasti nikakvo čudo više ne može da ih digne iz mrtvih, dobro, neko čudo možda i može, nevolja je što Bog bezmalo više i ne čini čuda, ljudi su polako počeli da psuju Boga uprkos svem njegovom beskonačnom strpljenju i beskrajnoj mudrosti, jedne noći se Donovan javio Remedios dok je bila u krevetu s Atelsiom, već su bili svršili i oboje su bili zaspali okrenuti svako na svoju stranu, avet je ženi progovorila ovako, došao sam da ti kažem da je ovaj ovde obična ništarija i probisvet i sve što on hoće jeste da ima ženu za džabe i da ti pokrade pare, ja sad živim u tunelu punom pomrčine ali ima i ružica i mnogog drugog blistavog cveća i završava se stepeništem s kojeg dopire sjaj blaslovene večnosti, samo sam to došao da ti kažem pa se sad odmah vraćam na nebo da uživam u kontemplaciji Boga, kad se ide s meksičke strane granice dođe se do strašne provalije Dva Brata, u stvari je bilo četiri brata, s njima je putovala i neka devojka od petnaestak godina koja je bila udata za jednog od njih i vozač Gutijeres s njenim gospodinom tatom koji se zvao Edelmiro, Indijanac Balbino Pitoikam ima bradu i brkove kao neki Portugalac i njegov papagaj zna da peva pesmu *Buntovnici*, Teodoro Fuentes reče kroz sitan smeh, raspalite, momci, kakva dobra čarka, te pesme su uvek bile dobre za stiskavac, u Sonoiti je Gutijeresovom autu crkao motor pa su onda svi krenuli povijeni jer im predsednik opštine nije dao dozvolu da pođu na put, Rodrigo Ajres Indijanac koji je ukrao pisaću mašinu što je ukrašavala grob D. H. Lorensa bio je kao pundravce da je imao i nigde nije mogao da se svrti, samo je išao tamo-amo u rezervat San Karlos pa napolje, Gutijeresov dodž došao je do same provalije, tu se pokvario i to teško i nepopravljivo pa su putnici morali da produže peške i da se lomataju po vrletima, dvojica su prevrnuli auto, seli da sačekaju smrt pa su je i dočekali kad im ju je Bog poslao, otuda ime provalije, zato što su bila dva brata, devojka je stigla do nekih kuća na prevoju na planini Vjeho i pala mrtva od žeđi, nosila je novorođenu ćerkicu na sisi, ta mala i još jedan od braće su preživeli, o ostalim putnicima nikad se više ništa nije čulo, s meksičke strane nižu se imena na svakom ćošku, potok Batamote nazvali su još i Škorpijin potok, pa onda dođe mesto Gospa Viktorija, pa potok Zujalica, Studebeker, Kadilak, Konj, i na kraju San Luis Rio Kolorado, u ovim krajevima uvek je krajnje dramatično zato što vodena matica vuče jako i ni na šta se ne obazire, jedne noći udavilo se više od dvadeset Indijaca koji nisu mogli da isplivaju koliko treba, Indijci su Indijanci iz Indije a ne ovi odavde, dve nedelje kasnije Lasaro Penja našao je Indijca kako pluta s trbuhom naduvenim kao bubanj, da se raspao sve bi zatrovao gadom i smradom, u džepu je imao sto dolara u srebru, don Margarito Salsedo mi je pričao kako je Kena Molina po ovom kraju pustinje zakopavao čuturice s pijaćom vodom, Kena Molina je znao gde je ostavio svaku od njih, doktorka Kavakrik dozvoljava Kamu Kojoteu Gonsalesu da joj opipa sve što je pokriveno, butine, sise, guzove, mindžu ne da, tu se prsti ne trpaju tek radi razbibrige i muškarac nikad ne sme da bude nestrpljiv, knjigovođa Kenet Tenesi Vernon se skine ali ostane u košulji, onda se zavuče pod krevet i počne da mjauče sve dok ga žena ne ućutka bičem, ako ga polije vodom on se naljuti pa posle plače kao dete i upiša se, Babi Kavakrik ne skriva prezir koji oseća prema knjigovođi, nesrećnik je takav postao zato što ga je drkao kad je bio mali, bednik koji ne valja ni za šta drugo nego da vodi kancelarijske knjige, ne bih pošla s njim ni da je poslednji muškarac na kugli zemaljskoj, Atelsio Danken i pokojni Donovan Mali Džons više su se muvali gore na severu, oko rančeva Hedkvoters i Kito Bakito čovek može da se raspita kakav je teren i da nađe nekog vodiča, ovdašnji Indijanci su iskusni tragači, nekad se malo uplaše ali dobro poznaju svaku stazu, bunari Papago i Garsija dobri su da se na njima napoje konji i da se odmore kosti, kad se čovek popne na pustinjsko tvrdo drvo onda ga otrovnica neće, tamo ponad Tinahas Altas Springa otrovnica je ubila Vintona Pričeta, starog rudara koji je bio dalji rođak Korason Leonarde, Vinton je imao fordića na kurblu, prefarbao ga je u zeleno, pre toga je bio crn ali mu se pokvario, Vinton je legao na zemlju da ga popravi i onda ga je ujela kleta zmija, otrovnica s roščićima je potuljenija od zvečarke a možda su joj i namere još gore, Donovana Malog Džonsa niko nije hteo da sahrani, najbolje da ga ponovo ostavimo tamo gde smo ga našli pa oni s ranča Florida nek se češu, ima ljudi koji mnogo nariču na sahranama, ne paze da se pristojno ponašaju, Sindi žena Bertija Bogatog bejzbol igrača maje se s deverom Nikijem Prasicom, delje se ona i sa suklatom Kameronom koji je sušta poslušnost, popasi mi žbunčić i kušuj a ja ću umeti da ti se revanširam, poslušnost se obično izliva u dva mlaza, kao požuda i kao diskrecija, nije obavezno ali je verovatno, obično je tako kako kažem, maloumnici su pohotni i diskretni, neke žene vole da ih maze i da ih slušaju u krevetu a druge da ih tuku ali da ih opet slušaju, u točionici u Animasu krčmarica Remedios Harli radi sve što gosti od nje traže, život je težak i Remedios nema razloga da traći svoju ušteđevinu, jedan dukat, jedan srebrni lančić u dva reda i dvadeset dolara, Remedios je veseljakinja i sušta je ljubaznost a posao ti dođe uvek slučajno pa čak i protiv tvoje volje i sklonosti, Atelsio Danken je čovek od malo reči i nimalo mu nije teško da bude diskretan, ovo pitanje što dolazi u nastavku postavljaju sve majke kad vide da dete raste i da mu treba popustiti porub na pantalonama, sve ima svoje vreme i sve ide svojim redom, šta muškarac prvo treba da uradi, da obrije bradu ili da legne sa ženom, s nekom sestrom od tetke, maminom prijateljicom, komšinicom, služavkom, kurvom, nije važan odgovor ali što više vremena muškarcu prođe a da nikoga nije ubio, utoliko bolje, uvek treba poštovati stari zakon što kaže da samo muškarac može da ubije muškarca i to kad su već obojica izgubila račun koliko su puta nekog povalili i koliko su se puta obrijali, nikako pre toga, u životu se ukaže mnogo prilika da drugome oduzmeš život ali ne treba počinjati previše rano, Čak Bingam, onaj gospa Soledadin, potpisuje se sitnije od Čaka Skakavca Dejvisa verenika štrokave crnke, posvađao se s njom ali sad bi hteo da se vrati, Čak Bingam je kočijaš i vozi diližansu kroz pustinju, to jest pustinjar koji prevozi ljude u svojoj diližansi i trpi žeđ više nego iko, to je navika nužna u njegovom zanatu, kad dosad nije umro od žeđi znači da od žeđi nikada neće ni umreti, žeđ je čovekova najveća nesreća, njegov najgori neprijatelj na ovim stazama i bogazama, po ovim zabitima što im je i Bog rekao laku noć, kada Čak Bingam krene na put on štrcne piš benzina i kap maziva u pijaću vodu, pošto smrdi kao đavo putnici onda manje piju pa tako ima dovoljno vode za hladnjak, ako se potroši onda mora da zaseče kaktuse saguare i bisnage da iz njih isisaju srž, ima putnika koji sebi iseku vene da se napiju krvi, drugi se ne usuđuju pa samo sede tamo u diližansi i čekaju da ih smrt zakači u najudobnijem položaju, eto to su uradila i ona dva brata kraj ponora, po jednima im je prezime bilo Orantes a po drugima Pineda, Arabio i Fedro Pineda, kad smrt dođe sa svojim kosijerom od zle rđe svačije je ime isto, litanija Bogorodici je štit koji nas brani od greha, ja kažem *virgo potens virgo clemens* a ti kažeš *ora pro nobis* dva puta, Sesil Lambert Espana ili Span ili Aspen bio je moj otac ali ja sam to tek kasnije saznao, bio je vešt u raznim stvarima pa je čak i ukrotio aligatora koji je naučio da govori engleski i španski, rodio se negde oko 1865, kad se desilo ono sa Bubotkom Miljorom poganim melezom moj otac je morao da ode zato što je Sem V. Lindo procenio da je tako najpametnije, onda se ukrcao na teretnjak Fulz Veding ali je dobio velike boginje i kapetan je naredio da ga bace u more južno od Ankororoke u Indijskom okeanu, ne zna se da li su ga ajkule pojele živog ili mrtvog, ja mislim da su ga pojele mrtvog mada i sam uviđam da bi lepše bilo da su ga pojele živog, neki kažu da se teretnjak na koji se ukrcao zvao Mere oh Romsdal, jeste, ali ga s palube nisu bacili zapadno od Finistera nego u moreuzu Hekate, u Tihom okeanu, između ostrva Kraljica Karlota i Kanadske obale, to sa rtom Finister je zbrka koja se lako može objasniti pošto se moj otac, kako opet neki drugi pričaju, ukrcao na Biten kod kapetana Delta, brod registrovan u Njukastlu koji je krenuo iz Lisabona s tovarom volova, vina i luka i nasukao se na greben koji zovu Sentolo, čini mi se da se datumi ne slažu, što se tiče velikih boginja to je manje sumnjivo, moj otac je imao crnobelog magarca koji se zvao Pukovnik, majka mi je jednom ispričala da bi otac voleo da ju je video kako bludniči s magarcem ali to nije bilo moguće jer je nesrazmera bila prevelika, magarac Pukovnik uginuo je od strujnog udara, Elviru Mimbre su poslali na vešala zato što ju je obležavao Velzevul prerušen u psetance koje ju je slasno lizuckalo da bi je lakše prevario, đavo ponekad uđe u životinje da bi lakše upropašćavao žene, moj otac je imao čireve na vratu i na dupetu i kad bi mu oni pukli sve bi uništili, Ebi Adams mi je rekao da moj otac niti je dobio velike boginje niti su ga bacili u more, da je sve to laž, po fotografovim rečima otac je umro na kopnu i to nedaleko od mesta u kojem je oduvek živeo, upoznao je crnkinju koja mu je sklopila oči u Butvilu, selu u delti Misisipija, pravu istinu nikad nisam saznao pošto Ebi Adams ništa više nije hteo da mi kaže, možda više ništa nije ni znao a možda je i to što mi je rekao on sam izmislio, kad je botaničar Felis N. Orson pisao svoj *Izveštaj* još nije imao dvadesetpet godina, Orson je oduvek bio studiozan i prilježan naučnik i u najranijoj mladosti je iskoristio svoje znanje, Orson je posvetio celo poglavlje tome kako je moj prijatelj Džerard Ospino lovio kitove na Tjeri Adelaida, poglavlje CLXXXVIII, priča on i o pustolovinama Toribija Ankuda, Indijanca Alkalufe, kepeca i gada koji se hranio ostrigama i spavao pokriven pingvinima, hoću da kažem, zajedno s dvadeset-trideset pingvina da bi ga grejali, Orsonovu knjigu nije teško naći, postoji u nekoliko izdanja, tada Džerarda Ospina još nije bila ujela zelena kornjača za alatku pa je bio zdrav i prav, da Klem Krajder nije bio dobar i poslušan Lupita Tekolote bi ga unesrećila jer bi samo imala da cimne uzicu kojom ga je vodila vezanog za jaja, taj je događaj Gringa mnogo ražestio pa je sva sreća da nije došlo do nevolje, Morgana Erpa su ubili dok je igrao bilijar s Bobom Hačem, jednim od vlasnika saluna Kembel i Hač, pogodili su i Dija Berija koji je kibicovao partiju, Morganov leš poslali su njegovim roditeljima u Kolton, Kalifornija, mislim da je to već rečeno, ispratio ga je brat Virdžil koji je već bio paralizovan, povorka je pošla iz hotela Kosmopoliten dok su zvona svečano zvonila *zemlja jesi, u zemlju odlaziš*, njegova braća Vajat i Voren i šestorica prijatelja išli su u pokojnikovoj pratnji sve do Kontenšna, porota je odlučila da su ubice bili Frenk Stivel, Indijan Čarli, Džo Do Frajz i Piter Spens, Piterova žena se izlajala i upropastila ih, jednog dana Otac Lagares nije imao kud nego je morao da razbije njušku brat-laiku Timotiju, poročnom i neposlušnom brat-laiku Timotiju, oko mu se nadulo, usna se rascepila, poispadalo mu pola zuba pa je pljuvao krv ceo jedan dan, e stvarno ga je dobro opaučio, Otac Lagares nije šutirao vrhom prstiju kao fudbaleri nego tabanom kao medvedi, kad bi se naljutio, Ocu Lagaresu bi glas promukao, upozoravao sam te odavno i sad je došlo vreme da platiš, brate, sad je došlo vreme da dobiješ šta si zaslužio, dosta mi te je više i danas neću da te samo ćušnem nego ima da te sameljem, videćeš ti svoga boga, (brat laik) nemojte tako jako da me bijete, don Oktavio, tucite me malo blaže, ovako ćete mi kosti polomiti, ponekad Otac Lagares kao da bi postao nagluv, nisam ja kriv što si ti bednik i izelica, eto šta si, bednik i izelica, niko nije kriv što ti drugi jezik ne razumeš, brat laik Timoti je ufrkestio očima od straha, pazite, don Oktavio, zakačićete me po jajima, ali sveštenik kao da ga nije čuo, imaš manje mozga u glavi od onog muzikanta iz Ćupadere de San Mateo koji se klistirao kozjim brabonjcima pomešanim s peskom, (brat laik) smilujte se, don Oktavio, stanite ako Boga znate, (Otac Lagares) veća si pijanica nego gos'n Galagenov irski kočijaš što je u retorti destilovao pišaćku svoje gospođe supruge, ne valja ti to, Timoti, ako se ne pokaješ nećeš daleko dogurati, (brat laik) oprostite, don Oktavio, kunem vam se svim što mi je najsvetije da neću više ni pipnuti guze pitomaca, mala Megi Sedervejl umrla je od jektike i nije mogla da dira pišu Adoru Žapcu Alamuru onoliko koliko je želela, ponekad bi mu je i posisala bez ikakve zle namere i sve onako nežno i pažljivo, blago bi mu je lizuckala jezikom i malo bi napućila usta kao da hoće da kaže o, nema toga ko ne umre a ne ostavi stvari napola dovršene, konjokradicu Boba Hanagana obesili su u Pitikitu, skinuli su ga pre nego što se ohladio jer im je drvo trebalo da obese mog dedu, moj prijatelj Adoro Žabac Alamur stavio bi mrava u nos pa bi ga onda snažno izduvao da ga izbaci, i još bi legao potrbuške pa bi stavio malo meda na čmar da uživa dok ga golicaju muve, nije pravo da devojčini prstići koji dečaku dirkaju pišu istrunu pod zemljom, takve devojčice morale bi uvek da odrastu i da nastave da naseljavaju svet devojčicama i dečacima, Bog bi morao manje da misli na pravdu a više na milosrđe, dobro, ko sam i ja, ili bilo ko drugi, da govorimo Bogu šta treba da radi, nemamo mi ništa Bogu da kažemo i nemamo ništa o Bogu da kažemo, razbesneo sam se što je umrla Megi Sedervejl zato što je bila sva dobra i ljupka i zato što se Perivinkl rastužio, bio je utučen, ali protiv Boga nemam ništa, neću ja da me pošalju u pakao, Gas Koral Kendal govorio je tresući se od smeha da duše crnaca koji sviraju saksofon ne idu u pakao zato što se upletu u rastinje manglove šume u delti Misisipija, nikad ne bi mogle da gore u paklu zato što su duše crnaca koji sviraju saksofon napravljene od vode, kad čoveku hipnotišu ud, to jest kad mu uspavaju jaja pa mu posle kitu pokreću po svojoj volji, kao da su ga preneli u raj, nek pitaju šefa policije, nebo je liturgija gde device pevaju i sviraju u ćemane ali je raj javna kuća u kojoj tužni volovi duvaju u trube, Gas Koral Kendal umro je u Fort Huačuki, zgazio ga kamion iz laboratorije, to niko ne može da potvrdi zato što možda i nije istina, ljudi pričaju razne laži samo da bi se neko smilovao da nežno pogleda lažova, treba dobro da se pazi na kletve onih koji završe na vešalima, travara Giljerma Bakalara Sanspota, to jest travara-pokućarca Marka Saragosu, iskljuvale su proždrljive ptice smrti, ali pre nego što je umro na vešalima prokleo je dželate pa su posle svi oćelavili, zanemoćali i ošugavili se, svima je otpala i kosa i sve ostalo, kažu da se oni koji završe na vešalima pretvore u ptice ljudožderke, aure, lešinare, sopilote, sve vam je to jedno te isto, da bi posle mogli da jedu druge ljude koji su jednako tako skončali na vešalima i da bi i dalje mogla da se širi lenjost, Sem V. Lindo poreklom je od od fukare široke ruke sirotije od crkvenog miša ali se polako probijao i ljudi ga vole ali ga se i plaše, i jedno i drugo, s one strane granice Sem V. Lindo nikad se ne bi izvukao iz nemaštine, ono runo bede, onu grivu gladi nikada nije bilo lako oprati, Darel Sprigs razgovara s Bredom Vilkinsom, obojica celu platu potroše na pivo, od navike da se žvaće duvan zubi postanu crni, prvo žuti, posle pola smeđi pola zeleni, pa onda crni, pa onda poispadaju, Blek Marija je lepljiv i slatkast, mirišljav i mastan, crnkinju Patrisiju su obesili pošto je klala decu u medicinske svrhe, čak i da to nije radila u medicinske svrhe opet bi je obesili, u Hiltopu je postojalo samo jedno zgodno drvo pa su crnkinju morali da skinu na brzu ruku i nisu pustili leš ni da se malo odmori, prema mrtvacima treba imati bar malo poštovanja, o pokojnicima sve najlepše, prema pokojnicima ljudi moraju da imaju sve obzire, doktorka Kavakrik tražila je od Breda S. Redingtona da legne s njom, tebe će obesiti ali ja mogu da sačuvam tvoju uspomenu, možda će me pratiti i kada tvoje kosti budu poptuno oglodane, oduvek sam sanjala o tome da ja budem ta koju će neki muškarac jebati poslednji put u životu a tebe će sutra ujutro da obese, znam da o pokojnicima treba sve najlepše i ne želim da posle ogovaram tebe koji ćeš kroz nekoliko sati biti pokojnik, mrtvaci s olovom u duši potonu u jezeru pakla, u olujnom plamenom jezeru punom govana, imam dozvolu da ostanem s tobom cele noći, seti se da sam oduvek sanjala da budem poslednja koju će jebati neki osuđenik na smrt, Eleanor Dimon su zvali Madam Mustaš zato što je bila brkata, i ona je radila za Grofa i mada nije bila ni lepa ni otmena kao Blond Mari znala je znanje maltene jednako dobro kao i ona, kad je videla da Toston počinje da propada naredila je devojkama da joj spakuju kofere i odnela ih u San Fransisko, lovci na divljač i neki Indijanci žvaću duvan Bulki Bul koji ima tako težak miris da neki od njega povraćaju, Margarito Benavides voli da tera pedere da igraju pod udarcima biča, ponekad ih tera da poskakuju po celu noć, ne radi on to u zloj nameri ali se i pored toga gotovo svi slažu da je to nešto što se ne sme raditi svaki dan, civilizovani ljudi ne rade takve stvari, i onda, to jest kad je majka đavolova došla po svoje, Bubotak Miljor polutansko govno rekao je Marselusu pusti me da se obrišem pljuvaćeš me kad svane sunce, Elviru Mimbre je prijavila majka đavolova da bludniči s Velzevulom, kurva je to, ona je mog sina upropastila i probudila u njemu radoznalost prema grehu tela, na vešalima je njoj mesto, Marselus pušta Bubotka Miljora da se obriše i kad svane sunce pljune mu u oči, pljuje po njemu terpentin sve dok ovaj maltene nije oslepeo, u trenutku kad se majka đavolova probudi u svim muškarcima i u svim ženama uskomeša se talog pohote, to je vreme velike pometnje koju neki samrtnici iskoriste da pomisle poslednju zlu misao, sećaju se ljudi da je Ferminsito Guanahuato stalno govorio reči kojima ga je naučio jedan njegov prijatelj, jedan Škorpion iz Duranga, škorpionske zemlje, zvao se Enkarnasion, kad siromašna žena ostane sama zaposli se kao služavka ili kao kurva ili se uda ili se polako prepušta smrti, velika je istina da čovek ne sme da bude veliko đubre prema mrtvacima jer kad se probudi majka đavolova njen bes nosi sve pred sobom, duvan Daski Mjul jači je i od njega ti jezik i desni izgore, dobar je protiv samoće i očaja ali to ne sme da se kaže, Darel Sprigs majstorski preparira gavrane, sovuljage i druge velike i male ptice, lešinare ne preparira pošto mu se gade i zazire od njih, mnogo su prljavi, lešinari su mnogo prljavi i gadni, dušu im pritiska strvina, Darel Sprigs je ranije preparirao i koze i kojote, pa čak i pume i jaguare, jednom davno preparirao

rao je leš Agripina Tvina, maloumnika koga su našli mrtvog na ledini, pa su ga stavili u zatvor, mislim Sprigsa, pa ga pustili kad je obećao da više nikad neće preparirati ljude, na lešu Agripina Tvina iskopali su oči i više ih niko nikad nije našao, jasno je kao dan da su ih ukrali, verovatno je pre nego što je počeo svakodnevno da se opija Darel Sprigs radio bolje, da bi čovek dobro preparirao treba mu strpljenje, jeste, ali i mozak i oštro oko, Bred Vilkins je mnogo zavoleo prepariranog gavrana što mu ga je poklonio Darel Sprigs, svake subote oduva prašinu s njega, šteta što ne zna kako mu je ime, meni nikakvo ime ne pada na pamet, crknuti gavrani nisu poput živih pasa ili konja, voleo bih da se zove Gregori, Gregori Hauard ili Gregori Robinson su dva lepa imena za bejzbol igrača ali se on najverovatnije ne zove tako, litanija Bogorodici je štit koji nas brani od greha, ja kažem *virgo fidelis speculum justitiae* a ti kažeš *ora pro nobis* dva puta, na ranču Kulebron niko nikoga nije slušao i sve se dalo na zlo pa je bilo čas ovako čas onako, kad nema discipline stoka na kraju bude desetkovana od dosade, nije to lako shvatiti ali je istina, Makario Lobanja Dejvis voli da vređa žene kad ih zajaše, psuje ih na španskom i kaže im da su kučke i kurve i kobile, ranije im je govorio i da su zmije i krmače ali se posle skoncentrisao, Santos Zlatni Himenes doveo je mojoj majci dve ćerke žute Konski kad je ova umrla, rođak don Dijega Matamorosa nestao je bez traga i glasa, kao da ga je zemlja progutala, kažu da je u drevna vremena zemlja umela s vremena na vreme da se otvori i da proguta krivokletnike i strvinare, moguće je ali ja za to ne mogu da stavim ruku u vatru pošto nikad nisam video, sopiloti jedu leševe, leševe koje niko ne želi, leševe koje ne ubijaju da bi jeli i živeli, Kenu treba žena koja će da ga šiba po dupetu i da mu pljuje strašno ljubavno sirće prezira u oči i u usta, niko ne ume da objasni kako to da njemu računica uvek dobro ispadne, Ken plače kad se neka žena skine pred njim i kad mu pokaže sise, što su ženine sise veće to se Ken Vernon rasplače umilnije i neutešnije i žešće, u tom trenutku uzdahne s mnogo nežnosti, s mnogo griže savesti, iz dna duše, uhvati se za svoju bledunjavu glistu, zavuče se pod krevet i mjauče baš kao mačka sve dok ga žena odatle ne izbaci udarajući ga nogama i kaišem, onda svrši, a i ne svrši baš uvek, pokrije se ćebetom preko glave i svuda pa obično zaspi, čovek više voli zemlju zato što je njegova nego zato što je lepa, i brani je rečima, varkama i oružjem i ubija i gine za nju, više ljudi gine da odbrani zemlju nego da odbrani dušu, da spase zemlju nego da spase dušu, ali niko nikada nije umro s mišlju da se uvek dobro poneo, tvorac svih ljudi živi u nebeskom vazduhu, možda je on u stvari sam vazduh, ali čovek se rađa iz zemlje i napravljen je od zemlje, umešen je od blata, manje je verovatno da je nastao iz vazduha poput svog tvorca ili iz vode poput svog najstrašnijeg dželata, čovek je brat svim životinjama koje se rađaju i sisaju, onim drugim možda i jeste, možda je i njihov brat, brat pticama, zmijama i ribama, ali u to nisam baš ubeđen, Remedios Harli je diskretno nosila crninu za Donovanom Malim Džonsom i posle je nastavila da živi, Atelsio Danken je pristojan čovek koji je u prste znao ceo kraj a to je nešto na čemu su žene beskrajno zahvalne, baš briga Marsela hoće li Bubotak Miljor da se obriše gaćama tamo gde je najbestidniji i najmasniji jer kad svane sunce pljunuće mu terpentin u oči i po ranama na duši, Džerard Ospino se polako odvikavao od pičke moje majke, na kraju je počeo da se stidi da legne s njom, Marselus je oduvek bio veoma pažljiv prema Bubotku

Miljoru, kad je čovek previše sam treba mu dati izvestan popust, na kraju krajeva taj nesrećnik nikom ne čini zla, ne verujem ni da će dugo da poživi, beda se odražava u očima a on je toliko bolešljiv da više nema snage ni da razmišlja o zlu, kad se moja majka prvi put pričestila Bufalo Ćamberino ju je napio, stavio je u krevet i govorio joj sasvim blago, raširi malo noge i pusti me da te pipnem, uzmi mi karu pa da vidiš kako će da se ukruti, nama muškarcima kurac se ukruti i stvrdne da bismo pružali uživanje ženama ali i devojčicama, tvog tatu su obesili u Pitikitu ali je umro krajnje dostojanstveno i pristojno, muškarac mora da bude dostojanstven i pristojan dokle ga Bog ne pozove u svoje sveto okrilje, raširi još malo nožice, tako, prvo ću da te milujem prstom, diši duboko, sad ću da ti grickam siskice, raširi se još malo i zatvori oči, žene uvek budu razdevičene u jednom dahu, Marselo ume da obrlati nišče duhom, živ sam zato što u meni teče krv đavolova ali svi ovi gladni i žedni dišu samo zahvaljujući milosrđu, ako ti stave čarobni štapić u dupe izlečiće te od epilepsije, mnogo je zdravo i da pipneš zvonce vezanih očiju i da popiješ Muhamedov eliksir, onaj sirup što se pravi od crvenih sokova kad se skuvaju u mokraći trudne žene, Marselus pogađa nauk pedeset hiljada Sotoninih sinova, balsamovanom šakom razroke Ledi Enders Rouz baronice koja ga je drkala velikom vojvodi Astarotu leče se svi hirovi i malaksalost duše, Taćito Smit se po drugi put oženio konobaricom Hovitom Idalgo, prva žena mu se ugojila kao bure i postala velika prznica, a nije ni mirisala baš zanosno, hajde malo da se razvedrimo i da istrpimo kad nas šiba vetar, baš biste se zbunili kad bih odjednom rekao, ime mi je Kreg Teresa, Kreg Tajger Teresa, pre nego što sam saznao ko su mi otac i majka zvao sam se Kreg Tajger Bruer, zovem se

Kreg Teresa i stranice koje slede su moje, sam sam ih napisao, svojeručno, u skladu sa svim gramatičkim pravilima, analogijom, sintaksom, prozodijom i ortografijom, guverner države hteo je da zabrani duvan za žvakanje Med Oul zato što je dobio prijavu da izaziva halucinacije, posle to nije uradio jer je pomislio, pa halucinacije nisu protivzakonite, a da li su protivne dobrim običajima, to je nešto što se nikad ne zna jer se dobri običaji stalno menjaju, sad sam baš napravio zbrku pošto moja žena Klaris, nikad nemam običaj da govorim o svojoj ženi, dobro, ne baš previše često, u stvari ja i nemam ženu, maltene i nemam ženu, posle ću ovo bolje da objasnim, moja žena Klaris mi je ukrala dokumenta za ford i otišla da živi s Kinezom Huang Čengom, iliti Havijeritom ili još Tronogim, zvali su ga Tronogi zato što je imao ogromnu kitu, to mu je otud što je jeo pseće meso, najzdraviji je čau--čau, od njega kita najviše raste, general Čang Čun Čang jeo je po jednog čau-čaua nedeljno, ponedeljkom bubrege, utorkom bele bubrege, četvrtkom pluća, petkom kotlete, subotom mozak a nedeljom džigericu, što bi preostalo davali su psu koji je imao da umre sledeće nedelje, sredom je general živeo o hlebu i vodi, nemam ni ford ni ženu mogu da se zakunem ali ipak se nadam, mnogo se nadam, da bih postigao svoj cilj trebalo bi mi još sto godina života, to je Abraham rekao Napoleonu, Abraham Linkoln Napoleonu Bonaparti, jednoga jutra kad su pošli da prošetaju izvan Flagstafa, Abraham Linkoln Parsli Lorovil je drugi čovek, to je onaj furunaš iz destilerije o kome se brinuo moj ujka Ted, ljudi kojima se nikad ništa ne događa mnogo vole da se svete i velika su zlopamtila i stalno im nešto jede dušu i arterije, razumete šta hoću da kažem, muči ih zavist i griža savesti, ljudi kojima se nikad ništa ne događa svete se tako što ne veruju u ono što se dešava drugima, kad je umrla mala Megi, umrla je od jektike, sva iscrpljena, ličila je na goluždravu ptičicu, moj prijatelj Adoro Žabac Alamur ostao je bez igde ikoga da mu dirka pišu, odjednom je ostao bez igde ikoga da mu miluje pišu s pokvarenim milosrđem, razvratnike samoća napada iznenada i iz potaje, Bog bi morao da bude manje strog, na nebu ima i uštrojenih pilića što udaraju u doboš, nemaju imena i raspadaju se od tuge, utapaju se u tuzi koja ih tera da drže ritam, Malvina Lopes živela je teško i nemirno, istina, nije joj dobro išlo ni u Tostonu niti bilo gde drugde, život je ponekad kao bilijarska kugla obojena u crno koja poskakuje dok se kotrlja, s crnim kuglama bilijar ne može dobro da igra ni Isus Hristos, neka mi Bog oprosti, u Šestoj ulici obično se dešavaju malo nezgodne stvari, Malvini Lopes i njenom vereniku dosadilo je što nikako da se oslobode siromaštva, pravo je prokletstvo kad čovek nikako ne može da otrese perut siromaštva, onda su se pojebali s mnogo ljubavi i tuge kao dva nesrećna usamljena kučeta i umrli ugušivši se od dima iz ognjišta, Malvina je umrla nešto pre svog verenika Džona Gibonsa, rudara koji ju je tucao poslednji put u životu ili prvi put u smrti, zavisi kako se gleda, poslednje tucanje na ovom svetu u smrtnom telu ili prvo na onom svetu u ukletoj duši, posle smrti svi odlazimo u raj, to znaju i najveći grešnici, raj je mesto na kojem anđeli nagrađuju uškopljenike i volove koji ne jebu čak ni zato da bi živeli, rudare i govedare koji su kadri da umru tucajući, i lovce na divljač i pustinjske tragače, Džona Gibonsa niko nije terao da u raju svira ni trubu ni doboš, Džona Gibonsa su pustili na miru, doktorka Kavakrik pravi razliku između tri vrste poslednje volje kod muškaraca, prčevina kod bolesnika nije ista kao kod samoubice ili kod onoga ko je skončao na vešalima, kod ovih poslednjih nema agonije i mogu da umru tvrdog i blistavog kurca, s kurcem koji krasi vedrina i dostojanstvo, sve zavisi od prisustva duha, i Džon Gibons i Bred S. Redington su umeli da umru dostojanstveno, Teda Gibonsa, Džonovog brata, ubili su s leđa u kaktusovom šumarku kod don Hulija, umlatili su ga motkama i razbili mu potiljak, smrvili su mu i obe plećke, Sem O'Ši je jeo šta god da mu iznesu, jeo je kao ćelavac iz sirotišta, Sem O'Ši bio je zaljubljen u Krejzi Hors Lil koja se mnogo smejala kad bi ga videla kako žvaće, Lil su izbacili iz Tostona zato što je bila veliki kavgadžija pa se preselila u Brueri Galč, u Bizbiju, Lil i njen verenik Irac pljačkali su klijentelu prostitutki, pa su čak i burdelje počeli da napadaju, ali kad su videli da se na njih ustremila ruka zakona nestali su iz Arizone bez traga i glasa, niko nije znao zašto su na lešu Agripina Tvina oči bile iskopane, Darel Sprigs se kune da već nije imao oči kad ga je on našao i počeo da ga preparira, Agripino Tvin je bio potrčko kod kapetana Dana, Alonsa Ramroda Dana, donosio bi mu pivo, timario mu konja, kupovao mu kekse, kapetan Dan nestao je na Nijagarinim vodopadima, bacio se u vodu u jednom buretu niz kanadski mlaz, to jest mlaz Eradura, i nestao, nisu ga našli ni živog ni mrtvog, neki Indijanci Irokezi rekli su da su videli bure na brzaku Virlpul ali svi znaju da Indijanci Irokezi mnogo lažu, preparirani gavran koga je Darel Sprigs poklonio Bredu Vilkinsu ne govori, tačno, ali i ne laže, Bred mu malo oduva prašinu svake subote, ponekad mu izglanca kljun s malo pljuvačke, gavran ima ime, stvar je u tome što ga znamo samo nas trojica a zakleli smo se da ga nećemo reći, ima tajni čije čak ni razloge ne treba objašnjavati, zovem se Kreg Tajger Teresa iz istog razloga iz kojeg su mi i jaja na svom mestu a ko ne veruje, samo neka mi kaže pa ću mu ja već reći da li ga je kurva okotila, ne marim ja da uvredim, samo da to ispadne uljudno, Pančo Vilja se zakleo don Venustijanu Karansi, Pančo Vilja je rekao vojnicima, nemojte da ste mi tužni, momci, svi znamo da ima pokojnika koji ne dižu buku a njihove muke su veće, don Venus mi već malo ide na jaja, zabole mene za don Venusa i njegove trupe, secite me gde sam najtanji ako on umre u krevetu prirodnom smrću, Endi Cimet bio je veoma poslušan albiničar, to svi znaju a ko ne veruje može da pita Korin Mek Alister, sviđa li ti se, prase, sviđa mi se, Korin, mnogo mi se sviđa, jesi li svršio, prase, jesam Korin, evo već svršavam, Endi Cimet Kameron najviše voli da zaspi s bradavicom u ustima, ponekad sisa, ponekad ne, to već zavisi, rođak don Dijega Matamorosa napumpao žutu Konski pa je onda nestao bez traga i glasa, kao zemlja da ga je progutala, u Sajuli nikad ne pada kiša ali su oni ipak sekaperse i ako to nije istina, po zapovesti svetoga Jude dabogda lažljivcu jezik otpao, dabogda mu jezik odlakavio pa mu posle otpao, sveti Juda je uvek nagrađivao nadničara Makarija Lobanju Dejvisa poklanjajući mu žene, imam menstruaciju ali što se mene tiče možeš da mi ga uvališ, umem ja da budem zahvalna i ista onakva kurva kao i velika jebačica koja te okotila, kažem ti ako me ne ubiješ gubiš partiju, Panča Vilju su ubili po naređenju don Plutarka, Bubotka Miljora poganog meleza koji je deljao lutku na naduvavanje nisu ujedali ni komarci ni pauci, samo obadi i muve električno plave boje što i mazgu mogu da ubiju, ćoravica iz Santa Akacije odnosno crnkinja Eufemija Eskabosa imala je toliko dlaka pod pazuhom da joj voda nikad ne bi prodrla do kože, moj prijatelj Kam Gonsales najviše voli da mi zavuče nos pod pazuh i da udahne duboko, Eufemija Eskabosa uživa da prepričava bezobrazluke, zasijaju joj oči i malje na usnama orose joj se kapljicama znoja, i još polako ispušta lepljivu pljuvačku, žena što joj je izliptala sva krv uvek je govorila krajnje napadno i bestidno, seljančica iz Verakruza Martinita Bavispe pevala je savršeno i sa merom valcer *Neprijatelji Meksika*, za generala Obregona tri glavna neprijatelja su piće kocka i gnusna religija, Gutač Tanadi se ubio veoma svečano i raskošno, čak je i preterao, ubio se tako što je popio eksploziv koji bi i đavola proterao, sisata Lupe Sentinela bila je udata za Pepita bakalina i bila je bratanica don Pomposa, mnogi su ga zvali Gutač Tanadi a neki i Zlatna Kita pošto je bio hrabar čovek i dobar jebač, don Pomposo je umro po svojoj volji a Boba Hanagana su međutim obesili dok se on batrgao i nisu ga pustili ni reč da kaže, njegovi dželati crkavali su od smeha, Fidel Lusero Džonson pio je viski kroz nos, njegova žena Ćućita Kontinental bila je polusestra Blasa Jokupisija osnivača San Luis Rio Kolorada, Džerard Ospino bio je veoma snažan ali ne preterano odlučan, to su znali svi, pa i žene, Panča Vilju ustrelili su u Paralu, bio je za volanom automobila punog prijatelja, general Medrano, pukovnik Triljo i još trojica, svi su izginuli, Pančo Vilja uvek je za automobil govorio da je to prokleta klopka za čoveka, na autopsiji su mu iz tela izvadili trinaest metaka, ubica je bilo dvanaest, vidi se da je jedan od njih dvaput imao sreće, dresirani aligator mog oca, dobro, ukroćeni aligator, znao je baš čudne i tajanstvene priče ali mu je glas postajao sve promukliji i sve nerazumljiviji, litanija Bogorodici je štit koji nas brani od greha, ja kažem *sedes sapientiae causa nostrae laetitiae* a ti kažeš *ora pro nobis* dva puta, Pedrito Haramiljo odnosno brat Pedrito od duhovne nauke nikad se nije vratio i majka mu je ostala sva ucveljena, Kam Kojote Gonsales stalno je pokušavao da je uteši, Pedrito Haramiljo uvek je umeo da se drži uz vlast, u laboratorijama Norman i Hantington bio je neki noćni čuvar, Frenk Banana Hibard, koji je radno vreme provodio drkajući ga vučjaku kojeg je imao, životinjka jedva da je na nogama mogla da stoji, Frenku Banani su se gadile žene a s muškarcima se nije usuđivao, možda su mu se i oni gadili, Frenk Banana je imao malu pišu, bila mu je modre boje pa nije baš voleo da je pokazuje naokolo, pukovnika Laru su unapredili u generala i dali mu pedeset hiljada pezosa za ubistva, za Pančovo dvadeset pet hiljada i još po pet hiljada za svako, zadatak je dobro obavljen i dobro plaćen, ovde niko nema prava da se žali, don Huansito Kastor znao je sve trave osim trave uskrsuše, mora da i takva postoji, nevolja je u tome što ju je izuzetno teško naći, možda je u nekoj planini na koju čovek nikad nije kročio, nije reč o tome da se svakom učini pravda nego da se uspostavi mir, niko ne sme mnogo da sumnja u dobrotu bele rase, kao ni u njenu pamet, Fransin je postala prava ruina, Taćito je dobro uradio što ju je poslao dođavola jer ima stvari koje se ne mogu dopustiti, Fransin je bila napola u srodstvu s Klarisom, ovom mojom ženom, to nikog ne zanima, ćelavi Fidel bio je junačina ali nije mogao da savlada Ćućitu, konjokradica koji je pobegao iz zatvora u Safordu zvao se Bil Hijena Kihotoa a i on je nosio ružu koju mu je gvožđem utisnuo moj otac na dupetu, kažu da je promenio ime i da se nazvao Majk San Pedro ili Majk Hućipila Kompton, kad je čovek u bekstvu nađe ime kakvo zna i ume, Majk provodi dane i nedelje u suložništvu s Mimi Ćapitom, ćerkom Ćabele Paradajs, one što je prišila oko Taku Lopesu ili Mendesu, sad je na tebe red da budeš gore, sad sa strane, sad se smiri i ćuti jer hoću da spavam, posle je moj brat samo nestao i niko mu nije mogao ući u trag, Indijanka Mimi Ćapita je nežna u krevetu i raspoložena van kreveta, s njom je pravo uživanje, Mimi Ćapita već neko vreme ne razgovara s Bilom Hijenom, ona je diskretna žena i navikla je da uživa i da pati a usta da ne otvori, Bil Hijena se potukao golim pesnicama s Fidelom Luserom zato što mu je ženu izveo na ples, dobro su se potkačili ali je deblji kraj izvukao Bil Hijena, kancelarija u zatvoru u Safordu izgorela je jedne noći, izgoreli su svi papiri i poginula su tri zatvorenika, nisu izgoreli nego su se ugušili, izađe na isto, konjokradica Elmer Briston i probisveti Grejem Sprjuston i Ros Kaniće Vilou, istina, svu trojicu nije imao pas za šta da ujede, po nekima požar nije bio slučajan ali nema razloga da sad to udaramo na sva zvona, bakalnica Kena Kourtlanda bila je bedna a još je bila i slabo čuvana, Ken Kourtland nije umeo ni da brani ono što je njegovo pa je i dobio šta je tražio, Bil Hijena je malo razrok ali pošto je simpatičan to čak izgleda i zabavno, lovcu na divljač Pantaleu Klintonu nisu dali konopac kojim su obesili Giljerma Bakalara Sanspota, zakon je zakon i svi moraju da ga se drže, lovac na divljač Pantaleo Klinton je jako visok pa se udara kad prolazi kroz vrata, u zatvoru u Svift Karentu obesili su crnca Tonija Klintsa zajedno s njegovim cvetom u reveru i njegovim osmehom, kad je umro boja mu je bila modro plava i bez sjaja, obrisi njegove obešene aveti bili su strašno nezgrapni i tužni, niko se nije pomolio za njegovu dušu jer, istina, nije ni vredelo truda, crnac Toni Klints bio je toliko sirot da možda ni dušu nije imao, samo nekoliko nedelja unatrag, dok je još bio živ i dok mu još nisu bili stavili konopac oko vrata, Toni Klints bio je na izdisaju jer mu je bilo ponestalo nade, nestala mu je baš kad je čuo sudijin glas, još koliko puta će mi zakucati srce, može da se izbroji, koliko ću još puta sanjati Karlotu nagu, i to može da se izbroji, koliko puta ću se ritnuti kad me obese, ne znam, to se nikad ne može znati, vrlo je lako osuditi crnca na vešala zato što je ubio belkinju, ali niko ne vodi računa o tome da li je uspeo da joj pruži zadovoljstvo ili nije, to se ne uzima u obzir, ni advokati po službenoj dužnosti nemaju razloga da gube vreme, možda se Karloti dopalo da je uguše jastukom, veoma je teško pokazati gde je granica koja razdvaja uživanje od strave i nesreće, sad se sve povezalo kao da je krenulo nizbrdo, ljudi ginu kad previše brzo padaju nizbrdo, razbiju se i glava im se rasprsne u hiljadu komada nepravilnog oblika, vama koji toliko volite romantične priče želim da objasnim da gospođica Luisita nije zatrudnela s Pančom Viljom kao što se pričalo nego s Rubenom Fjerom popom iz Sateva, kad je Pančo Vilja čuo te glasine jedne nedelje je otišao u crkvu, ušao je pun poštovanja to jest skinuo je šešir i ostavio revolver da visi na kvaki, prekinuo je misu i popeo se za predikaonicu, i evo šta je rekao, braćo moja po rasi, nisam zgrešio s prelepom gospođicom Luisitom, ovde prisutnom, nego je nju obeščastio i svojom prirodom učinio da zatrudni ovaj ovde gospodin pop don Ruben, istina je, zar ne, don Ruben, pop je bio premro od straha i suze su mu navrle kad je priznao svoj greh, da, da, bio je to rab božiji i Gospod Bog Naš neka mu oprosti, dobro, reče mu Pančo, sad ćete da se oženite devojkom, ne mogu, odgovori sveštenik, crkva mi zapoveda da čuvam celibat, dobro, na to će Pančo, a ja vam kažem ili se smesta ženite ili ću na mestu da vas streljam, dajem vam da birate između života i svetotajstva, u Sent Dejvidu ima mnogo mormona, imaju poštene navike i požrtvovani su pa obležavaju svoje žene u mraku i hladnoći, telesno uživanje je za životinje bez razuma jer se deca rabova Božijih rađaju iz duha, velečasni se potresao i na njega se spustila blagodat, sada se u svojoj malenkosti osećam bedno, kao da su mi sputane i noge i ruke ali hvala Višnjem Tvorcu koji mi dopušta da i dalje ostanem posvećen njegovoj službi božanskoj, sve moje mirske snove odneo je vetar i ja se predajem volji Gospoda koji sve uvek uredi s najvećom mudrošću, dugujem sav svoj blaženi mir braći franjevcima, katolici su ali i oni Bogu služe, da nisam uštinuo za dupe plavojku Marinu na izlazu iz misije Svetog Ksavera lako bi mi se moglo desiti da ni do sada ne čujem glas koji me je poveo istinskom životu, onaj časni dodir, ono pipkanje bez zlobe uvelo ju je u moj život i povelo me putem dobra, Gringo koga je Margarito Benavides poklonio Lupiti Tekolote uvek se pristojno ponašao, kad čoveka vode vezanog za jaja, to ga mnogo koči, Klem Krajder ume da igra bilijar ali meni on izgleda kao prava zmija, ide nekako kao da je sav rašrafljen, tebi neće biti od neke koristi, Lupita, ne verujem da ispunjava uslove ali imaj na umu da je uvek zabavno voditi Gringa vezanog za jaja, kad mu je Lupita razvezala čvor i pustila ga na slobodu Klem Krajder je odjurio galopom sve poskakujući od zadovoljstva, trčao je kao konj i urlao od nesrazmernog oduševljenja, Klem Krajder se neko vreme vucarao po granici ali nije se ponašao kao zločinac, Honest Džon Montgomeri vlasnik O. K. Korala imao je uglasto lice vedrog izraza, Honest Džon je uvek bio dobro izbrijan, obračun je trajao jedva pola minuta i o njegovim učesnicima od tada ni na trenutak nije prestajalo da se priča, nešto smo već rekli ali nije loše ni da se ponove replike koje čovek nikad potpuno ne nauči, vreme nije zbrkano ali jeste ispremetano pa zato ljudi po ceo život provedu saplićući se, kad bi tvoj otac otkopčao šlic da pusti pitona nikad se ne bi znalo hoće li početi da prašte varnice, tvoj otac me je jahao sa srebrnim mamuzama na nogama, već sam ti sto puta pričala, čini mi se da su svi muškarci pomrli i da nama ženama ostaje još samo da zmiju pustimo da nas ugrize, generalu Emilijanitu Nafarateu iz usta se osećalo na gavrana, to nije dobar znak ali je još gore kad čovek pusti da mu se nakote crvi s mrtvaca po dupetu i oko alatke, Erpovih je bilo trojica braće, Vajat i Morgan imali su ruske brkove a Virdžil pruske, s njima je išao Džon Henri Dok Holidej koji je nosio portugalske brkove, išli su Ulicom Frimont prema O. K. Koralu i kad su skrenuli u Četvrtu ulicu videli su kauboje, šerif Džon Behan imao je široko čelo i dečačko lice i rekao je Virdžilu Erpu, razoružao sam ove ljude, ovde ne želimo nikakve nevolje, Virdžil ga je pitao, jesi li ih uhapsio, a Džoni je dao sledeći odgovor, nema razloga da ih hapsim, onda ga je Virdžil odgurnuo, sklanjaj se s puta, braća Erp i njihov prijatelj Holidej stali su na deset koraka od kauboja, Vajat im je rekao ovako, tražite kavgu, evo vam onda kavge, i kauboja je bilo četvorica, braća Ajk i Bili Klanton, onaj prvi s bradom i plemenitog i sportskog izgleda a ovaj drugi s uredno potkresanim brkovima, dvojica braće Frenk i Tom Mek Lauri, onaj prvi sa zulufima kao u musketara a ovaj drugi izbrijan kao sveštenik, Bili je hteo da dobije na vremenu, ne pucaj, mi ne tražimo kavgu, a Virdžil je naredio ostalima, ruke uvis, svi ste uhapšeni, e tada je bogami počela gužva, na onom svetu razvrat ne postoji, to je zapovest Oca Večnog, Ferminsita Guanahuata su dobro naciljali pa je na mestu ostao mrtav i tu je vrag odneo šalu pošto je sve kurve iz Tostona počeo da tera maler, u Ćiapasu ceo svet zna da kafena mušica prvo čoveka oslepi a posle ga ubije, hristerosi i agraristi branili su svako svoje, Martinita Bavispe znala je još jedan valcerčić koji kaže ovako, kad svetoj veri mnogo zala učini general Obregon pogibe od ruke nesrećnog Torala i naše majke Konsepsion, Toral je bio tehnički crtač, osudili su ga na smrt, majka Konsepsion Asevedo nadstojnica manastira Svetoga Duha dobila je dvadeset godina zatvora zato što su žene oslobođene smrtne kazne, prvo su zapucali Vajat koji je pogodio u stomak Frenka i Bili koji je promašio, Holidej je pogodio Bilija u grudi ali je ovaj uspeo da nastavi da se bori, Tim je hteo da se domogne puške koju je njegov brat Frenk nosio obešenu o sedlo ali mu je Holidej sručio dva hica iz sačmare u rebra, sačma je zločinačka stvar pošto je olovo meko pa se spljošti i svog te pocepa, Ajk je uhvatio Vajata za ruku i ovaj nije pucao nego je rekao, bori se ili se gubi odavde, Ajk je pobegao a Holidej ga je ulovio, Bili je pogodio Virdžila u nogu, Frenk je pogodio Holideja, takođe u nogu, i futrolu za pištolj mu je izbušio, sad je kao uspomenu čuva pukovnik Čarls V. Maverik u svojoj kući u Feniksu, Bili je pucao u Morgana Erpa i metak mu je ušao na leđa, Holidej i Vajat i Morgan Erp istovremeno su zapucali u Frenka Mek Laurija i dotukli ga kao ptičicu, Virdžil Erp je pogodio Bilija Klantona i oborio ga, to je bio kraj krvavog obračuna kod O. K. Korala, pola minuta, terevenka na kojoj je smrt obesno igrala svoj kobni kan-kan, te priče o tučama uvek su izmišljene ili bar tako izgledaju jer kojim se redom odigrao svaki trenutak niko ne može znati a još manje upamtiti, obračun kod O. K. Korala obično se objašnjava onako kako ga je ispričao Vajat Erp, Tostonski Lav, koji je poslednji umro i niko nije mogao da mu protivreči, meni se čini da je ponekad dodavao nešto svoje ili izmišljao potankosti, meni je o tom događaju stalno pričala Džejn Kolb ćerka Blek Džejn, crnog bisera burdelja Dač Eni, pričala je s pravim uživanjem i svaku rečenicu je naglašavala kako treba, deklamovala je jednolično i svečano kao da priča bajku, mulatkinja Džejn Kolb uvek je bila polupijana ali je imala dobru dušu i nije bila ni lopov ni jezičara, samo se kurvala, sva tri leša obukli su u nova svečana odela, dok su bili živi i dok je srce u njima kucalo ti ljudi nikad nisu bili tako elegantni i doterani, sve ostalo je već ispričano, u svoje vreme pričali smo o smrti svakog od petorice, litanija Bogorodici je štit koji nas brani od greha, ja kažem *vas spirituale vas honorabile* a ti kažeš *ora pro nobis* dva puta, kad mu je Lupita odvezala čvor Klem Krajder se neko vreme smucao duž granice, to nije nikakva tajna, svi to znaju, postoji Nogales u Arizoni i Nogales u Sonori, i kaktusi saguari su isti i kojoti zavijaju na svom jeziku i nimalo ne mare za jezik kojim govore ljudi, kad su gladni i kad se teraju kojoti zavijaju prostakluke, možda bi bolje bilo reći da postoji Nogales, koji granica deli na dva dela, s ljudima je isto kao i s kaktusima saguarima i kojotima, svako se snalazi kako zna i ume i govori kako mu padne na pamet, sa Sasabeom i sa San Luisom je isto tako, ima po jedan na severu i jedan na jugu, pilićari koji u tim krajevima rade lomataju se preko panjeva, Dejvid Djuk i njegovi prijatelji iz Kju Kluks Klana dočekuju ih mecima ili ih puste da prođu već prema tome da li imaju višak ili manjak nadničara u polju ili u radionici, ponekad umesto da ih ustrele oni ih pale ili vešaju ili ih dokrajče batinom, ponekad im i ruke vežu na leđa i stave im glavu u kožni džak, Klem Krajder voli da ga brusi o guzu, tad mu se drvi kao mladom kaluđeru, Klem Krajder upoznao je Grejema Sprjustona u Sauariti, na putu iz Nogalesa za Tuson, tamo iza Grin Valija, sedeo je pred vratima točionice i trebio vaške, ulicom je prošla bomba od žene i Klem je oborio pogled da nikoga ne uvredi, Grejemu nisu sve čiste u glavi, osim što je len još je i tužan i sama je kost i koža, možda je i na plućima bolestan, mnogo kašlje i gotovo nikad nema šta vruće da pregrize, sav je nekako kriv i odrpan, Grejem je bio prvi koji se ugušio u zatvoru u Safordu, vidi se da je bio manje otporan nego druga dvojica, s Elmerom Birstonom bilo je obratno, zatvorili su ga zbog krađe konja ali da je imao par dolara u džepu moglo je od njega nešto da bude u životu, imao je neke mane u karakteru ali ne tolike da bi ljudi od njega bežali, Elmer je bio zgodan i umeo je da se osmehuje s onim zubima koji su mu svi bili jednaki, Elmer je bio podvodadžija u prestonici i na drugim mestima sve dok nije bio prinuđen da pobegne da ga ne bi ubio neki ubogi rogonja, Ćućita Kontinental svirala je gitaru i harmoniku, nije znala solfeđo ali je imala dobro uho i umeće i osećaj, volela bi da svira saksofon ali to joj je muž zabranio, taj instrument nije za žene, to ti je kao da ideš naokolo i podriguješ, nemaš ti razloga da pred ljudima pućiš usta kao da sisaš, dobro ljubavi moja kako ti kažeš, Taćito Smit domogao se dukata španskog kralja što ga je imao Indijanac Abel, u zamenu mu je dao revolver koji sad njegova udovica plavojka Irma stalno nosi zadenut u pojasu, skida ga samo kad ide na spavanje a i onda ga stavlja pod jastuk, Noelija Ćunda bila je veća kurva od Korason Leonarde i od Mendi Mesilje, Noelija Ćunda bila je kurva veća nego iko, uistinu se ne može biti veća kurva od Noelije Ćunde, hrišćanin Teodulfo Sapata bio je geak bez sreće u ovom životu, plavojka Irma dala mu je da popije eliksir za stvrdnjavanje i to mu je bio kraj pošto je sve tri žene naticao dok ih nije načisto izbušio, ostavio im je rupe u turovima i ostrugao im pičiće, posle su ga ubili i otfikarili mu onu stvarku da mu se podsmehnu, Ledi Gej bila je prijateljica moje majke, Ledi Gej bila je udata za Marija Bula Garfilda, tragača za zlatom koji se popeo u Zmajeve planine i nestao bez traga i glasa, Zmajeve planine vrvele su od Apača, vidi se da su ga ubili da bi mu oteli konja, na jeziku Indijanaca Sunji apač znači neprijatelj, Apači nikom nisu prijatelji, verovatno su onih pet maloumnih dečaka s kojima sam bio u Sirotištu Sent Bartolomju pomrli jedan po jedan, više se i ne sećam kako su se zvali, jedan Pako a drugi Luisin, takvi dečaci obično i ne stignu da se zamomče, brat laik Timoti Melrouz trpao im ga je u guze, ako ga ne bi poslušno pustili izdevetao bi ih da ih malo ukroti, istina i nisu pokazivali neku hrabrost, sestra Klementina je naprotiv bila veoma milosrdna i oblizivala im lilihipe beskrajno strpljivo i nežno kad ne bi mogli da zaspe, Pančo Vilja sahranjen je na groblju u Sjedinjenim Državama, neki kažu da ga je kupio Herst za pet hiljada dolara, Big Mini bila je najdeblja kurva u Tostonu, šest stopa visine i dvesta trideset funti žive vage ljubavi u polutkama ružičaste boje, to su bile žene, tada je još bilo žena kadrih da pomuzu celu konjičku regimentu, Big Mini bila je udata za Džoa Bajgnona upravnika Berd Kejdž Teatra, bila je snažna i hrabra i kad je trebalo da se zavede red među kavgadžijama u burdelju ili među bukačima u pozorištu umešala bi se da ih smiri pesnicom i bičem, Big je umela da se brine za svoje interese i nisi je mogao uhvatiti na legalu pošto je umela da odalami, kad su Big Mini i njen muž došli u Toston, vlasnik pozorišta Bili Hačinson ih je zaposlio a kad je on otišao iz grada Bajgnonovi su kupili pozorište od njega pod povoljnim uslovima, Toston je počeo da odumire kad je moja majka još bila mlada, Big Mini i njen muž prodali su Berd Kejdž i kupili Kristal Palas, kad je nađeno zlato u Pirsu rasprodali su sve što su imali u Tostonu i preselili se u novu Hauhu gde su otvorili Džon Bajgnon Palas, ovde svako umre a pre, a kasnije, Toston je mesto preteško za umiranje i najbolje je umreti što pre, možda je to nerazumljivo na prvi pogled ali tako je kako je, vreme je prolazilo i na kraju su pomrli i Big i Džo Bajgnon, posmrtni ostaci već godinama počivaju na groblju u Pirsu koji je danas avetinjski pusto mesto, mesto u kojem žive samo senke, kad je nestalo zlata ljudi su se odselili i ostavili mrtvima da čuvaju sećanja koja polako blede, svi koji imaju lice mrtvaca izdajnici su i to se dobro vidi na fotografijama, streljajte apotekara Sandovala koji ima lice mrtvaca, pukovnik Orasio Rivera S. sjahuje samo radi nužde ili radi mužjačenja, kažu da i spava na konju, seka-daša pukovnika Rivere zove se Adelaida i baš je rundulja, moj otac se zove Sesil Lambert Espana ili Span ili Aspen i pravili su mu se čirevi veliki kao smokve, mislim da je bio prilično srećan, bar onoliko koliko i Indijanac Abel Tumakakori koji je umro nikad ne videvši more, travara-pokućarca Giljerma Bakalara Sanspota i crnca Tonija Klintsa takođe je stigla smrt a da nikad nisu videli more, sve se stalno okreće, okrene se sto puta, okrene se hiljadu puta, milion puta, život je isto što i smrt, dosada je isto što i zabava, nada je isto što i samrtni hropac, samo nek je čoveku čaša u ruci, pukovnik Mek Deming, pukovnik Maverik i pukovnik Rivera zabavljaju se goneći crnce i Kineze, zabavno je juriti crnce sa psima ili vešati Kineze za perčin i praviti od njih streljačke mete, uvek treba imati dobro uvežbanu i brzu ruku, ponekad ih čak ne treba ni vešati za perčin, mislim Kineze, imam novog smitvesona, da vidiš kako baratam njime, vidiš onog Kineza, zovi ga, kad podigne glavu pogodiću ga pravo u jabučicu ili među oči, po tvojoj želji, zabavno je i vešati konjokradice i skitnice i spavati s Poljakinjama, to su najkurvinskije žene koje znam i neumorne su i kada ih zajahuju, i kada ih šibaju kaišem, Elmer Birston nikad nije zapišao vrata nekom Kinezu pošto je obično dirinčio u polju kao prava seljačina, Ros Kaniće Vilou nije tražio milostinju ali je nije ni odbijao a Grejem Sprjuston večito je kroz život išao vukući noge i ponizno gledajući u zemlju, sva trojica ugušili su se u požaru u zatvoru u Safordu, generalu Emilijanu Nafarateu nije dah zaudarao na gavrana nego na gavranov dah, Babs Belflauer šepavica iz Viksberga to je vrlo dobro znala, kad je Džeronio Loptica Velton postavio svoju streljanu s maloumnicima, Sem V. Lindo ga je strpao u zatvor pošto su takvi marifetluci zakonom zabranjeni, madam Belinda to jest Heronijeva mala bila je žestoka žena i jednog dana raspaučila je Oca Lagaresa flašom po glavi u krčmi Kod zlatnog kopca, o tome je bilo mnogo priče, kad je Bil Hijena Kihotoa (ne zaboravite da je on nosio ružu koju mu je moj otac usijanim gvožđem utisnuo u dupe) pobegao iz zatvora u Safordu sakrio se u kolibi koju je Monti Majsena vrdalama iz Eripajna imao severno od visoravni Mogoljon, harmonikašu Adelinu Bjendiću otkinuli su uho zato što je loše svirao na svom instrumentu, muzikantima ne sme ništa da se oprašta pošto oni odmah nađu pa zađu, Adelino Bjendić je falširao i parao uši, Arnoldo K. Tronkoso je to oduvek govorio, kad su u grupi još i nekako ali oni što sviraju sami, ti su obični fićfirići, Arnoldo Kalderon Tronkoso je bio taj koji je unesrećio Adelina, u krčmi kod Erskina Karloua ima jedna ogromna staklena urna u koju je stavljena zvečarka, zove se Doroti u spomen na gazdinu pokojnu suprugu, ovaj podatak nije mnogo precizan, ona uvek drema, na dnu je pesak s nekoliko kamenčića da bi Doroti mogla da se sakrije i da spava, Erskin Karlou je hrani živim miševima, stavi u urnu dva-tri živa miša pa čeka da zmija ogladni, dok ne ogladni ne dešava se ništa i miševi trčkaraju tamo-amo mrtvi hladni i skakuću i igraju se ali kad zmija oseti da joj nedostaje hrane satera u ćošak nekog miša i proguta ga celog, prožderi ga tako što rastegne cevku koja joj ide od čeljusti do želuca, lepo se vidi kako se spušta, miš maltene nema vremena ni da zadrhti ni da zaciči a drugi miševi ne pokazuju neko naročito zanimanje, vidi se da nisu ni radoznali ni solidarni, Mravojedovi gosti obično ne obraćaju pažnju na ono što se dešava u urni jer su već navikli na tu scenu koja je uvek ista, Roni V. Dekster umro je u Topoku kad ga je ujela zvečarka, ova iz Erskinove krčme ne ubija čak ni miševe koje pojede, uguše joj se u crevima, meso zvečarke je jako fino i ukusno, pržena zvečarka ima ukus kao žabe ili možda malo jače, može i da se peče ali mora da se pazi da ne pregori, litanija Bogorodici je štit koji nas brani od greha, ja kažem *vas insigniae devotionis rosa mystica* a ti kažeš *ora pro nobis* dva puta, u Tuson je prošle zime došla jedna veličanstvena žena, tanka kao puška i zrela kao mango iz Manile, kažu da je to najžešća ženska koju je svet video kad se uzmu sve zemlje zajedno ali niko nikad nije saznao njeno ime, doveo ju je neki trgovac koji ju je držao pod ključem i izvodio je samo noću da udahne malo vazduha a ponekad ni toliko, ranije je bio običaj da muškarac sedne na zemlju i počne da priča ljubavne priče i legende iz dalekih zemalja i pustolovine, neki bi prethodno zatrubili u trubicu da privuku pažnju i da se svet okupi, evo šta je pričao Lorenso Mađar koji je imao sedam zlatnih zuba i najsilniju kitu na celom zapadu, uvaženi publikume, poštovane dame i gospodo, sad ćete videti šta je vojvoda Akvitanski don Rajnulfo od Poatjea želeo za svoje sinove sve po redu i već prema tome u kom se pravcu kreće svet, nek poskoči majmunica, nek zaigra medvedica, neka pas skoči kroz vatreni obruč i koza nek se uspentra na vrh stepeništa, vojvoda Akvitanski podigao je šlem i povikao, kada bih bio otac milion sinova dozvolio bih im da budu ratnici, gvozdeni šlem vojvode Akvitanskog bio je od zlata, dresirani aligator moga oca ume da podražava njištanje konja i da deklamuje pesme, i još govori engleski i španski, svako ko je čupav kao pesnik taj je neprijateljski doušnik, to se na portretima lepo vidi, streljajte licencijata Mendosu čupavog kao pesnik, pukovnik je rekao trgovcu, nemoj mnogo da se raspojasavaš, ne izazivaj s tom tvojom krvopijom jer će ti leteti glava, ostale sam bar skinuo s konja a ti ideš peške pošto te svrbi dupe, nastavlja vojvoda Akvitanski, da sam otac hiljadu sinova napravio bih od njih čobane i lovce, lovce na rajske ptice ili čobane vučjih čopora, na lutki na naduvavanje Žaklin nikad nije nađena nijedna vaška ni buva, vrlo je čista i jednostavne naravi, pokojni Džon Kernarvon nije hteo da u Kvin Kriku bude groblja, kod mrtvaca prestaje svaka bolest i svaki bol, i brige, nevolje i srdžba, najbolje bi bilo da ih pojedemo ili da ih usolimo, nastavlja vojvoda Akvitanski, da sam otac stotinu sinova naučio bih ih da gaje lozu i da prave vino, bolje bi bilo da su svi Indijanci iz voza Augustusa Honatasa osim što su bili bolesni bili još i pijani, Darel Sprigs je jednom preparirao nekog maloumnika koga su našli mrtvog nasred polja pa je otišao u zatvor, i to je zabranjeno, ali eto nikad nije preparirao nekog Indijanca, znao je on zakon i poštovao ga, nastavlja vojvoda Akvitanski, posle don Rajnulfa došao je don Giljermo Glava od Kudelje, da sam otac samo desetorice sinova obučio bih ih veštinama moreplovstva i naterao bih ih da love kitove, ceo svet zna da kitovi zaraze svojim osećanjima svakoga ko na njih digne ruku, po tome su nalik ženama ili tužnim smrznutim ptičicama, o sve tako nekim stvarima botaničar Orson raspreda nadugačko i naširoko u svom *Izveštaju*, Mađar Lorenso je onom trgovcu što mu je pukovnik pripretio maznuo ženu i pobegao s njom, pošto je Mađar bio organizovan čovek nije morao da ostavi ni majmunicu ni medvedicu ni psa ni kozu, kažu da su bili veoma srećni i da je žena doživela srećnu starost, trgovac je nešto ufitiljio pa se na kraju obesio o telegrafski stub i svu svoju imovinu ostavio gradu pod uslovom da niko nikad ne pomene njegovo ime, Gerti je bila sitna, odvažna ženica, vrlo žustra, vrlo strasna i puna ljubavi, imala je čvrste sise prave veličine i blistav pogled, uvek se oblačila u crveno i nosila raskošan donji veš s čipkom i svilenim trakama, zvali su je Gold Dolar zbog njenog stasa i zato što je bila plava kao zlato, Gerti je radila u Kristal Palasu, zlatni dolar bio je manji od novčića od deset centi, manji od bakrenjaka, zeleno drvo ima zeleno stablo i u Mek Dauelovom šumarku po gruboj kori na deblima okotilja raste cveće boje krvi, Indijanac Nepomuseno Senorita govori samo zimi kada zmije spavaju, sve ovo što slušate mogu da vam kažem zato što je zima pa zmije spavaju i ne mogu da nas ogovaraju kod bogova, da nas ocrne i da ispiraju nama usta, kad se probude ja zaćutim kao ustreljeni kojot pošto neću da me bilo ko kažnjava a ponajmanje bogovi, u crkvi Čuda ne raspinjemo bližnje to jest one nama slične ali zato nas može da zgromi greh i nedostatak poštovanja, Gerti je bila zaljubljena u vrdalamu Bilija Milgrina, muškarca koji je žene zagrevao tako što bi ih grickao pod pazuhom i po zatiljku, živim samo da njemu pružim uživanje, da bi me on zagrlio i stisnuo me uz malje na grudima i grizao me kao pas pod pazuhom i po zatiljku, taj čovek je moj i samo moj i ako se neka žena maši za njega ubiću je, Bog mi je svedok da ću je ubiti, briga mene i za zakone i za pakleni oganj, znam ja da muškarca možeš deliti, to znaju sve žene, ali meni nije do toga, okotiljove daske dobre su za ograđivanje i za pokrivanje krova i drvo je toliko otporno da uvek pusti koren, ma održi se i kad ne pusti koren, Margarita je sahranjena u na groblju Buthil na kojem počivaju i kosti poginulih u obračunu kod O. K. Korala, pošto je prošlo neko vreme o tome već može da se govori koristeći i reči koje su se toliko dopale Ocu Lagaresu, onda bi to bilo ovako, groblje na kojem počivaju već davno oglodane kosti poginulih, itd., Brendi Mek Dauel vlasnik šumarka okotilja ostao je bez očiju od silnog zurenja u sibiri, crni dlakavi kaktus s bodljama koje se ne vide pa svakom ko blene skaču u oči kao divlje mačke, Indijanac Heronimo priča kastiljanski, priča on i jezikom Kočiza, mnogi Apači govore kastiljanski, španski jezik, kad se za nešto kaže da je kastiljansko onda je to zato da se ono dobro razlikuje od onoga što je prostačko, kastiljanska ruža, kastiljanski orah, Meksikanka Margarita Almada bila je izvanredna devojka, Meksikanka Margarita bila je visoka crnka i imala je sjajnu kosu, svu u uvojcima, gustu, kad je Meksikanka Margarita videla Bilija Milgrina rekla je sebi, ovaj čovek je za mene, Bili Milgrin je bacio neku ruku pokera u Berd Kejdžu a Meksikanka Margarita mu je sela u krilo i počela da ga ljubi u usta, Gerti Gold Dolar je uz dreku uletela u salu i odvukla Meksikanku Margaritu za kosu, oborila ju je na sto, isukala bodež iz podvezice i dva puta je ubola u rebra, oba puta je pogodila srce, kad je stigao lekar Meksikanka Margarita je već bila mrtva, po prolivenoj krvi su morali da sipaju ceo džak piljevine, niko nije učinio ništa protiv Gold Dolar, niko nije ni prstom mrdnuo protiv Gerti ali je ona ubrzo nestala iz Tostona i sa sobom odvela i Bilija Milgrina da je i dalje gricka pod pazuhom i po zatiljku, nikad ne ganjaj brata svojega, to se može pročitati u Bibliji i u Ustavu, a Gerti je je bila iste boje kože kao i oni koji su mogli od nje da traže da položi račune, Meksikanku Margaritu su zvali Čizkejk, Sirnica, i Skru, Jebačica, sahranili su je zajedno sa svim njenim nakitom, ionako niti ga je bilo mnogo niti je bio nešto naročito vredan, tri zlatna prstena i ogrlica i minđuše od tirkiza, grob su joj poharali prve noći, maltene joj nisu dali vremena ni da se ohladi, pretpostavlja se da je lopov bio Ros Kaniće ali nije moglo da mu se dokaže, Meksikanka Margarita za života je bila opasna ženska kojoj ništa nije moglo stati na put dok joj se put nije ukrstio s Gold Dolar i njenim oštrim čelikom, jedne večeri konjokradica Elmer Birston ušao je u točionicu kod Vajolet u La Soriljeri i rekao joj, hoću da mi napraviš prijateljsku cenu, koliko ćeš mi viskija dati za petoparac, jednu čašu, a za desetoparac, dve čaše, a za četvrt dolara, pet čaša i jednu na moj račun, a za dolar, Vajolet ga pogleda u oči, tvoja usta su mera, možeš da počneš kad poželiš, Jaki Indijanci liče na Kineze i mole se svetom Martinu iz Poresa, snažnog su karaktera a kad se naljute umeju da budu opasni jer mačetom barataju brzo i nemilosrdno, od pića postaju još nagliji i prgaviji, još gluvlji i naduveniji, Sandri ženi Nikija Prasice zaudara iz usta i ne može tog zadaha da se oslobodi ni uz pomoć asepsola, protiv smrada se ne može ni lekarijama ni terpentinom, Sandri ne zaudara iz usta na gavranov zadah kao generalu Emilijanitu Nafarateu nego na tvorovo govno što ti je isto što i prdež, da se ispovraćaš, neki slatkast zadah koji ti se lepi za nozdrve i od kojeg ti se prevrne u stomaku, ljudi se njenoj nesreći smeju, pa i stvarno je smešno, Sandra neutešno plače i kaže da želi da umre, na to niko ne obraća pažnju jer se vidi da nije istina, Tuson je papago reč i znači upaljeno deblo, drvo u plamenu, kojoti i divlji veprovi ulaze noću u Tuson i ždreu iz kanti za đubre, ponekad pojedu i neku pesmu ili ljubavno pismo ili upotrebljene prezervative, jedu i svinjske kosti i ostatke kolača, ima neverovatno bolnih i angažovanih pesama, kad stvari ne idu kako treba glas je sentimentalan i gorak, Ursulita je pevala s prekorom i s dobrom intonacijom, nek dođu ptice slavuji na livade naše da pevaju naše pesme uživanja jer shvatam da zadovoljstva za mene na ovom svetu više nema i ostaje mi samo patnja, Mejbel Dodž brzo je zaboravljena i ničemu joj nisu služili ni milioni ni mladost pošto proviđenje nemilosrdno kažnjava hirovitost, madam Anhelina i Sem V. Lindo sretali su se u kući kod žutog Barta Garsije jer uvek valja paziti na formu, neki kažu da je tako čak i uživanje veće, zovem se Vendel Liverpul Espana ili Span ili Aspen, prezime se mora priznati bez straha makar ga čovek i ne znao tačno, kad na kaktusima saguarima procvetaju njihovi zlatni cvetovi pustinja se zasvetli, Indijanac koji je ukrao Lorensovu pisaću mašinu u pustinji Taos zvao se Rodrigo Arijes i malo je šepao, pre nekog vremena, odavno, Margarito Benavides zatvorio je tri pedera u obor i dao im sredstvo za čišćenje od halape, kako je samo bilo smešno da ih čovek vidi gde skidaju gaće dok im govanca cure niz nogu, svako ima prava da od tuđeg dupeta napravi papirnog zmaja i da ga natakari na dršku koja mu najviše odgovara, to je istina ali postupak Margarita Benavidesa gotovo niko nije opravdavao, čovek mora malo da se zabavi, to neka vam je jasno, po meni je gore kad neko tamani Indijance nego kad čisti creva furunašima, ni Kineze ne treba ubijati, ni crnce, iznervira se čovek kad ih vidi kako nedeljom šetkaju u čistoj odeći i očešljani na razdeljak ali civilizacija ne dozvoljava da se oni izbuše mecima, ljudsko poštovanje, ljudska prava, pre su običaji bili drugačiji pa je čak bilo i više tolerancije, i više je ljudi umiralo od gladi, nekada se Indijanci, crnci i Kinezi nisu računali a sad se računaju, ne baš sasvim ali sve više, u to nema sumnje, Frenk Banana ima kitu poput bednog crva modre boje, kada stražari, pošto mu ne daju da spava jer prema propisima ne sme da spava, on se onda zabavlja tako što ga izdrkava svom vučjaku Vulčeru koji je sve slabiji i iskvareniji, sve poslušniji i jadniji, liči na nekog brat-laika koji nikad nije stavio u usta nešto vruće, brat-laik kome su ispale lopatice i spopada ga drhtavica u svakom od sedam nabora duše, jazbina svakog od sedam smrtnih grehova, tri mogu da se skinu belilom kao što će uskoro biti rečeno, Frenku Banani su se gadile žene, izgledale su mu lepljive, Frenka Bananu su zaposlili u laboratorijama Norman i Hantington pošto ga je preporučio prof. Terel, Donovan B. Terel sa Državnog univerziteta Vejn, profesor organske hemije i takođe sklon da se brusi o poslušne životinje koze i ovce navlači jednu po jednu i ostavlja ih kao posle prve bračne noći, prof. Terel je bio predložen za nagradu Maslšel za komparativnu genetiku, žene farbaju obrve semenom jojobe, peku semenke koje su malo uljaste pa farbaju obrve, i još imaju lekovita svojstva pa ih Indijanci uvek nose sa sobom, litanija Bogorodici je štit koji nas brani od greha, ja kažem *turris davidica turris eburnea* a ti kažeš *ora pro nobi* dva puta, Sindi žena bejzbol igrača Bertija Bogatog sad se brusi sa svojim deverom Nikijem Prasicom i sa suklatom Kameronom, oni su joj broj sto pet i sto šest, ona ima sve brojeve zapisane pod šifrom, s litanijama je lako voditi računicu i zapamtiti imena udvarača, Sindi ne počinje po azbučnom redu od a kao ceo svet nego od h pa posle sve redom, molitava ima šezdesetjedna i svaka od njih odgovara po jednom muškarcu s kojim je legla bar tri puta, ako je manje, onda je to možda nehotice ili iz dosade, sad već po drugi put počinje litanija, Niki je pod *salus infirmorum* 2 a suklata Kameron *refugium pecatorum* 2, Endi Cimet Kameron je od onih maloumnika koji svi liče među sobom, s lišcem kao u ptice i uvek otvorenim ustima, Sindi se ponekad zaboravi dok pročitava svoju litaniju i seća se proteklih uživanja, nostalgija je utešno osećanje koje kod debelih žena služi kao sredstvo protiv nadimanja, niko ne kaže da je Sindi debela, Sindi je vitka i ima koščate noge, to je znak sklonosti ka telesnom okrepljenju, Sindi je ispala veća kurva od bič zmije koja stvarno i šiba, razmena je obavljena na obostrano zadovoljstvo i oboje su dobili, hirovita Mejbel Dodž odnela je rukopis *Sinova i ljubavnika*, Mirijam je kontrapunkt Džesi Čembers, žene koju je iz Lorensovog srca izbrisala Frida Vikli, pa je Lorens zadržao ranč San Kristobal, Poljakinja Marija usvojila je crnče Endrjua, svakog dana davala mu je po pintu bič rakije, stiskala mu je nos da bi otvorio usta, u proključalu vodu stavi se konopac od agave i doda se alkohol od trske pa se dobije rakija koju zovu bič, Poljakinja Marija, kad je već videla da joj je Endrju skroz maloumen, da mu je duh malouman i da stalno cmizdri, terala ga je da jede sopstveni izmet, to čoveka razveseli mada je i pomalo gadno, Poljakinja Marija bila je bleda i debela i nosila je sasvim izbledelu zelenu kućnu haljinu punu masnih fleka, ogromne sise su joj podrhtavale kao pihtije, i polutke Poljakinje Marije bile su ogromne ali čvrste i nisu podrhtavale nego su snažno gazile, crnče Endrju maltene nije ni progovorio i na kraju je jedne noći umro u snu, povratio je bič rakiju i ugušio se izbljuvkom, svakom to može da se desi, Poljakinji Mariji trebalo je više od nedelju dana da ga sahrani, umro je u sredu a sahranili su ga u sledeći petak, pošto su leš crnčeta Endrjua ostavili na suncu pojele su ga muve i strašno je zaudarao, Velečasni Skotsdejl je pravi rasadnik mikroba, možda ih na njemu ima i više nego na mrtvom crnčetu Endrjuu, kvarteron Ernando je upozorio Hesusita Mudonju Moćilu, tebe će ubiti a neće ti dati vremena ni da umreš s mirom, ubiće te bez upozorenja baš kao guštera na spavanju, neće ti dati vremena ni da vidiš kako dolazi smrt, ti seješ bol a to se plaća, Hesusito je neko vreme živeo s Poljakinjom Marijom, tačno je da je uživao s njom ali mu se malo gadila, Poljakinja Marija nije imala načela, bila je poput divlje svinje kad se napije piva, kao znojava svinja koja je pušila krupno seckani duvan, Hesusito Mudonja ju je oterao u majčinu jednoga jutra i nastavio da za džabe štroji životinje, pse, mačke, jariće, prasiće, ždrepce, da štroji dečake nije imao hrabrosti, nastavio je da štroji životinje iz zabave i radi utehe, blaži ti dušu kad polako miluješ muda mužjaku punom poverenja a onda kad je najzahvalniji i najspokojniji zavrneš mu ih snažno i brzo i izlečiš ga zauvek, ponekad životinja ostane malo šepava ali to nema veze, nema toga ko je umro zato što mu jedno jaje nije skroz mrtvo, nema ni toga kome se promenila narav i apetit, glas se menja manje nego što ljudi misle, glas ostaje tačno onakav kakav je i bio i ne stari niti postaje mukliji, Hesusito je od Marije ukrao srebrni privezak s uvojkom sede kose unutra, bio je to uvojak njene majke koja je umrla pre mnogo godina, isekla joj ga je s velikom pažnjom pre nego što su je stavili u kovčeg, Hesusito Mudonja ga je bacio negde u polju jer mu ni za šta nije bio potreban, dovoljno mu je bilo da Poljakinja ostane bez njega, Hristos upravlja putevima zemaljskim i šalje život i smrt ali ne nosi mamuze, ide bos i gologlav da bi mu snaga zemlje ulazila kroz stopala a snaga neba kroz glavu, kroz koren kose i kroz oči, uši, nos i usta, Hristos uvek ide bos, njegova majka odnosno Deva Marija imala je običaj da mu kaže, ne hitaj da vrat ne slomiš, travu smrdljiku zovu još i trava vladarka, to stalno ponavljam i može biti da sam to u ovoj priči već rekao, u smrdljiviku Toma Dž. Džonsa, smrdljiviku Turska kurva, živi gluva zmija svetog Januarija koja je zelena s crvenim i plavim šarama i po zapovesti cara Maksimilijana ne ujeda Opata Indijance, kad se prži na ovčijem loju trava smrdljika leči od ospica, od velikih boginja, pa čak i od gube, četrdeset dana ne smeš da se kupaš da ti se meso ne bi zbrčkalo, Poljakinja Marija je jedne noći ušla u smrdljivik Turska kurva pa su je izneli poluonesvešćenu jer joj se zamantalo od isparenja, nije istina da su u Arizoni poveli parnicu protiv Hrista, ni obratno nije tačno, s Hristom niko ne može da se parniči zato što je on Bog i ne zna za poraz, on ni na tuču ne pristaje nego sve radi po svojoj volji, Zah Dastin naučio je latinski u Fort Dodžu, Ajova, sprijateljio se s Plinijem Starijim prirodnjakom, *forum versus*, prema forumu, i s Titom Livijem istoričarom, *versus aedem Quirini*, prema hramu Kvirinovom, Hristos ide prema Arizoni i prema celom svetu, Hristos ne ide ni protiv koga zato što je moćan i smeran, nijedan od petorice sinova Zaha Dastina ne zna latinski, još su mali ali i ne vidi im se nešto da bi im latinski išao od ruke, Bog ima tri osobe, oca, sina i svetog duha, može da se piše i velikim početnim slovima, Otac, Sin i Sveti Duh, nisu to tri dela jer je svaki od njih potpun, tajne su nedokučive ali zna se već da je to tako, da to nije dozvolila prva osoba, to jest otac, druga osoba, to jest sin, ne bi umro na krstu, a treću osobu to jest duh sveti pomešali bi s nekom ptičicom koja se udavila u svetskom potopu, s nekim golubom ili možda kragujem, Bog čini čuda kakva poželi i iz zvečarke može da ukloni otrov i da joj podari glas ptičice što umilno peva, Bog se hrani sećanjima jer je on novorođeno prvo pamćenje za koje niko i ne zna gde mu je početak, Bog je osveta sama koja se uvek oprašta jer radije čini dobro nego zlo, duše koje želi da izdvoji Bog moluje zamahom četke umočene u duhovni asepsol, ljubičasta tinktura od sirištare spasava od tri od mogućih sedam smrtnih greha i zato se prodaje na rajskim dverima, don Venustijano Karansa pustio je trupe suseda sa severa da prođu da bi mu ubili Panča Vilju, seljančica Martinita Bavispe je donekle seka-daša, tačno, ali je sačuvala stas i dobar glas, Martinita zna jednu naročitu pesmu, istorijsku, koju kadikad zapeva, don Venus pusti prokletog Amerikana, hiljade vojnika i šesto aeroplana, svi našeg Vilju traže, našeg velikana, Martinita je tražila još nešto da popije da pročisti grlo, još pića za Martinitu, u Meksiku Amer na lebac kidiše, ali rasa naša ko ris besna bila, Amerija kleta u plač udarila, dva se sata bori pa već kući briše, još pića za Martinitu, sav narod u Siudad Huaresu zgranut i zblanut osta kad vide kako Pančo Vilja dočeka nezvanog gosta, on ih o direke kači i o bandere veša, ako Hristos tako hoće i ako je volja njegova, melez Edi oslobodiće se drhtavice pa će čak i porasti za pet-šest prstiju, nevolja je u tome što neće Hristos ceo život da provede čineći čuda, to jest dajući život drugima, Hristos je vaskrsao i sada je večan, melez Edi Kapeljan ima drhtavicu zato što mu je kosti pojela tuberkuloza, subotom bismo ja i Džerard Ospino ostavili alat u sedam i onda bismo izveli sedam marifetluka koje navodim u nastavku, pali bismo u očaj i mislili i govorili ružno o proviđenju, psovali zalud i iz iskvarene navike, okorelo nedelju provodili u ispraznim svetovnim zabavama, opijali se dok ne izgubimo razum i osećaj odgovornosti, zapišavali vrata Kinezu, odlazili u opasno društvo i tamo uživali u raskalašnom ponašanju, gajili zle misli i u njima uživali, ćelavi Fidel Lusero Džonson udara brzo i žestoko, uvek bi udario istog trenutka kada bi te upozorio, ma, pola sekunde posle toga, u tuči se to zove ljubaznost, Bilu Hijeni razbio je gubicu kad je ovaj pozvao na ples Ćućitu Kontinental koja je bila malo vetropirasta, sa ženama koje sviraju gitaru muškarci su vrlo oštri i ne prenemažu se mnogo, ja i Džerard Ospino znamo da je naše ponašanje grešno i da nam Bog neće oprostiti ali se uzdamo u Boga da će ipak uspeti da nam oprosti, uspeće on u tome samo ako hoće, ja i Džerard Ospino uzdamo se u to da će Bog hteti da nam oprosti, istočno od Šeste ulice žene žive od toga što vole i puštaju da ih vole, Tobi S. Taunsend nema ni prebijene pare u džepu, poslednjih pet dolara ostavio je u kockarnici kod hromog Sema Veba, neke žene imaju dobro srce i umeju od osećanja da ispredu tanane niti, Ajriš Meg imala je dobro srce i umela je da pravi čudesa od požude tela i osećanja duše, Ajriš Meg dala je došljaku Taunsendu da jede, da pije i da voli, i pare mu je dala, Taunsend joj je rekao, već sam uživao u tebi a uživaću i još pošto ne navlačim gaće dok ne svane, znam gde ima zlata i nameravam da ga nađem i da se obogatim, samo mi fali malo para da ne umrem od gladi dok ga tražim, a žena mu je odgovorila, i ja sam u tebi uživala i uživaću još pošto je do zore još daleko i nemam nameru da se oblačim dok ne svane sunce, uzmi ove dolare, vratićeš mi ako budeš mogao, umem ja da zaradim za život gola, kunem ti se da nije teško, jedino treba da zatvoriš oči i da pustiš muškarca da se zadovolji, na kraju se sami zadovolje pošto već i zaborave šta su počeli, Ajriš Meg nije imala nikakvih vesti o Tobiju Taunsendu cele tri godine a tada je stigao u Toston brižljivo obučen i došao kod nje da joj kaže, još si lepa i želim opet da legnem s tobom, Tobi Taunsend osmehnuo se i nastavio da priča, možda je ovo poslednji put, u Vels Fargu ima pola miliona dolara na tvoje ime, nećeš više morati za život da zarađuješ gola, nećeš više morati da zatvaraš oči i da čekaš da muškarci izgube svest, Ajriš Meg koja je imala samo dvadeset i dve godine pokupila je svoj novac, vratila se u Belfast, udala se za fabrikanta piva i vatrostalnih opeka koji se zvao Šon V. O'Trali i bila srećna, muž i žena imali su pet sinova, najstariji, Pet O'Trali, bio je bokser na izvesnom glasu, u velter kategoriji, Vels Fargo se nalazi u Petoj ulici, tamo gde je bila banka Saford-Hadson sve dok nije bankrotirala, sad je tamo Red Meri a pre toga je bila oružarnica Spengenvers Gan Šop koja je imala najbolje revolvere i najubojitije puške u Arizoni, kad se Tobi Taunsend vratio u Toston imao je na sebi mnogo zlata, sat s lancem o kojem je visilo i pet dukata i prsten pečatnjak na malom prstu na levoj ruci, i svi zubi bili su mu zlatni, izvanredno urađeni, i revolver sa zlatnom drškom i zlatnim inicijalima, botaničar Orson u svom *Izveštaju* pripoveda o čudnovatim navikama kitova i drugih morskih sisara, foka, morževa, morskih krava i drugih koji su isto tako tajanstveni i masni, litanija Bogorodici je štit koji nas brani od greha, ja kažem *domus aurea foederis arca* a ti kažeš *ora pro nobis* dva puta, madam Kloe Le Do mislila je svojom glavom, mislila je razborito i veoma mudro i efikasno, izludela bi muškarca svojim dekolteom i svojim stasom, izludela bi ih ritmom u kojem je umela da ljulja bokovima dok hoda, a radila je međunožjem i drugim čarima, kad više nije čula otkucaje srca izvukla je deblji kraj pošto joj je Pjer Dival silno natrljao nos i to jednom za svagda, Badi Blek je bio taj koji je rekao da će radije na vešala nego u pustinju, meni to deluje kao čistija smrt, a i s drugima je tako, normalne i zdrave osobe više vole da nekoga obese nego da ga ostave u pustinji ili bi radije da kamenuju nego da otruju, bolje je i sve se jasnije vidi, čistije je i manje te obavezuje, sklonosti se menjaju i u zavisnosti od društvene klase, pola, rase, vere itd., sumnja nikad nije zdrava kao ni zbrka zato što baca senku na život rame uz rame, riđu Eni Ričfild zvali su Pjumis Stoun zato što joj je pička bila kao od plavog kamena, to je znak zle naravi i bolesne jetre, takvim ženama obično porastu brkovi i glas im se promeni, kad ženama pička postane hrapava i jednolična, to jest kao plavi kamen, najbolje je ubiti ih nedaćama jer se tako manje vidi ili ih otrovati mišomorom pomešanim s medom i namazanim na hleb, nema veze i ako ga umaču u kafu jer ga neće upropastiti, Frenklina Ričfilda su strpali u zatvor u Ćiparusu zato što je ubio Eni od nedaća, svakog dana priredio bi joj po jednu pa mu je umrla za manje od godinu dana, na kraju je bila toliko slaba i bleda da je ličila na avet, Zah Dastin ume da preparira leševe, treba ih brižljivo okupati, umotati ih u laneni čaršav, ostaviti da stoje tačno nedelju dana od trenutka smrti i posle ih dobro mazati mašću cara Solomona i carice od Sabe, u početku svakodnevno a potom svaki drugi dan, mast se pravi tako što se umesi pčelinji vosak i ulje od slatkog badema, sperma jaguara koji je jeo ljudskog mesa, ovo je teško i zato nije obavezno, esencija tamjana i ružina vodica, sve u srazmerama piramide, to što Frenklin Ričfild nije obraćao pažnju nije ni moja niti bilo čija krivica, Kloe Le Do išla je u najbolje koledže za devojke u Bostonu i još od malena otkrila da najviše voli da se zavuče u krevet s nekim muškarcem, još i više nego da igra kriket ili da deklamuje poeziju, za devojku nema ničega boljeg nego da se zavuče u krevet s nekim muškarcem i da se čvrsto zagrli, ima tu mnogo čari i beskrajno umirujuće deluje na kožu i na telo, Satana ide na zapad za rudarskim logorima u kojima ima više muškaraca nego žena, gde ima mnogo muškaraca i maltene nijedna žena, Kloe Le Do otvarala je jednu za drugom rudne žile i javne kuće a potom ih zatvarala, u Virdžinija Sitiju, Nevada, zaljubila se u Pjera koji je od nje pobegao sa zlatom, sa životnom ušteđevinom koju je zamenila za zlato da bi njome lakše rukovala, to da ljubavnik pobegne punih džepova je nešto što se dešava ali žene nikako da se nauče, svaka je ubeđena da će ona biti izuzetak a to nije tačno, Pjer je bio učtiv i prijatan pa je na početku igre već imao prednost, Pjer je kosu začešljavao briljantinom, stavljao je kolonjsku vodu posle brijanja, imao je šest ili osam kaputa od moarea i govorio je dubokim i toplim glasom koji je ostavljao snažan utisak, ponekad bi malo zamuckivao ili bi mu se omaklo pa bi malo zakreštao, Kloe je volela da joj Pjer njuška pičku i da onako prevrne očima, zabavno je što se taj detalj takođe veoma dopadao žutoj Marini ženi mormonskog pastora iz Sent Dejvida, sve su žene iste kad uspeju da ukrote nagon smireno i uz mrvu pokvarenosti malo tajanstvene a malo naslućene, Pjer je ostavio Kloe u bedi ali se ona spasla pošto je bila čvrsta žena koja je umela da se smiluje samoj sebi i da nastavi vredno da radi i da cicijaški štedi, kad se malo oporavila pošla je za bogatstvom u Toston i sagradila kuću na tri sprata u Lomi de Platas, iznad vrata je stavila natpis na kojem je pisalo Madam Le Do Establišment, 30 prelepih devojaka, ni Makario Dejvis ni

Santos Zlatni Himenes ni Hesusito Mudonja Moćila nisu bili osećajni ljudi, sva trojica bili su kavgadžije i krvoloci poput generala Fjerosa, kako ono protuve umeju da kažu, kogod laf je za života pogrebu ga kao skota, Hesusito je bio najpustopašniji među njima, najdrskiji i najbezočniji, najosvetoljubiviji i najskloniji nevaljalstvu, s tako nepristojnim polujeretičkim imenom slabo se šta od njega i moglo očekivati, Hesusito nije hteo da se ženi pošto je bio siromah, razapeću šator gde me puste a i sami znate koliko je tužno kad jaja zovete tikvice, ja sam vam još samac a nisam se ni verio, znate kako se kaže, sirotinjo, i selu si teška, a kamoli meni siromahu, Martinita peva o siromahu koga pas nema za šta da ujede, svinja uvek ostaje svinja, prase je samo do izvesne mere, jagnje je stvoreno da se dere, a siromah kožu na šiljak bere, gore mu je nego svinji, prasetu i jagnjetu zajedno, seljančica Martinita ima osećajan glas, veseo samo do izvesne mere, mrtvac što je leteo u balonu koji je pao između Džedita i kanjona Kims, tamo gde se završilo putovanje voza Augustusa Honatasa s tovarom pokojnih Indijanaca, nije to bio ni gusar Džek Tod ni poglavica Ludi Konj, koliko ja znam to je bio Tatanka Jotanka, poglavica Bik Koji Sedi, još jedan Sijuks, niko se ne usuđuje da to kaže iz straha da ga ne uštroje i ne oneme duhovi osvetnici, Bik Koji Sedi nikad nije jeo povrće niti je pio mleko jer je hteo da ima samo sinove, dobre ratnike, Bik Koji Sedi celog života jeo je samo meso s mnogo soli i uvek je voleo žene zakivajući im kitu do balčaka, nabijajući ih do dna, kad ne zađeš dublje možeš da ispljuneš samo seme koje će da napravi ćerku, kada te bese na vešalima u Tostonu treba da se uspentraš uz trinaest stepenika, stepenište ima dvanaest stepenika uzbrdo i ravninu na kojoj su vešala i to je trinaest, stepenište je oivičeno daščanim rukohvatima, osuđenici na smrt ne mogu na njih da se oslone zato što su im ruke vezane na leđima, šarke na vratancima koja ti se izmaknu ispod nogu zarđale su ali još rade, Makario Lobanja Dejvis stalno govori kako čovek treba da ume da ženu nadraži kao krmaču ali i da je ukroti kao mazgu i još treba da je uzjaše govoreći joj na njenom jeziku da ne bi bila nepoverljiva i da se ne bi izmigoljila, žene uvek ziru od došljaka iz straha da im ne iskvare rasu, crnkinje ponekad prave izuzetke, neke crnkinje hoće da izbele svoju decu, posao krčmarice raspaljuje želju i rasteruje bubuljice i čireve, kad krčmarici miluješ sise onda ti nestanu bore i seda kosa, ako nije tako, neka to kažu Kolumbusu iz suparničkog omnibusa, Hovita peva u horu u misiji pa se raspomami kao mačka kad samo zatvori oči i nasluti, Ihinio de Anda ležao je zajedno s Ćatom Bernabeom, crnac Frenk umro je u ćeliji u jedanaestici a Udilja su ubili s leđa, da su se usudili da mu pogledaju u lice drugu bi pesmu pevali, glas savesti takođe nadražuje Hovitu a ko ne veruje neka pita Taćita Smita i Kolumbusa Taćoljija, ja pripadam onoj grupi iz sive šklopocije, zovem se Ihinijo de Anda i bio sam u Parizu i u Rimu i Petrogradu i Atini i Madridu, gazdarica Dina Dekster izbacila je Hesusita Mudonju s ranča i rekla mu, ako se ne tornjaš tamo preko planine obesiću te gde te zateknem i neću ni da te sahranim, kaplaru Klotildu Nutriosu takođe su zapretili da će mu kosti ostaviti da ih razvlače lešinari, da ga požderu aure što kljucaju crkotinu, Kinez Vong je umeo da pravi pitu samo od mrtve dece, odrasli ljudi imaju žilavo i gorko meso i od njih slaba vajda, razume se, kad je Bonifasijusu Brensonu dosadilo da ubija Indijance i divlje zveri počeo je da propoveda bratstvo među ljudima i da pripravlja napitke, *Nikad me nemoj napustiti živote moj* i *Nemoj mi biti neveran srce moje*, oba u tirkiznoj boji a *Bez tebe mi nema života* i *Skloni od mojih usta cvet nesrećne ljubavi* oba u ružičastoj, svi oni koji su zaboravili deset zapovesti Telesfora Bebibataka, koji su zaboravili šta one kažu ili su zaboravili da ih se pridržavaju, svejedno, skončali su bedno, prvi Teodulfo Sapata koji je pomislio da se može podsmevati ženama, prababa Bonifasijusa Brensona još se nije reinkarnirala ni u kome, vidi se da još nije kucnuo njen čas, kad se bude reinkarnirala reći ćemo, lice i ime su jedno te isto, pogani mešanac Bubotak Miljor koga pas nije imao za šta da ujede hteo je da naguzi lutku na naduvavanje Žaklin pa je morao da zamoli Taćita Smita, vlasnika Smitove automehaničarske radionice, da joj stavi zakrpu, Bog će te kazniti zbog tih svinjarija, Kloe Le Do je mnogo držala do raskoši, nameštaj, tepisi i posteljina u Estаblišmentu bili su otmeni i kvalitetni a posluga je znala gde joj je mesto i bila krajnje uslužna, Kloe je svoju kurvinsku družinu probrala idući duž cele granice, razgovarala je sa više od tri stotine devojaka da bi mogla dobro da izabere, žene je terala da se kupaju svakodnevno i da uvek budu doterane i namirisane, Isabelo Florens brat laik iz misije Presvetog Trojstva zna da peškirić Pato Makario nosi plameni cvet na dupetu ali ćuti o tome da se ne bi zagrcnuo, da ga ne prožderе nečista savest, ubeđen sam da majka uopšte ne bi volela da sazna da joj je jedan sin nabiguzica, mom ocu uginuo je magarac Pukovnik zato što ga je drmnula struja a on to nije baš najbolje podnosio, i konjokradica Bil Hijena Kihotoa dičio se cvetom na dupetu, sve se uvek dešava istovremeno, recimo devet stvari, a poslednji uspe da umakne na vreme i otarasi se smrti, Viki Farli je obeščastio njen teča Ben Abot u parohijskoj školi, dripac Obdulio Tularosa ubio je Ferminsita Guanahuata jednim metkom u

grkljan, Ana Abanda isplela je vunenu čarapicu da bi
preživar Erskin Karlou mogao da ugreje jajce, eto već
trojica, Zah Dastin sasuo je u lice Kenu Vernonu ka-
kve je sve svinjarije radio s Korin Mek Alister, Indi-
janka Mimi Ćapita nikad ne priča o Bilu Hijeni Kiho-
toi koji se sad zove Majk San Pedro, niko ne zna da
se za karneval ona prerušava u došljakinju, hrabra
Korason Leonarda bila je veća kurva od Mendi Mesi-
lje ali manja od Noelije Ćunde, nijedna žena nije to-
lika kurva kao Noelija Ćunda, u Starom zavetu tako-
đe je bilo žena koje su bile velike kurve i jake kao
bikovi, to je već šest događaja, brat laik Timoti Mel-
rouz držao je jednog maloumnika u kovčegu, strpali
ga u zatvor zbog toga, Adelino Orogrande i Arabela
Spindl su se verili u Karisosu a vidite vi to, kad Ko-
lonija Pisinima već nije dokrajčila zmija, ubio ga je
grom, to je već devet a Kolonio Pisinimo nije uspeo
da pobegne na vreme i poginuo je, sve se uvek deša-
va u isto vreme pa ponekad sunce i mesec sijaju za-
jedno, Tako Lopes i moj otac imali su u tal dresiranog
aligatora, neki ga zovu Tako Mendes, posle je moj
otac otkupio od Taka Peresa njegov deo a ovaj je pa-
re potrošio na polovnu žensku odeću, na odeću mrtve
žene, litanija Bogorodici je štit koji nas brani od gre-
ha, ja kažem *janua caeli stella matutina* a ti kažeš *ora
pro nobis* dva puta, jednog četvrtog jula Maksin je
ofarbala telo u belo, crveno i plavo, Maksin se speci-
jalizovala za matore ljubavnike, umela je da ih teši ja-
ko vešto, pažljivo se ophodila prema njima i pružala
im zadovoljstvo nežno i nije ih štrecala, starci bolje
podnose jezik nego pičku naročito ako ženi pljuvačka
nije previše kisela, madam Kloe morala je da izbaci
Maksin iz Establišmenta zato što je krala, Džou Drek-
selu je ukrala bodež pa joj ga je Džo Dreksel oteo i
zauvek joj ostavio ožiljak na licu, recnuo je skroz

naskroz, tako je sigurnije, držao je bodež za sečivo da je ne raspori više nego što je nužno, sad mi kaže moj prijatelj Sendi Hartford da ta žena što je celo telo ofarbala u boje zastave nije bila Maksin Megpaj Skrenton nego Vendi Vajt Lili Endrjuz, može biti, Kerol Dalija Lostin je obojila kosu u zeleno na dan svetog Patrika, imala je prelepu kosu ali umalo da ostane ćelava, Džerom Dok Gudfelou joj je spasao kosu trljajući je nekim melemom od kuvane kore tesote, to je neko drvo što liči na tvrdo drvo ali nije toliko tvrdo, tvrdo drvo se u Španiji zove američko drvo a kod Opata Indijanaca zove se opo, Maksin se otkrotrljala nizbrdo i nestala, sigurno je sirotica poginula jer bi se inače nešto o njoj čulo, siromasi obično umiru zaboravljeni i maltene uvek ostanu otvorenih očiju, Stenli Lopuža Volš je perom nacrtao bolesni kaktus saguaro što stoji na drumu za Port Stefano, mala Holanđanka Brigite rekla mu je da je crtež baš lep i onda se Stenli zagledao u njene sise i kad mu se pogled već zamaglio navalio je na nju i silovao je, morao je da je izudara da bi je smirio, nije morao previše da je mlati, bolesni saguaro liči na pogrbljenu staricu, melezi iz misije se krste kad tuda prođu i smerno gledaju u zemlju, gotovo svi se pokoravaju odlukama sudbine i zapovestima proviđenja, niko se ne usuđuje da se pobuni i svi se mirimo sa sudbinom zato što je to zakon Božiji, bolesni saguaro, ludi Indijanac, grbavi Norvežanin, sušičavi Turčin, ćoravi Meksikanac, Francuz lopuža, crnac što ume da svira u bendžo, uobraženi Španac, Irac što bi samo s nekim da se potuče, Poljak što ubija s leđa, Grk što maže obraze ružem, sve je to već poznato, mala Holanđanka Brigite stalno trčkara za Stenlijem i priča mu kako lepo crta perom, hoćeš da izvadim sisu, hoćeš da vidiš kako piškim, hoćeš da legnem poleđuške i da zadignem suknju, na drumu za Port Stefano vrelo je kao u paklu a možda i vrelije i zmija s roščićima vreba ispod svakog kamena, ispod svake lepljive travke, ne, Brigite, dosta mi je kad mi kažeš da ti se mnogo sviđaju moji crteži, da to govoriš i meni i svima ostalima, Brigite je zavodnički oborila oči, što me opet ne udariš šnalom na kaišu, kaktus saguaro je već odavno bolestan ali nikako da umre, bolest se sve više i više širi zato što se hrani vazduhom, jesu li te spopale ružne misli, Stenli, jesu, Brigite, spopadnu me ružne misli kad god te pogledam, je l' da su mi prelepi crteži perom, jesi li čuo za Maksin, kurvu lopužu, maltene nema toga ko za nju nije čuo, zvali su je Megpaj i na kraju su je isterali iz Tostona, takve žene uvek umiru u divljini, kad svane i kad dolete aure a ono ih kojoti već proždrali, kao da su uklete, prvo oči i jezik pa onda grkljan pa sise i trbuh, Brigite je volela i da se popiša na mravinjak, hoćeš da vidiš kako pišam po mravinjaku i kako rukom upravljam mlaz, baš je lepo kad gledam kako mravi beže izbezumljeni, kao ošureni, možeš i da ih gaziš nogom i da ih zatrpavaš zemljom, sve može da posluži samo da se Stenliju zamagli pogled i da te na kraju izudara šnalom na kaišu, sve dok ne svisneš od sreće i dok ne zagrokćeš kao krmača kad je mužjače kao krmača kad je kolju, to ti je maltene isto, Indijanka Slanina se obesila o zeleno drvo na ulazu u ranč Sedam jarića, tamo pored same gvozdene kapije, Indijanka Slanina bila je mnogo nesrećna jer su joj sva deca pomrla jedno za drugim, Sem V. Lindo naredio je da se leš sahrani, nema potrebe da se radi autopsija, dovoljno je da lekar namrči nešto na hartiju da ne bi imao ko šta da kaže, bolje bi bilo da se Indijanka ubila u rezervatu ali ni to što je uradila nije neka veća nevolja, procesno pravo uvek mora da se podredi zdravom razumu a naročito kad nema nikoga da se buni, vetar klati mrtvace vrlo svečano i dostojanstveno, neki od njih kao da igraju valcer poput gospode, drugi bogami ne, drugi su prostaci pa se ritaju bez stida i srama, Indijanka Slanina je imala nekih dvadesetpet godina kad se ubila, možda manje, dadesetdve-dvadesettri, žbun kose spuštao joj se do pasa, muž je bar jedno sto puta batinom udario leš pre nego što ga je skinuo s drveta, mrtvi ne mogu da se pokaju ni za šta ali to je nešto na šta živi zaboravljaju, možda to nikada nisu ni znali, kajanje ne raste zdravo i pravo nego u srcima onih koji se boje poraza i kazne koja obično snađe pobeđenog, oni koji pobede ne kaju se nikad ni zbog čega jer nemaju vremena, pobednicima je uvek isplažen jezik i nemaju vremena da se osvrnu ni da se zaborave, Indijanka Slanina je ceo život provela gubeći a to je nešto što ostavlja traga, Indijanka Slanina nikad nije pobedila i onako obešena o šiju bila je maltene smešna, stopala su joj bila na pedalj od zemlje pa ih Stenli nije zapisao samo zato što se uzdržao, Stenli je nacrtao perom i pokazao crtež Brigiti, znam da ti se sviđa ali ću da ga spalim zato što donosi nesreću kad se crtaju ljudi na vešalima, babica Margaret radi autopsije a potpisuje ih Vili Dok Kevin koji ima jedno stakleno oko, a osim toga i smrdi mu iz usta, zaudara na karbid, iz nosa mu bazdi na trulež a od pazuha i nogu na ukiseljen hleb, i babica Margaret voli da tuče Brigitu, kad se ljudi poznaju ne propuštaju priliku pa jedni drugima umeju da pruže zadovoljstvo, kad god babica Margaret istuče Brigitu ona to ispriča Stenliju pa ovaj krišom izdrka tako što stavi ruku u džep na pantalonama, vidi mu se pošto malo isplazi jezik, Bufalo Ćamberino oduvek je voleo da od devojčuraka pravi kurve, kad prođe neko vreme kurvaće se one i same i bez ičije pomoći, to ti dođe kao neki nagon, to je pravilo, mojoj majci je platio prvo pričešće a kad se malo podnapila svalio ju je u krevet, moja majka imala je deset godina i bila je poslušna, diši duboko i raširi malo noge, moja majka je volela da sluša i da oseća ruke Bufala Ćamberina kako joj malo šire noge, Harija Longaboa zovu Sandens Kid, dečko koji igra na suncu, a Roberta L. Parkera zovu Buč Kasidi, krvolok Kasidi, obojica nose polucilindar, kao Bil Karver, Ben Kilpatrik i Hari Logan zvani Kid Kari, petorica zvana Vajld Banč ili Divlja tevabija izlaze iz svoje jazbine u Robers Rostu i pljačkaju vozove, banke i stoku ali ne skidaju polucilindre osim kad krenu na spavanje, nadničar Frensis Pako Nogales izgubio je stakleno oko koje je nosio umotano u kariranu maramicu, Frensis Pako Nogales stavio je revolver na sto i rekao prigušenim glasom gledajući u pod, ukrali su mi oko a sad će neko da zažali što ga nigde nema, Kinez Veng Fu imao je metronom i kaleidoskop, niko nikad nije saznao odakle ih je izvukao, gde ih je ukrao, taj Kinez bio je velika lopuža, Ben Kilpatrik izgleda vrlo sportski i elegantno i hoda uspravno, otmeno i skladno, Ben nosi rajsku pticu tetoviranu na grudima, za Navaho Indijance to je simbol ogromne sreće, bezgranične sreće, ali to nije tačno, poglavica Gajetanito isto tako je nosio tu pticu i na kraju se predao u Fort Vingejtu, ratnom poglavici Manuelitu sreća je okrenula leđa i sve se zlo završilo i utopilo u bolu, crnkinja Patrisija pravila je čudotvorne napitke od još tople krvi tek zaklane dece, mog dedu s majčine strane obesili su u Pitikitu ili u Kaborki, jedni kažu na jednom mestu a drugi na drugom i nikako da se slože, moja majka nije upoznala svog oca, to nikad nije nužno, istina, nije to ni neki naročito obavezujući običaj, u Vajoletinoj točionici u La Soriljeri, u Tintonu koji se piše *Thintown*, Kržljavgrad, to je četvrt u Bizbiju, konji se kupuju i prodaju na reč, novac dolazi potom i ko ne održi reč neka moli Boga da ga ne nađu ni s ove ni s one strane granice, Augustus Honatas nikad nije saznao da je bogat, umro je a da to nije saznao, Vajolet je lepa i hrabra, pre nekog vremena ovuda je prošao Galicijac Kasimiro koji joj je rekao da je lepa i hrabra, Kasimiro nije baš čist Galicijac jer je pola Englez i kako se priča legali su zajedno cele četiri mesečeve mene, običaj je da žene ne puštaju skitnice da ih napumpaju, pošto Vajolet nije htela da izneveri običaje kad bi se nauživala s Galicijcem Kasimirom stavila bi aspirin i oprala se tako što bi unutra dobro zavukla sifon i snažno pritisnula, Vajolet je imala ožiljak ispod sise, to ju je ugrizao njen muž Augustus Honatas, otkinuo joj je malo mesa i rana joj je zarastala gotovo dva meseca, kakva ti je to fleka, a šta to tebe briga, Sandens Kid je takođe imao neke veze s Vajolet ali to je neka malo mutna priča, u točionici stoji jedan kaktusov cvet naslikan na zidu, sve uvek ima svoje značenje ali ima stvari koje nema potrebe govoriti, muškarci i žene proganjaju jedni druge, vole jedni druge, grizu jedni druge i preziru jedni druge ali to nikom nije važno, u pravu je Vajolet, a šta to tebe briga, Sandens Kid nosi svilenu kravatu i iglu s biserom, kad čovek igra na suncu mora jako lepo da se obuče, prvo što bi moja majka uradila kad bi legla s nekim mladićem bilo bi da mu pregleda dupe i potraži znak ruže, Vinkelmanova železnica za Tortilja Flet prolazi kroz surovu i gotovo pustu zemlju, mada on to ne želi da prizna, kaplar Klotildo Nutrioso dobio je triper od svoje gospođe koja je celog života bila mrzovoljna, Sandens Kid nije imao cvet utisnut na dupetu, nije mi bio brat, Buč Kasidi je najnasmejaniji od svih petorice iz bande, deca meleskinje Asoteje bila su mršava i bleda kao izgladneli gušteri, kao iguane za zle godine, one ponekad mnogo gladuju, Bil Karver gleda ispred sebe samo kad mu fotograf tako naredi, ljudi koji se useravaju u gaće nikad ne gledaju pravo ispred sebe osim ako im tako narede, to nije slučaj s Bilom Karverom ali niko ne sme da bude previše nabusit da ne navuče na sebe gnev Gospoda Boga Našega, Kid Kari liči na ćatu, tvrd je on orah ali izgleda kao pitomi ćata iz sudnice, ponegde ih štroje da bi više došli do izražaja i da bi bili poslušniji, sad se to više i ne radi, Grejem Sprjuston se ugušio u zatvoru u Safordu, ni on nije umeo dostojanstveno da pruži otpor, licencijat Rosario Orosko došao je u Arizonu u vreme bune oko religije, bežao je od taneta nekih ludaka, licencijat je iskoristio priliku da pobegne i od svoje zadrigle gospođe prokletnice po imenu Restituta Verakrus Gonsales koja je patila od nadimanja, podrigivanja, vetrova, štucanja i dubokih uzdaha, bolje da ga ubiju hristerosi, i još je patila od kiseline i od kile, čim je stigao licencijat Rosario Orosko je počeo da živi s Beti Pink Kejsi, upoznao ju je u Establišmentu i nije prošlo ni godinu dana a on ju je otuda izvukao, niko ne zna gde je granica između ljubavi i pizme, niko to nikad nije ni znao, sve je potaman dok stvari teku dobro i bez trzavica, Beti je bila sva ljupka i uslužna, kao da je Japanka, glas o njoj pronosio se po celoj teritoriji i muškarci luduju za njenim čarima, svi muškarci bez izuzetka, na celoj teritoriji to je žena koja ume najviše uživanja da pruži, u krevetu zna znanje i lepo se vlada, Beti je iz Firence, Južna Karolina, tamo njeni roditelji imaju pogrebni zavod i malu fabriku soda vode, Beti je završila za bolničarku i sitna je telom, prava je vidra, gipka kao gazela, voli da joj ga steraju kučeći i da joj stalno nešto pričaju jer je glas dobar da ti da ritam, licencijat Orosko govori joj silne slatke reči pune odanosti tokom čina i Beti Pink se zahvalno osmehuje, litanija Bogorodici je štit koji nas brani od greha, ja kažem *salus infirmorum refugium peccatorum* a ti kažeš *ora pro nobis* dva puta, Indijanka Hitra Veverica ljubaka se s Pantaleom Klintonom koji je krakat i po naravi je uljudan, najbolje oružje Pantalea Klintona je njuh, ume da njuši tačno i istančano poput kojota i ne promakne mu nijedna okolnost, Hitra Veverica je tolika kurva da i ne liči na Indijanku, liči na belkinju ili crnkinju, može biti da je licencijat Orosko imao nešto s njom kad su se sreli u Kingmenu tamo već blizu Nevade, za njega se nikad nije znalo šta je tražio toliko daleko a ona je krenula niz dolinu Ualapai da se sretne s Pantaleom Klintonom, sve je to velika zbrka ali je možda i istina, oklevetaj, nešto će ostati, uzdiži u nebesa, nešto će ostati, ukradi od moćnika, nešto će ostati, pomozi nevoljniku, nešto će ostati, zaboravi, nešto će ostati, taj dobar početak pao je na pamet Zahu Dastinu ali posle nije znao šta će dalje, stvari odjednom postanu teške i putevi se zapetljaju kad se najmanje nadaš, kapetan teretnjaka Mere oh Romsdal imao je oči nebeskoplave i zlatnu bradu, zvao se Lars Korvald i naredio je da se moj otac baci u more pre nego što sasvim umre, velike boginje su strašno zarazne a dužnost se uvek mora izvršiti, Sindi se opija anisom i već tri godine leže s Nikijem Prasicom, već im postaje dosadno i mori ih monotonija i navika, žena Nikija Prasice zove se Sandra i bazdi na govno, to mu je supruga, Sindi je žena Bertija Bogatog i miriše na pačuli, to mu je supruga, u kolibi kod Saja Vilsona u Louer Iglz Kriku, strpljivi Kam Kojote Gonsales naučio je moju majku jednu pesmu Rita Garsije, svedok mi je proviđenje za ono što osećam u duši, proći ću svako iskušenje jer me nepravda guši, pre nego što se zvala Matilda moja majka se zvala Marijana što zvuči stranski i još Šejla i zvali su je Sisi i Mildred i zvali je Mili, može da bude bolno kad se ne zoveš uvek isto od rođenja pa do smrti, deca se leče od padavice tako što im se stavi magnetni štapić u stisnuto okce dupeta, treba da im se glava zavije krpom nakvašenom vodom u kojoj se kuvao cvet sedmolista, bolje beli nego žuti, Bert Vinger eksperimentiše tako što odseca glave životinjama, pticama, kokoškama, ćurkama, mačkama, pacovima, psima, ovcama, kozama, ogromnim makazama za potkresivanje ili sekirom, ponekad i nožem sa širokim i teškim sečivom, pokret mora da bude oštar, brz, da bi glava čisto i glatko otpala od trupa, telo odskoči pri padu i krv šiklja kroz posekotinu sve dok ne padne ali se još batrga, dlakavim životinjama se zgrči njuška i zamagli im se pogled koji ostane ukočen i sleđen, po meni pernata živina manje pati, možda ne umeju tako dobro da se izraze, Bert Vinger bi voleo da proba i s ljudima ali nije mu se ukazala prilika, to se kažnjava zakonom a i proizvoljno, zakon je tvrd kao bejzbol lopta i ostavlja sve manje i manje slobода i u duhu i u sportu, slučaj Brendona Brimuskog, mađioničara, potpuno je jasan, ljude štiti zakon, neke manje, neke više, ali ne možeš im odsecati glavu samo radi eksperimenta jer se mašinerija zakona odmah zahukće, putujući po svetu mora biti da ste čuli za mašineriju zakona, za neumoljivu i nepogrešivu mašineriju zakona, Bert Vinger voli i da kolje, guši i davi ali sve to nije isto, jedno je kad neku ženu ubiješ nedaćama ili je umlatiš od batina, a drugo kad je gledaš kako umire od jektike onako krotka i nežna ili od pijanstva ili od napada kamena u buregu, gladni umiru hrabrije nego siti, ljudi misle da je obrnuto ali greše, Bert Vinger ima retku kosu, vlasi su mu slabe i nemaju sjaja, nemaju ni privlačnosti, niti mirisa, vlasi Berta Vingera nemaju nikakvih osobina, Bert Vinger skuplja sličice iz čokolade Kreol, konje, rasne pse, cveće, lokomotive, a svu svoju ušteđevinu troši na kupovinu životinja kojima odseca glave, kolje ih, guši, davi, Francuzi i Turci bolje umeju da naprave razliku nego Navaho Indijanci ili Apači, ima i životinja koje nema potrebe da se kupuju, ptica, mačaka, pacova, škorpija, Bert Vinger troši pare i da bi trljao loj o loj s Korin, voli da joj sisa bradavice i da joj pljune u zlatni zub, nemoj da mi pričaš gadosti i brzo svršavaj, svršavaj što pre, što ga ne steraš kokoški, izašlo bi te jeftinije, o blaženi apostole Judo zvani Tadej, nevini mučeniče, verni slugo i druže Isusov, harmonikašu Adelinu Bjendiću iščupali su uho zato što je falširao, u tome su pravilno postupili pošto je u falširanju preterivao, zdravo Marija Prečista ljudi su se smejali ali je on na veki vekov ostao bez uha, kad je umro morao je da se pojavi u raju bez uha, šta li je samo rekao svojim sapatnicima po večnom ognju, muzikanti imaju običaj da se sažive s navikom, bilo je dve stvari koje je žandar Louel Litsdejl voleo više od svega, duvače i perike, Korin je gruba prema slabima, voli da ih vidi čulne, napaljene i poražene, što ga ne staviš kokoški pa joj završneš šiju i svršiš, Bert Vinger udahnuo je duboko i pljunuo u ruke, to je kao ritual i sve ide glatko, Arnoldo Kalderon Tronkoso iščupao je uho Adelinu, ti što razvlače harmoniku svi su sabraća po tvrdoći na ušima i crkavaju za enčiladom i *cold creamom*, oni u grupama još mogu i da prođu ali kad sviraju sami, nikako, onima što sviraju saksofon ponekad se Bog smiluje, ime izdajnika koji gori u paklu bilo je razlog što su te mnogi zaboravili, što ga ne strpaš kokoški, ona je tešnja od mene, ali Sveta Majka Crkva priziva te kao zaštitnika u trenucima očaja, u staklenu urnu gde se zmija Doroti dosađuje i gaji zle misli nehotice je uletela neka ptičica, zatvorili su je, međutim, hotimice i potrajala je tri-četiri dana, lepršala i sudarala se sa zidovima, što ga ne strpaš crknutoj kokoški pa da je posle tako nosaš tamo-amo na kiti, znam ja vrlo dobro da to ne radiš zato što je hladna, molim za tvoje posredovanje o slavni i blaženi da mi ublažiš sve patnje a naročito da me Korin ne ponižava svojim besom i grubostima, Babs Belflauer šepavica iz Kastl Šenona to jest iz Viksberga umela je da razlikuje sedam različitih mirisa zadaha na mudrost, na gavrana (mnogi Škotlanđani), na gavranov zadah (general Emilijanito Nafarate), na svareno mleko (madam Rašel iz točionice La Flor de Paskagula), na starog kojota (Monti Majsena vrdalama iz Eripajna), na crnca što svira u saksofon (bilo ko), na mrtvace (Bubotak Miljor pogani mešanac) i na znoj maloumnika (Džeronio Loptica Velton, onaj iz streljane), Rendolf Grant je rekao Anabeli kroz ogledalo to jest gledajući je u ogledalu kao da je mrtva, u poslednje vreme mi posao slabo ide jer sam prilično zlovoljan, Rendolf je pravio cveće od šarenog krecavog papira i voštanice s izrezbarenim raspećima, udubljenim i ispupčenim, kad sam loše volje onda sam prava picajzla, vidi se da je nervni sistem uzeo krv pod svoje, Lester Mur sahranjen je u Buthilu u Tostonu, ovde počiva Lester Mur četiri metka kalibra 44 ni manje ni više, petoricu obešenih sahranili su zajedno, bili su to Den Daud, Red Sempl, Teks Hauard, Bil Dilejni, Den Keli, obešeni po zakonu dana 8. marta 1884, ne umire svako glave ovenčane zakonom i isplaženog jezika, Džona Hita izvukli su iz zatvora momci iz Bizbija, ljudi iz Bizbija, i obešen je 22. februara 1884, vidi se da je svima njima pukao onaj srebrni konac koji vezuje čoveka za Boga i za svece i za zakone na koje nas oni obavezuju pa tako nema načina da čovek vodi dostojanstven život i da ga poštuju, ogromna planina nagoveštava prisustvo materijalnih i duhovnih dobara, dobra vam žetva, mir i zdravlje, tačno je da je žvakanje duvana pravi melem za dušu, ali dušu umiruje i ljubav i lov u ravnici kojoj nema kraja tamo na severu kad se prođe Veliki kanjon i Rio San Huan, znanje ide ruku pod ruku s podozrenjem, zato sveštenici i zmije ne trepću i gledaju pravo u jednu tačku koja je uvek neka neodređena tačka, niko nije mogao tačno da prebroji Kineze koje je pobio pukovnik Orasio Rivera ali ne u zloj nameri, samo radi zabave, izazovno je kad vidiš Kineza kako obrađuje svoj vrt i pogodiš ga tačno u jabučicu, ima stvari koje su neizbežne, imao je Bog svojih razloga kada je odlučivao koje će boje biti ljudi i kakvu će narav imati životinje, pukovnik ne zna ko je obeščastio Dolores, kad je izgubila devičanstvo prozvala se Adelaida, ona kaže da je to bio neki došljak koga su obesili u Altaru između Santa Ane i Pitikita, one iz Santa Ane zovu prugoseri otkako su im stavili železnicu pošto nisu imali klozet pa su išli da vrše nuždu na tračnicama, ponekad Adelaida izmišlja i druge priče u koje pukovnik Rivera isto tako ne veruje, nema razloga da muškarac sjahuje s konja niti da sluša žene, pukovnik Mek Deming upoznao je Adelaidu kao devojčicu ali već bušnu a ne celu, Adelaida nikad nije htela da govori o nekim stvarima koje su joj se desile dok se zvala Dolores a neki muškarci i ne zapitkuju preterano, pristojne žene znaju sve napamet a kurvama sve izvetri iz pamćenja, to je zato što je slučaj uvek osećao nedostatak monotonije, nikad se ništa ne događa bez razloga a ženino pamćenje nije stenovita planina, Adelaida je iz Imurisa, tamo iza Nogalesa ali kaže da je iz Džeroma severno od Tusona, u Džeromu je bilo rudnika srebra i bakra ali je to danas avetinjsko mesto, komotno je kad si iz avetinjskog mesta, blaži ti dušu i oslobađa te obaveza i previše istorijskih objašnjenja, vreme rastače mesta iz kojih čovek pobegne, ovde je vreme izbrisalo čak i uspomenu na jedinu bitku u Secesionističkom ratu koja se vodila u Arizoni, bila je to samo čarka, pobedili su Jenkiji i mrtvih maltene nije ni bilo, Adelaidin deda nije poginuo u bici kod Pikaća ali ona kaže da jeste, da je bio sila od junaka i da je poginuo braneći Indijančev prolaz na drumu za Vajmolu, Karidad del Kobre moraju da stavljaju pčelinji med u duboku činiju da bi se, kao što se ta činija sladi, i ona usladila svim muškarcima koji dođu da od nje izmole milost, Džejms, Li, Mari, Klif, Hasinto, nikad se ne stavlja voda da ne bi preokrenula dejstvo pa da dođe smrt tamo gde je trebalo da se nastani život, voda je za Gospu od Pravila jer se njeni trudi moraju odvijati u moru koje je bezobalno, moreplovci pričaju o rogatim kitovima koji bljuju vatru i o tajanstvenim jedrenjacima s avetinjskom posadom i s mrtvačkom glavom probijenom metkom, ljudi iz Pirsa, Tostona i Bizbija nikada nisu videli more, maltene niko od njih nije video more, Indijanac Heronimo bio je u pravu ali je umro pre nego što su mu to priznali, meksička vojska ružno se ponela prema Apačima i Indijanac Heronimo borio se do iznemoglosti, litanija Bogorodici je štit koji nas brani od greha, ja kažem *consolatrix afflictorum auxilium christianorum* a ti kažeš *ora pro nobis* dva puta, Dag Ročester udvarao se Lupe Sentineli, sviđala mu se jer je imala bujne i čvrste grudi, Indijanac Kornelio je od njega ukrao pisaću mašinu, ukrao ju je kad je Dag već bio mrtav jer se za života nikad ne bi usudio i mnogo godina, bar jedno petnaest godina, avet Boba Oejzisa noću mu se javljala da ga plaši i da mu priziva grižu savesti kao kod nekog bolesnika, u Majo Mansu bilo je samo jedno drvo koje je moglo da posluži za vešanje pa su crnkinju Patrisiju morali da skinu da bi obesili Marka Saragosu Tojavalea travara-pokućarca koga su neki zvali Giljermo Bakalar, maltene svi su ga tako zvali, Margarito Benavides mnogo je voleo žene i zbog glasa na koji je izišao moglo je da dođe do zbrke, nije tačno ili nije sasvim tačno da je on bio taj koji je sav mirisao na Marinu kad su se sreli u Sofijinoj gostionici, pričaću o tome kada dođe vreme nešto malo kasnije ali je istina da ne bih smeo da se zakunem, ima ih koji smatraju da je na plavojku mirisao kaplar Klotildo Nutrioso a ima i takvih koji tu zgodu pripisuju pogrebniku Grauu, takve stvari nikad se ne razjasne pošto ljudi sve namerno zamrse, sve pomešaju a da čak i ne primete, možda je to dobro zato što je istorija osvetoljubiva izdajnica poput peska koji vetar premešta da bi zbunio ljubavnike i graničare, lav Bang, medved Fing i miš Deng bežali su od same senke smrti, životinjski život je veoma neposredan i površan, u vodama Gospe od Pravila moraju da se rastope listići indiga da bi se gresi utopili i nestali, moja supruga Klaris ukrala mi je dokumenta za automobil i otišla da živi s Kinezom Tronogim samo zato što mu je kita bila ogromna, pomamna i nabusita, silna kita, ona je osećala veliku privrženost prema kiti svog Kineza, tolika mu je porasla zato što je jeo pseće meso, možda je u pravu ali ja nisam spreman ni da oprostim ni da zaboravim, ne znam da li pseće meso proizvodi takav efekat a nemam ni razloga da se sećam bolnih stvari, ljudi se smeju i pitaju me zašto ne jedem pseće meso ali stvar je bolna, u takvim slučajevima jedini koji se ne smeje je muškarac kome žena pobegne zato što mu je kita modrikasta i gnjecava a ne stasita i udrvljena, da bi se stvarno izvukla korist iz psećeg mesa treba ga jesti svakog dana i to onim redom kako smo već rekli, samo ne sredom kada treba da se posti na hlebu i vodi, osećam se poniženo što me je moja supruga Klaris napustila zato što mi je kita mala, tako nešto žena može da uradi samo profesoru jezika, Darela Sprigsa su strpali u zatvor zato što je preparirao maloumnika koga su našli mrtvog na ledini, savezni zakon ne dopušta da se mrtvaci prepariraju bez dozvole a ne kaže ništa posebno za maloumnike niti ih izuzima, zakon je tu da ga se svi građani drže i Agripino Tvin i onako bezuman i bez očiju nije izvan zakona, Bik Koji Sedi bio je ratni poglavica Hrabrih Srca, Darel Sprigs preparirao je gavrana i poklonio ga Bredu Vilkinsu koji je veoma držao do njega i povremeno mu oduvao prašinu, Bik Koji Sedi je od prvog trenutka znao da će ih zlato koje se pojavilo na njihovoj teritoriji na kraju dovesti do propasti, moj prijatelj Adoro Žabac Alamur osetio je ogromnu prazninu kad je mala Megi Sedervejl umrla od jektike pa više nije bilo nikoga da mu dira pišu nežnim prstićima ni da mu je sisa napućivši usne, Bik Koji Sedi sanjao je oblak ratnika kako pada preko polja poput najezde skakavaca a posle je pobedio Sedmu konjicu, kad su stvari krenule po zlu postao je zabavljač i glumio je u spektaklu Vajld Vest Šou Bufala Bila, imao je mnogo uspeha jer je podjarivao zle nagone kod belaca, u porazu je najgore to što spaja podlost i niskost, nema ničega nižeg ni podlijeg od nekoga ko je poražen, Taćito Smit vratio je Fransin mami i tati zato što se ugojila kao krava, nije tačno da je Sajdvinder iliti Zvečarka Džim ujeo madam Kloe Le Do za tur, svi su tako pričali ali to je laž pošto Sajdvinder Džim nije imao nijedan zub u glavi, belci su ubili Bika Koji Sedi posle događaja kod Ranjenog Kolena, noćni čuvar Frenk Banana ga drka svom vučjaku zato što mu se žene gade a muškaraca se plaši, želi li neko da zna pravo ime kurve koja je telo ofarbala u crveno, belo i plavo, spreman sam da vam ga kažem, bila je to Vendi Vajt Lili a ne Maksin Megpaj kao što su neki pretpostavljali, moj prijatelj Sendi Hartford ima mnogo razloga da to zna, Indijanka Mimi Ćapita je jednako nežna u krevetu kao i van njega, Indijanka Mimi Ćapita provodi po cele dane bruseći se s Bilom Hijenom koji se sad zove Majk Hućipila Kompton ili Majk San Pedro pošto Indijanka Mimi Ćapita o njemu uopšte ne govori jer je krajnje diskretna i drži jezik za zubima, dvadeset Indijaca što su se podavili u San Luisu svi su plutali potrbuške i trbusi samo što im nisu popucali i oči im zamalo ribe pojele, uvek je tako, to je običaj kojeg se svi drže, svi su dužni da plutaju potrbuške a vidi se da je to zato da ne bi uvredili ni sunce ni nebo, i da im ribe oči pojedu, knjigovođa Kenet Tenesi Vernon nikad se ne skida do kraja, zavuče se pod krevet da mjauče sve dok ga žena, koja bilo, ne ućutka bičem i nogama, doktorka Kavakrik ne skriva naročito svoj prezir prema njemu, on je kao dete, isti je kao svinja ili debela žena koja se valja kao svinja, Fransin se valjala kao svinja, on je kao dete koje masturbira pred fotografijom svoje majke, stidi se i grize ga savest i zato mjauče, Kenet je ostao siroče kad je bio mali i njegova tetka Nan mu je izopačila sklonosti terajući ga da udiše kamfor kad god bi ga zatekla kako se dirka, davala mu je i kafu s ricinusovim uljem i nije ga puštala da pije vodu ni da izlazi na sunce, Turčin Džilani uvek je govorio da otac može da se brine o desetoro dece ali da ni desetoro dece ne može da se pobrine za oca, znam da ću umreti sam i u tuđoj zemlji ali znam i to da će me neko oplakivati barem na trenutak, hrišćanski Bog nije onoliko surov koliko su surovi hrišćani i sredi da uvek bude nekoga ko će oplakivati mrtve bar na trenutak, Pančo Vilja naredio je don Rubenu Fjeru popu iz Sateva da se oženi gospođicom Luisitom, tim vašim celibatom to jest zavetom čednosti obrišite se između nogu, oče pope, sav greh vam je počeo između nogu, ili ćete se oženiti gospođicom Luisitom ili ću smesta da vas streljam, na licu mesta, Džerard Ospino putovao je, ima tome već dosta godina, na sever, stigao je do rezervata Indijanaca Paijutana, visoravni Kaibab ili Polegla Planina tamo iza Velikog kanjona gde je imao neku poluverenicu koja se zvala Karlos, to nije žensko ime to svi znamo ali se poluverenica Džerarda Ospina zvala Karlos, februar je mesec i vetar što duva u planinama Vikenberga čist je i hladan, don Pedro del Real ima točionicu u La Patakoni, pre nego što je krenuo kroz pustinju u svojoj limuzini i pre nego što se ona zamonašila, razume se, bio je verenik majke Konsepsion Asevedo, nadstojnice manastira Svetog Duha, neki kažu da je bilo obrnuto, don Pedro del Real probudio bi ceo komšiluk duvajući u trubu i glas mu je bio gromak, trbuh ispupčen a držanje dostojanstveno, onda se popeo na stolicu i rekao, braćo moja po rasi, sunarodnici moji, doći će dan kada će Gringosi kojima nije dosta što su nam ukrali lobanju Panča Vilje, lobanju Panča Vilje nosimo sa sobom, rekli su nam, dobro, u redu, nek je nose, doći će dan kažem kada će mu podići spomenik na konju to jest spomenik koji će ga predstavljati kako jaše na konju ali bez muda i kako uzde drži desnom rukom kao da je brat laik iz misije, pre tri noći, u prošli petak, javio mi se sveti Pankratije sa svojom maslinovom grančicom i naredio mi da to ne dozvolimo ali je poćutao pre nego što mi je objasnio šta treba da uradimo, moj prijatelj Džerard Ospino oduvek je bio neumoran putnik, bio je baptistički misionar u Port Tiritijani i po botaničaru Orsonu išao je i u lov na kitove po Tjeri Adelaida, njegov ortak Australijanac Brus Krukton pao je u more i nisu mu našli telo mada su ga tražili ceo jedan dan, mašinovođa Greg Inspirejšn kome su prsti na ruci bili srasli kao u patke tvrdio je da je Brus pao u more tako što ga je gurnuo Džerard Ospino, pred sudijom se nije usudio da ponovi tu tešku optužbu, malo ispred kanjona Ouk Krik i kanjona Negro nema više kaktusa saguara i polako se pojavljuje sneg, prvo u daljini a odmah potom i na samom kolovozu, na drumu, Kasa Grande je selo Džoa Mek Gatrija dželata koji je na električnu stolicu stavio konjokradicu Džima Džima Lavendera, potapšao ga je i rekao, sad će to začas, Džim Džim Lavender rekao mu je kurviću i osmehnuo se, reka Hila je polusuva jer je zagušena a takva je bogami i reka Salado, crnkinja Viki Farli prilično se dobro snalazila sa španskim, nije ga govorila baš tečno ali je razumela gotovo sve, u Gvadalupeu već blizu Feniksa vide se kolibe Indijanaca Jaki a na Mesi vredno rade mormoni, posle ideš sve dalje na sever, u Big Eplu u Feniksu možeš da pojedeš hranljiv doručak, Taku Lopesu ili Gomesu ili Mendesu razbili su njušku zato što je bio drzak prema jednoj konobarici, hteo je da joj dodirne kosu ali ona baš nije bila dobro raspoložena, Indijanci Paijuti siromašni su i žive od lova na losove i jelene, ima i medveda i divljih veprova ali već godinama više nema bizona, u Vikenbergu su živeli kaplar Stiven Zvonce i Eufemija Eskabosa ćoravica iz Santa Akacije rutava crnkinja čiji tužan kraj nam je već poznat, borovi rastu u Valje Verdeu i u Kampo Verdeu, reka Verde nešto nosi, Verde je zovu na španskom ali ne i na engleskom, Big Nouz Kejt bila je najgrublja i najhrabrija kurva u Tostonu, majka mi je pričala strašno uzbudljive priče o Big Nouz Kejt, obešeni kauboj, tragač za zlatom kadar da zadovolji devet žena za jednu noć, gluvonemi koji je puštao da ga biju, žandar koji je prisluškivao tako što bi se popeo na ormar, i tako dalje, belci su porazili Sijukse kod Ranjenog Kolena, junački podvizi poglavice Mali Veliki Čovek nisu imali nikakve veze s onim što se priča u filmu, bore na čelu iscrtale su znak poraza to jest mesec koji se ogledao u očima vrača i sreća koja mu je okrenula leđa, Džerarda Ospina je za testise ujela nesrećna kornjača i od njih napravila suvu smokvu, i još nešto gore od suve smokve, u kanjonu Vuds već gaziš po snegu a u kanjonima Mands i Keli isto tako, Džerard Ospino ne voli sneg mada je navikao da po njemu gazi, Otac Roskomon pretpostavlja da čovek mora biti odnekud i da mora ostati negde, nije dobro da uvek budeš došljak, više od polovine obešenih su došljaci, don Pedro del Real se posle svog govora svalio u stolicu jer je malo popio, vidi se da je malo popio, stropoštao bi se negde gotovo svake noći, Kinez Vu bio je beskrajno uljudan i uslužan, pun poštovanja i marljiv, svi su za njega imali samo lepe reči, šuljeve mu je izlečio licencijat Konćo Buenaventura tako što mu je stavljao mast od zmajske krvi što je naučio od proroka Josifa sina proroka Izrailja sina proroka Malahije koji je govorio u ime Boga Svemogućeg i u službi muža istinoga Hrista Boga krotkog ali silnog amin, Kinez Vu se pokrstio kad je ozdravio, istinska vera ne rastera uvek telesne boljke i lomove ali ti daje snagu da se protiv njih boriš i smirenost da ih ćutke istrpiš, u Veliki kanjon se može sići na mazgi niz stazu Svetloga Anđela, put je dug ali bezbedan, mazga je baš obazriva životinja i obično ne bude nevolje, boja se menja zato što ne prelamaju svi metali svetlost na isti način, sa osmatračnice u pustinji Vju zemlja je boje prljavog zlata a sa vrha Hopi zemlja je boje čistog srebra, nesrećni Teodulfo Sapata razlikovao je sjaj i boju svakog ćoška, kažu da kad žvaćeš duvan Med Oul to ti izazove halucinacije ali pitam ja vas da li su halucinacije protiv zakona i niko nije umeo da mi odgovori, s vrha Mohave zemlja je boje zarđalog gvožđa, sve što se menja, menja se s razlogom, sve s puno poštovanja bez ijedne pukotine da kroz nju prodre slučajnost, poljodelci povraćaju od duvana Bulki Bul, od njega im se žuč pomeša sa želudačnim sokovima pa povraćaju kao trudne žene, mogu da ga žvaću samo kauboji, tragači za zlatom, kockari koje bije sreća i poneka srčana kurva, Big Nouz Kejt a možda i Džozefin Ros skandalozna Džozefin Ros koja je bila pesnikinja, evo stihova koje posvećujem sestriću poginulom u ratu, umro si smrću pravednika gladan i žedan ošinut rafalom mitraljeza, nošen idealom da ne položiš barjak u nejednakoj borbi, na strminama Velikog kanjona ima još četiri vrha svaki u drugačijoj boji, vrh Pina je gotovo smaragdno zelen, vrh Mader je sjajnožut kao što su to neki govnovalji, vrh Moran vuče na nežnu ljubičastu a vrh Lipan je boje bakra s tragovima crvenkaste, mora se prećutati način na koji se čovek bori protiv samoće žvaćući duvan Daski Mjul, i na bespomoćnost zaboravlja samo kad mu duvan opeče jezik i desni, madam Kloe Le Do voli kada primeti kako joj muškarčev kurac raste u ustima, ta zahvalna kobasica koja čvrsne i goji se i na sam tvoj pogled, pretpostavljam da je sa žutojkom Marinom isto tako ali ne mogu da tvrdim, razume se, mada mogu da kažem da mormoni ne vole takve svinjarije nego im se gade, Bat Masterson bio je jedan od onih iz Buthila, njime ispiraju usta i tome nema ni kraja ni konca, Mil Braun bio je jednak dripac kao i Bat Masterson i isto je onako umeo da bude ciničan i hladan, mislite da je bio Marinin rođak, ne, čini mi se da nije, prezimena se često podudaraju, usta lutke na naduvavanje Žaklin uvek su bila zatvorena i uopšte nema veze što je imala izraz pokvarene Kalifornijanke, profesorka Lisensija Margarita isto ga je tako sisala muškarcima i to su svi znali, Vajata Erpa su zvali Tostonski Lav, sačuvao je živu glavu u okršaju kod O. K. Korala i umro mnogo godina kasnije, meleskinja Džejn Kolb dobro zna sve pojedinosti o toj klanici, Vajat Erp radio je kao revolveraš pod zapovedništvom mirovne komisije Dodž Sitija, svi su nosili brkove osim Čarlija Baseta koji je imao lice kao pop, Čarli je bio debeo i beo ali je ubijao savršeno mirno i pribrano i ne prestajući da se osmehuje, litanija Bogorodici je štit koji nas brani od greha, ja kažem *regina angelorum regina patriarcharum* a ti kažeš *ora pro nobis* dva puta, profesorka Lisensija Margarita ljubakala se s Lukom Šortom, onim što je jednim metkom s leđa ubio napoličara Larija Rajlija a posle naredio da se leš obesi, ako hoćeš da obesiš nekoga a da se ne rita, onda ga obesi kad je već mrtav, gledaj Rajlija kako se drži, reka se spušta niz Mramorni klanac i ponire u zemlju posle nešto više od jedne milje, Španci su je zvali Crvena reka zato što je bila obojena krvavom bojom zemlje, Navaho Indijanci misle da je Veliki kanjon nastao posle Sveopšteg potopa iz kojeg su se ljudi spasli pretvorivši se u ribe skliske i blistave kao zraci mesečine, nameravam da ne govorim laži i kažem, lutka na naduvavanje Žaklin podseća na Meri Rimi sa svojim ustašcima kao badem, na Meri Dilkon i njeno pokorno držanje, Meri Soumil i njene sitne grudi što poskakuju, ili, ako muškarac i žena prekinu svoja najotrovnija i najbešumnija milovanja pa surovo prebiju dete koje ne može da se brani zato što su mu vezane i ruke i noge i ne može da viče zato što su mu strpali peškir u usta, najmilosrdnije što čovek može da uradi jeste da pogleda u horizont pa čak i da se osmehne, Navaho Indijanci ne jedu ribu da ne bi poždrali svoje dedove, Kolonija Pisinima ubio je grom a ne zmija, niko nema pojma kakav je poslednji trenutak čak ni oni koji sami sebi oduzmu život, V. H. Haris drugi revolveraš iz Buthila reinkarnirao se u tovarnog jelena i kako kažu tumara po visoravni Kokonino plašeći usedelice i bežeći od lovaca, ima i divokoza, divljih magaraca dotumaralih ko zna odakle i hiljadu raznih ptica, Toki Naaćaj vračara iz plemena Navaho pretvorila je Lija Mek Lina u šišmiša, očitala je neke litanije, protrljala privezak u obliku polumeseca o srebrnu brojanicu okovratnicu i pretvorila ga u šišmiša, razbojnička družina iz Buthila rasturila se kad je poleteo šišmiš koji je nekad bio Li Mek Lin čovek koji je imao više od trideset recki urezanih na dršci revolvera, Stenli Gvakero onaj što je crtao perom morao je da ošajdari malu Holanđanku da bi legla i bila dobra, nije morao mnogo da je bije, lovac na divljač Pantaleo Klinton nije se usudio da ukrade konopac kojim su obesili Sanspota, travara Sanspota, ne želim da umrem na vešalima a kad kradeš od države to je zločin koji se najstrože kažnjava, kako i valja, voleo bih da ponesem kući konopac o koji su nekoga obesili ali vidim da se ne može, madam Anhelina neumorno hipnotiše alatku Semu V. Lindu, baš mu je pozamašna, nikad mu nije dosta i to je pravi blagoslov za žene, madam Anhelina misli da je ženi dobro kad ima muškarca na sebi kad ima muškarca koji se zarije u nju, žene čiji su guzovi bušni od tolikog otvaranja imaju sveže srce i čistu savest, niko nikad nije saznao ko su bile tri Meri na koje je ličila lutka na naduvavanje Žaklin, ja znam zato što mi je rekao Redži Frejzer verenik Beti Rimi koja je imala sestre Meri i Šarlin i bila najdrskija od njih tri, Sem V. Lindo može da zadovolji deset žena i opet da stigne da održava red u gradu, Sem V. Lindo ima veliki osećaj odgovornosti i zna da vidi šta je najbolje za grad u svakom trenutku, Navaho Indijanci lovili su bizone a sada napasaju koze a Hopiji su bili ratnici a sad obrađuju zemlju oborenog pogleda da im se ne bi video ni stid u osmehu ni mržnja u pogledu, verenica Čaka Skakavca Dejvisa samo se zapira pod pazuhom i zaudara resko i neštedimice, Čak nije mogao da živi bez njenog mirisa, sad kad se posvađao s njom vidi da ne može da živi bez njenog mirisa, tu kod Oraibija pao je balon s mrtvacem, Oraibi je nastarije selo u kraju, ima maltene hiljadu godina, Indijanci Havasupai su Indijanci zelenkastoplave vode, to je ime koje sadrži mnoge tajne, da sam se stvarno zvao Kreg Tajger Bruer kad još nisam znao ko su mi otac i majka ili Kreg Tajger Teresa kada bih saznao, sve bi bilo u još mnogo većoj zbrci nego što je ovako, ono što je nesumnjivo tačno i u šta mogu da se zakunem na Svetom pismu jeste to da su ove stranice moje i da u njima ne kažem ništa što nije istina, za bezmalo sve imam svedoke i ima mnogo žena i muškaraca koji bi mogli da kažu svoje, moje prvo ime bilo je Vendel Liverpul Lohijel koje je još pre mnogo godina promenjeno u Vendel Liverpul Espana ili Span ili Aspen, to već ne znam tačno, nikad to nisam sasvim tačno znao, Rio Grande između Luis Lopesa i San Marsijala teče kroz visoku trsku kroz koju vetar neumorno cvili, Dafne Harper živela je pristojnim životom u Fort Grifinu, Teksas, bila je kuvarica u kući pukovnika Hamiltona, Dafnin verenik zvao se Rik Jarnel i bio je konjički narednik, Dafne ga je zatekla u krevetu s Bernis Starks koja je bila nezajažljiva kurva pa ih je oboje dokusurila bodežom, onda je pobegla u Arizonu i počela da radi u Tostonu u Šestoj ulici zna se već šta, možete i sami da zamislite, Dafne je pravila tri loknice na čelu kao što nose ubice, Dafne nije bila neka važna žena ali je bila ljubazna i nežna i mnogi su sačuvali lepu uspomenu na nju, bila je malo aljkava ali se uvek trudila da pruži uživanje muškarcu, najverovatnije je zemlja šuplja na mnogim mestima, u dolini Maloun grmi tako strašno kad projure konji u galopu da izgleda kao da je zemlja šuplja, odzvanja kao doboš, kojoti beže glavom bez obzira kad zemlja zaječi a medvedi se premrli od straha sakriju u najdublje i najmračnije špilje i samo guske na zelenom drvetu otrpe taj potres zemlje koja se dok prolazi konjica pretvara u iščupano srce, nema vajde od prebrojavanja mrtvih kad još nije napravljena ni računica koliko je živih, napoličara Botuldija Perpetua Sokora našli su mrtvog na drumu za Eripajn blizu ranča Tri taneta, cela priča počela je od bacanja kocke, ako pre trećeg bacanja ispadne pet šestica ubiću te, kunem ti se da ću te ubiti, pet šestica ispalo je pri prvom bacanju i napoličara Botuldija Perpetua Sokora ubili su mačetama, žene i pederi uvek udare mačetom koji put više, nije to neko tvrdo pravilo ali je prilično blizu tome, leševi čistih nogu obično odaju ljubavne svađe, muškarci ne peru noge tek tako, napoličar Botuldio Perpetuo Sokoro samo što se bio okupao, i to celo telo a ne samo noge, zmija s roščićima voli da sisa krv iz rane, Amanda Poter i Tom Mužjačina Boldridž ubili su se zajedno svako svojim revolverom gledajući se u oči, proveli su celu noć jebući se i kad je svanulo obukli su se, doručkovali viljuškom seli u svoje fotelje i prostrelili sebi glave ne oklevajući ni trenutka, Amanda i Tom nisu se ubili tek tako nego zato što nisu hteli da prestanu da budu srećni, mada se veruje suprotno ljubav ne traje celog života i ima ljudi koji više vole da umru u ljubavi nego da žive u bezljubici i dosadi, svako ima neku svoju želju i svako zna čega se gadi i šta želi da predupredi, na primer život ili smrt, svako ima neke svoje ili naučene ideje, neke su tačne a druge pogrešne, litanije su igre reči, Bog ih ne sluša nego se smeje dosetkama pa čak i značenju reči, smeje se i vrednostima poučnih priča i smernim poukama u kojima nema smisla, ima namere ali nema smisla, Bog ima drugačiji glas, grublji i istinitiji i ne dopušta da ga zbune ma koliko mu pompezno i slatkorečivo pričali o tajanstvenim nesrećama, Zah Dastin ume da priča izmišljotine i tad onako prevrne očima i diše jako duboko, ume on i da slaže i tada namesti glas na odgovarajući način, na propovedi i na suđenju treba govoriti u falsetu da bi osuda dobila na snazi, niko nije uspeo da izbegne da ga bar jednom u životu javno ne uvrede, sveštenici i službenici dobijaju platu da bi vređali narod koji ih hlebom hrani, da bi im pretili večnim mukama i beskonačnim nevoljama, Bubotak Miljor pogani mešanac uvek je živeo od toga što je gledao u zemlju, Zah Dastin zna Bibliju napamet ali na nekim mestima pravi greške, niko nije savršen, onaj što će poginuti u tuči uvek je neko drugi a kad dođe red na tebe onda eto iznenađenja, kao žena kad se skine, niko ne zna šta govori vetar dok duva dižući pesak i šibajući krošnje drveća, ni životinje ne uspevaju da razaberu glas vetra, možda i ne govori reči ili koristi reči za koje ne znamo šta znače ili neki nama nepoznat jezik, lov na tovarnog jelena na Kokoninu je jednako uzbudljiv kao i lov na odbeglo jagnje te životinje su nepresušni izvor krvi, muškarci a naročito žene sve ustrepte i naježe se od tolike vrele krvi, ovde je mnogo hladnije nego u provaliji Dva brata ili na Mađarskom grebenu ali to nije važno, Ebi je deset godina starija od Korin i puši havanske cigare, obe su riđokose i lepo su vaspitane, ranije se lepim manirima pridavao veći značaj, napoličara Botuldija Perpetua Sokora isekli su mačetom više puta nego što je to bilo nužno, i s manje od pola bi ga ubili, ponekad ljudi zalud rasipaju tolike udarce ali i toliku krv, možda je Amanda Poter znala nešto o tome ali je svoje znanje odnela na onaj svet, najbolje od svega je to što mrtva usta ne govore jer bi se inače sve opasno zamrsilo, baš je Bog mudro udesio da mrtvi zauvek ućute, i Tom Mužjačina Boldridž je znao stvari koje se nikog ne tiču, bolje da izgleda kao da se nikoga ne tiču mada na nesreću to nije tačno, na svakom pedlju zemlje na ranču Tri taneta sahranjena je po jedna duboka tajna, gazda uvek nosi pušku o sedlu da niko ne čeprka okolo, ovo je privatno vlasništvo i tu neće da tura nos ni bog otac bez moje dozvole, zakon je zakon i svi moraju da ga se drže, Zah Dastin je jedan golja ali ta vrsta bednih crva može i da ti naškodi samo ako ne paziš, ne kažem da treba stalno držati prst na obaraču ali mislim da ne treba ni zaturati oružje pa izgubiti ključ, kad Bog hoće nekoga da sludi on od njega napravi lakovernog čoveka, moj otac je uvek bio smrtno zaljubljen u moju majku, tako je ona govorila, i žestoko ju je šibao kaišem, žestoko i pohotno, Velečasni Džimi Skotsdejl bio je pravi rasadnik gonokoka, Indijanci iz rezervata Tani baš su posramljeni i neće da pričaju, maršalu Vilijamsu E. B. Gejdžu dobro su zapržili čorbu onim okršajem kod O. K. Korala, njegov pomoćnik Virdžil Erp ubio je Bilija Klantona i Toma Mek Laurija, svakom po metak u grudi, Virdžil je bio vrlo pouzdan i mudar s pištoljima i nikad ne bi promašio, Džejms Vizina takođe je bio umešan u tu zbrku, mnogo je ljudi bilo povezano s tim događajem posredno ili neposredno, bilo je tri Ruže koje su se kotrljale po rudarskim krevetima i tu kao da se htelo reći da je bilo tri nežna cveta iz poezije koji su se kotrljali po krevetima rudara, kauboja i revolveraša ali nije tako, Ruža iz Tostona, Ruža del Rio i Ruža Čiroki bile su tri grube i bezdušne žene koje ne razlikuju dobro od zla i koje su svoj zanat obavljale hladno i ne baš dostojno, šteta što se ne može reći da je bilo tri ruže, i tako dalje, po Kliftonu i tamo iza planine Pelonsiljo i benzinske pumpe Majka Spajsera motao se neki konjokradica albiničar, zvao se Rolando Aniset i spasao se vešala zato što je šmugnuo u Novi Meksiko i nestao bez traga i glasa, Aniset je osim što je krao stoku još i ubio nekoga, rekao je to Dejvidu Alenu ćati, ako hoćeš doći ću s flašom viskija kod tebe da zajedno popijemo i da se povatamo, dvojica prijana počeli su da piju i kad su se oslobodili prvog stida skinuli su pantalone i milovali se i gnječili jedan drugog, kako mi priješ, Rolando, budalice, pusti da ti malo dirkam Don Pančita, posle su se skroz skinuli, Aniset je onako gologuz bio baš smešan pošto mu je kita bila modrikasta i nije imao ni jedne jedine dlake na telu, i ti meni, Dejvide, i ti meni jako priješ, ti si najkurvinskiji guzolovac koga sam sreo, protrljaj mi džaralo o furunicu, runduljo moja, Aniset ga je popušio Dejvidu ali ovaj njemu nije, Dejvid je bio podozriv i bojažljiv preko svake mere, Aniset i Dejvid nastavili su da piju, olešili su se i počeli da lupaju stvari, čaše, tanjire, flaše, da cepaju fotografije i nameštaj, Aniset je odvukao svog prijatelja u kokošinjac, odvukao ga je do kokošinjca i nastavio da mu ga sisa sve dok se ovaj maltene nije obeznanio, onda ga je ubio zabadajući u njega nož, nije mu dao ni da pisne, Dejvid pri prvom udarcu nije zaurlao pošto je mislio da mu se i dalje odaje počast, posle je Rolando preklao više od dvadeset kokošaka, lepo im je prerezao grkljan i ukrasio leš one plačipičke Dejvida tako što je u svaku ranu od noža stavio po jednu kokošiju šiju, glave su im visile ali je i tako bilo zabavno, u rever na srcu stavio je glavu pevca, posle je zaspao ali je uspeo da se probudi i da pobegne pre nego što je iko primetio, kuća Dejvida Alena nalazila se u predgrađu, na zavučenom, slabo prometnom mestu, Benson je seoce sa železničkom stanicom severno od Tostona, tamo iza Sent Dejvida a pre Kaskabela s njegovom čuvenom krčmom Zeleni lav koja je bila ukrašena rogovima i novčanicama iz dalekih zemalja, imala je i staklenu urnu sa zmijom koja se hrani miševima i ptičicama, Nemac Vilifred Šulc pravio je tetovaže po meri cene koju je naplaćivao, vešala, gole žene, zmije, poneki lenger, za stolom u dnu i pod svetlošću petrolejke, za dolar bi se baš potrudio i napravio pravo remek-delo, za pet dolara napravio bi celu scenu od obe vrste, istorijske na leđima, Linkoln ukida ropstvo, Indijanac Heronimo odoleva pred naletom konjice, Bufalo Bil puši lulu mira s poglavicama Apača, a ljubavne na grudima, napola skrivene u maljama, ljubavne scene manje su raznovrsne nego istorijske, mormoni iz Sent Dejvida nikad se ne tetoviraju, litanija Bogorodici je štit koji nas brani od greha, ja kažem *regina prophetarum regina apostolorum* a ti kažeš *ora pro nobis* dva puta, strah koji me je uhvatio kad je počela da mi se gnoji ivica cveta na dupetu prošao me je kad mi je Nemac tetovadžija rekao da ga ispiram vodicom od dva dela lužine i jednog dela viskija i jednog dela mleka od žene pomuzene za mladog meseca, Benson Eni imala je okruglo lice i čvrsto natrćeno dupe, kad joj je dosadilo da izigrava majku i suprugu ostavila je muža i troje dece i postala kurva u Tostonu, samo je htela da se malo provede i da uštedi neki dolar za starost ali je umrla mlada i sama u bolnici Santa Ursula u Bizbiju, muž je sahranio leš i odveo decu da polože cveće, Artur jedanaest godina, Dom deset godina i Berni osam godina, svi se mi rađamo obeleženi srećnom zvezdom ili nesrećnim klinom, one žene što kad se sagnu stave ruku na dekolte da im se ne vide sise ili stiskaju kolena da im se ne raširi pička, da je bolje zaštite i odbrane, obično su surove i zlonamerne, i još su velike prznice i jezičare i kako godine prolaze počnu da im rastu brkovi, postanu zelenašice i članice gradskog dobrotvornog društva, Merion Hibard udovica sudije Flojda Hibarda koga su se svi sećali po surovosti osmatrala je damice iz Establišmenta kroz dogled, neki su ih zvali golubice drugi leptirice a treći pali anđeli, pa bi posle o tome pričala s ostalim gospođama, Gejl je bila polugola, Berti je imala novu haljinu s velikim izrezom, zelena je i leđa su joj skroz gola, Neni je sipala viski poljskom misionaru Viliju Kopickom piscu zbirke pesama *Cveće Kalvarije*, Karen je ljubila u ćeli nadzornika Brensona, Krisi je crkavala od smeha, zajahala je Grendžera Simpsona urednika *Epitafa* koji je bio samo u kaputu i čarapama, Dženis se svađala sa Fej Saragom dok je mister Pajson spavao mrtav pijan, hrkanje se čulo sve do moje kuće, ovaj grad je kao Sodoma i Gomora i za vlasti niko ne haje, Kloe je kupila pozorišni dogled svakoj od svojih žena da bi gospođi Hibard mogle da vrate milo za drago pa je ova digla ruke, kad je gospođa Hibard umrla madam Le Do joj je poslala venac cveća, oduvek sam voleo tango i sodu majka se toga stalno sećala, i mlade supruge vole tango i sodu ali ne smeju uvek to da kažu, Edi Manuelito rekao je ženi, vidi, Džudi, želim da odem da umrem daleko od kuće, najbolje će biti da mi spremiš par gaća i da uradiš sve što možeš da zaboraviš na mene, kad muškarcu počnu da iskaču izrasline po lobanji najbolje što može da uradi jeste da ode da umre daleko od kuće, muškarac u životu prolazi kroz razne mene, barem kroz menu guštera, menu kaktusa saguara i menu meseca, u meni guštera sve mu ide od ruke i znamenje mu je brzina i hitrina, tuče se, lovi, udvara se, i uvek se dočeka na noge, u meni saguara stiče čvrstinu i opreznost i brani se tako što ostaje miran, nema potrebe da se skriva niti da životu postavlja zamke, uzima kako mu se da i lovi iz zasede pa čak i sedeći, u vreme meseca postaje osećajni nomad i veoma se zahvalno osmehuje ženama, leš Teodulfa Sapate nađen je kako pluta niz reku Kolorado s odsečenom alatkom, neko se potrudio da ga osakati, pojavio se nizvodno od Topoka ispred kolibe braće Alisija i Agueda Ventane lovaca na divljač koji su radili za inženjera Keneta Lokharta iz Hendersonovog stovarišta na putu za Las Vegas, *looking for run down houses, also 1 or 2 family lots, will pay cash*, i pogrebni zavod i fabrika sode koje su imali roditelji Beti Pink Kejsi u Firenci, Južna Karolina, pravi su uzor čistoće i otmenosti, svi to kažu, Beti je toliko lepo vaspitana kao da je Japanka, Beti voli da je uzjašu kao kobilu i da joj glasno govore slatke gadosti, kurvo, debela krmačo, lud sam za tobom i na kraju ću te ubiti, muškarac pruža veće uživanje ženi ako viče na nju i zapoveda joj, ako je psuje muklim glasom i ako je muči i kinji kad joj nabije kitu i natera je da joj stanu i srce i dah, licencijat Rosario Orosko došao je bežeći od poprdulje Restitute, dobra strana rata je u tome što te puste da pobegneš dostojanstveno, licencijat je izvukao Beti Pink iz kupleraja zato što je bila sušta pristojnost i što je umela da ugađa i u krevetu i nasamo, bez obzira da li svetlo blješti, kao u salunu, gospođa od koje je licencijat pobegao bio je sušta suprotnost Beti Pink i nije uopšte umela da se ponaša, Restituta uzdahuša po ceo dan je basirala iz dupeta i drugih mehova i šarki na telu, bolje mu je da umre od ruke hristerosa, ta žena umela je da pogodi samo kad se radilo o automatskim refleksima i fizičkim i hemijskim reakcijama, rasla je dok nije stasala, gojila se svaki dan pomalo, disala, podrigivala, prdela, jela, pila, pišala, srala, spavala i slušala kako joj kuca srce, ako ćemo pravo, nije ni slušala, licencijat Rosario Orosko je saznao za smrt svoje gospođe s pet godina zakašnjenja, u sebi se smejao ali se spolja trudio da ostane dostojanstven, Otac Klod Peperel prošao je kroz univerzitet odsek humanističkih nauka i napamet znao Orsonov *Izveštaj*, poglavlje o lovu na kitove u Tjeri Adelaida je strašno uzbudljivo, pralja Sapunica Sal slabo je zarađivala na poslu pa se ispomagala tako što bi legla s onim ko bi je hteo, čekaj da obrišem ruke pa da vidiš kako ću da ti ugodim, svako mora od nečeg da živi i najvažnije je preživeti do sledećeg dana, Sapunica Sal imala je ogromne naušnice, moj otac je imao čireve velike kao smokve, zvao se Sesil Lambert Espana ili Span ili Aspen nikad nisam tačno znao i bio je prilično srećan, nema ničega žalosnijeg od muškarca koji za sobom tegli ženu domaćicu, sve su one jezičare i samo hoće da piju sokove i da im se kupuje platno za bluzu, s mojim ocem to nije bio slučaj, reče mi Džo Bajgnon da se moj otac ljubakao s opasnicom Tuson Dženi ali su se na kraju posvađali, Dženi je imala moćne polutke i zadnjicu pristojnih dimenzija i zgodnu i čvrstu kao kamen, od toga žene steknu veliku sigurnost, postanu mnogo samouverene i samosvesne ali i prezrive i nadmene, Milta Džojsa baš je bilo briga kako se Dženi ponaša kad nije na poslu, samo ti daj gostima da piju a posle radi šta te je volja i okrepljuj telo ako voliš da uživaš ili da zaradiš neku paru, ja ti se u to ne mešam, Tuson Dženi se udala za kauboja Vejna Grouliza, od svoje ušteđevine kupila mu je ranč Beli Kojot u Vilkoksu pa su živeli srećno sve dok nisu umrli u dubokoj starosti, ja ne znam da li je moj otac imao nešto s opasnicom Tuson Dženi, jedni govore jedno a drugi drugo, istina, šta je koga uopšte briga za to, Roki Kapk svake večeri dolazi u Vajoletinu točionicu u La Soriljeri, žena mu izađe u susret s nekoliko gutljaja tekile i još mu čini milost i sluša njegove beskrajne priče o kaubojima, rudarima i Indijancima i pušta da je on drži za ruku i bezmalo sa skromnošću obara oči, Rokiju Kapku kosti su loše srasle i nekako je sav skvrčen i vuče jednu nogu, malo je sakat u jednu nogu, Roki Kapk je pao s konja na rodeu pre maltene pola veka, bilo je to na ranču La Purisima u San Simonu tamo iza Apačkog prolaza, konj je pao preko njega i kosti su mu loše srasle, nije dao da ga bilo ko takne jer se te stvari same zaleče, pao sam ja s konja toliko puta, Vajolet ga pušta da prespava poneku noć naslonjen na zid, Roki Kapk je golja, kolibu mu je porušio vetar i nema gde da prespava, neko bar malo zaklonjeno stalno mesto na kojem može da spava, Vajolet mu daje i poneki ne naročito naporan poslić da mu sačuva dostojanstvo i dve-tri kašičice praška od kampeš--drveta da se izbori s melanholijom, Roki Kapk nije baš melanholičan ali voli ukus praška od kampeš--drveta, voli da mu ga daje baš Vajolet, Roki Kapk je potpuno slomljen i ponekad danima na život gleda s beznađem, ne mogu više da nosim ovaj leš na plećima, Vajolet, ne mogu više da izađem na kraj sa sopstvenim lešom, kad mi kucne čas, hoćeš li me pustiti da umrem naslonjen na tvoj zid, mlada si i brzo će ti izvetriti uspomena na mene, možda već zaudaram na aurinu peruštinu, na onaj zadah s kojim te sahrane, na celoj teritoriji nije bilo toga ko bi bio bolji jahač od mene, Vajolet se poigravala svojim bičem i gledala u zemlju kao što je već rečeno i puštala da je Roki Kapk, kauboj oboren s konja i šepav, uzme za ruku, baš da te uhvati tuga kad gledaš starog kauboja koji je pao s konja i šepa i kad prema njemu neko postupa tako milosrdno, ljudi obično ne umru ni u pravo vreme ni na pravom mestu, kad budem video da mi dolazi smrt, hoćeš li me pustiti da se naslonim na ovaj zid, Roki Kapk ima dvanaest dolara u zlatu ali to niko ne zna, kad vidi da mu je kucnuo čas namerava da ih pokloni Vajolet jer ih za nju čuva, ima ih još od pre nego što je pao s konja u džakčetu ušivenom u pojas na pantalonama, mog brata od strica Lutera Vermonta Espanu ili Spana ili Aspena ubili su jednim udarcem biča posred grudi zato što je bio brbljiv, sudija Vels Spajser pustio je na slobodu braću Erp i Doka Holideja koje je porota proglasila krivim za smrt Bilija Klantona i Frenka i Toma Mek Laurija, odluku sudije svi moraju da slušaju, Helena uživa samo sa životinjama i decom, odluku sudije niko ne sme da osporava, Helena uživa i sama ili sa Sabrinom, muškarci su prljavi i pokvareni, u Napoleonvilu živi Bon Mer Moriset izumiteljka crnog poljupca i Mesalininog hira koji ovde ne opisujem zato što ne znam tačno šta je, malo pre nego što je umro Roki Kapk je rekao Vajolet za dvanaest dolara u zlatu, Vajolet je zadenula bič pod mišku da bi obema rukama mogla da ga uhvati za ruku i saslušala je njegove reči s velikim uzbuđenjem, kunem ti se da ih nikad neću potrošiti makar morala i da gladujem, možeš mirno da umreš jer tih dvanaest dolara u zlatu se od mene neće nikad odvojiti, Vajolet je raskopčala bluzu i pokazala Rokiju Kapku tetovažu s ukrštenim strelama prijateljstva koju je imala tačno na početku useka među sisama, poljubi me ovde u sise, Roki Kapk, poljubi mi sise i umri mirno, znam da već godinama želiš da mi poljubiš sise, kunem ti se da ih niko nije video otkako mi je muž umro, kunem ti se i da se dvanaest dolara u zlatu nikad neće odvojiti od mene pa makar morala i životom da ih branim, Roki Kapk je poljubio Vajolet u sise i umro, žena mu je sklopila oči i naredila da ga pristojno sahrane, eto to je priča o Rokiju Kapku kauboju koji je morao da sačeka da mu dođe smrt da bi bio srećan nekoliko trenutaka, u misiji Svetog Ksavera služi brat laik Migel Tahitos, otvara vrata, pere pod, pali sveće, puni škropionicu svetom vodicom, skuplja priloge, saslužuje, zovu ga Divlja Guza zato što ne da furunašima da sa njime izvode svinjarije, mnogo voli žene i koju uspe da odvuče do sakristije ta mu više ne umakne, litanija Bogorodici je štit koji nas brani od greha, ja kažem *regina martyrum regina confessorum* a ti kažeš *ora pro nobis* dva puta, Bob Oejzis je junak iz romana Daga Ročestera rodio se u Solomonu u oblasti Grejem u porodici golja i pijandura, otac i majka bili su mu golje i pijandure i pokvarenjaci, žuti Bart Garsija kaže da je u Ročesterovom romanu sve izmišljeno i da je Bob Oejzis zaljubljeni ravničar kakav nikad nije postojao, to ne mogu ni da potvrdim ni da poreknem pošto ne poznajem dobro taj kraj ali debela Mini, dok je vodila Kristal Palas, rekla mi je da je žuti Bart Garsija lažovčina i da je Bob Oejzis živeo neko vreme u Tostonu i ljubakao se s Ejmi Raker iz restorana O. K., onom što je bila malo ćaknuta, još malo pa su joj bale curile iz usta i oči su joj bile mutne i svako za sebe, hoću da kažem da je svako vuklo na svoju stranu, Big Mini mi je još rekla i to da su Bob Oejzis i kauboj Vejn Grouliz u Tusonu bacali kocku za Tuson Dženi, ko pobedi vodi Dženi a onom drugom ostaje korset, ne mogu ni da potvrdim ni da opovrgnem pošto taj kraj ne poznajem dobro, rekoh već, ali čini mi se da je tako, da je žuti Bart Garsija lažov, Dženi se na kraju udala za Vejna Grouliza, dolarima koje je imala u banci u Safordu kupila mu je ranč Beli Kojot i uvek ga dvorila kao cara, Endi Cimet Kameron nema mnogo u glavi ali u krevetu je od koristi, Sindi voli što je on toliko prilježan i mazi ga da bi i dalje bio koristan, samo ti teraj dalje i ne obaziri se, samo mi udovolji i više nećeš morati da jedeš govna ni da pušiš opuške, samo ti radi, za to te plaćam, Sindi mnogo traži ali ume i da se oduži, pokloniću ti kutiju cigara, par čizama i dve maramice, jarče jedan, kako me samo dražiš, Endi Cimet se smeška dok oblači pantalone, Džon Kernarvon nije hteo da se u Kvin Kriku ikada napravi groblje ali ljudi nisu obraćali pažnju na njega, Džon Kernarvon bio je zao čovek i pijanica i kavgadžija, bio je težak čovek sklon samovanju, njegova veza sa ćoravicom iz Santa Akacije bila je prolazna ili kako se to obično kaže prigodna, Eufemija Eskabosa i Džon Kernarvon bili su zajedno samo tri dana i nijedno od njih nije onom drugom reklo svoje ime, Džerom Dok Gudfelou je lečio sve, jektiku, reumu, uganuća, grčeve, lečio je maltene sve nekim melemom od kore tesote kojim te je trljao, stavljao ga kao obloge, davao ti ga da udišeš, da ga uzimaš na kašičicu, zavisi, ponekad bi ga mešao s drugim proizvodima, belim lukom, viskijem, sokom od koprive, Kerol Daliju Lostin spasao je da ne ostane ćelava kad je kosu ofarbala u zeleno, Def Vuman nije gluva ali su joj misli uvek na drugoj strani pa izgleda kao da jeste, Def Vuman nije baš ni pametna ali ume da se osmehne dobrodušno i zahvalno, kod žena je bolja dobrodušnost nego druge divote tela ili duha, neki duh zovu i duša, Zah Dastin znao je jednu litaniju na latinskom i tako je molio Boga da ga obdari strpljenjem, *Deus qui unigeniti tui patientia antiqui hostis contrivisti superbiam*, itd., Def Vuman nikad je nije naučila jer nikad nije imala strpljenja da je nauči, Ebigejl Ćuapo bila je pola Indijanka a pola vrana i lagala je krotko i toliko prirodno da je izgledalo kao da govori istinu, ne usuđujem se da kažem šta će se desiti zato što je to grozno i bolno za sve, na drumu za Topok, Arizona, u Nidlzu, Kalifornija, s one strane reke Kolorado, Ebigejl Ćuapo često se javlja duh poglavice Šavana u obliku dima, niko drugi ga ne vidi zato što se odmah rasprši u vazduhu, treba biti vrlo pažljiv, Ebigejl zmije ne ujedaju a kojoti joj jedu iz ruke, kao devojčica čak je mogla i da leti kao ptica i da vidi kroz zidove, posle je polako izgubila neke sposobnosti mada su joj još mnoge preostale, Zah Dastin hteo je da napravi eksperiment s Ebigejl ali nije uspeo zato što mu je žena, kad je primetila, zavrnula jajca i strašno ga povredila, kad su Remedios Harli ubili verenika Donovana Malog Džonsa prvo se spanđala s Rudijem Trevortonom žandarom iz Daglasa a posle s Atelsiom Dankenom čovekom koji je duž granice umeo da prođe i zatvorenih očiju, nekoliko nedelja se brusila s obojicom a da nijedan od njih to nije znao, Margarito Benavides pevao je lepim glasom i poštovao melodiju, zbogom lepa Marsela, zbogom zvezdo Danice, tvoj ti narednik stiže pre nego što svane dan, spremaj košulju, suknju otimari jer za Santa Anu odoše liberali, kad je Lupita Tekolote pustila Gringa Klema Krajdera pevač Margarito je sastavio pesmu samo za nju i nikad je nikom drugom nije pevao, crveni cvet pitahanje je poput otvorenog srca na koje niko ne gleda, na planini Aho tamo iza Ali Ak Čina s njegovim palisadima i krovovima od okotilja, iza Ali Čaka s legendom o Marelitu Moreni Indijancu koji je nalazio zakopana blaga smucao se moj rođak Luter, ništa mu nije vredelo što je znao sedam različitih trikova i što je umeo da svira violinu, mog rođaka Lutera ubili su zato što se izleteo i zaboravio da čovek umire na usta, kao riba, ubili su ga zato što nije umeo da drži jezik za zubima dok drugi govore i odaju se, ošinuli su ga bičem po srcu i ono je od udarca stalo, okotiljo isto ima crveni cvet i prima se čak i bez korena pa i bez zemlje, Saturio je ubio meleskinju Asoteju tako što ju je zakopao u so na nekih dvadeset ili dvadesetpet milja zapadno, Sem V. Lindo udarao je Saturija nogama dok mu se nije smučilo, šutirao ga je u stomak, u glavu, u jaja, u dupe, onda ga je izbacio sa svoje teritorije, ne vraćaj se najmanje godinu dana, ovakve stvari ne zaboravljaju se brzo, meleskinja Asoteja ne zavređuje da se na nju previše arči hartija a ni ti ne umeš da se potpišeš, Kinez Vu ne sme da se smeje prdežu svoga gazde Erskina Karloua zato što će kosti da mu polomi, Ana Abanda naučila je Kineza Vua da štrika, Erskin Karlou voli da mu mudo uvek bude dobro utopljeno, čuvar zatvora u Sakramentu nosi tupe, zatvorenici se ne smeju pošto strah nadoknađuje nedostatak poštovanja, ne sećam se kako beše ime čuvara s tupeom, iz dana u dan pamćenje mi je sve slabije, ne znam da li sam ga već pomenuo ali mi se čini da nisam, možda Valas Hauzi, da bude potpunije, Valas Dupe Hauzi, moraš ljude nekako da nazoveš, kažu da je Valas Dupe Hauzi mažnjavao zatvorenike za onu stvar, voleo je da ih opipa, belce, a ne prljave crnce, da ih pomiluje, prignječi, izvaćari, to su tri stupnja ili tri situacije, iza zatvorenih vrata muškarci zamenjuju dostojanstvo za uslugu i puštaju da gazda radi s njima šta mu je volja, od zatvora se muškarci polako pretvaraju u žene, dosadno im je i spopadne ih otrovna mrzovolja koja ih natera da steknu ženske navike, vlast služi samovolji pa čak i hirovima, može čovek da se pretvara da spava, i s napaljenim protuvama možeš polako da se razbudiš i da se osmehneš, da uzvratiš i da tražiš, stvar je samo u tome da vrata budu zatvorena, kad mu je kita ukrućena niko u Boga ne veruje i svi zaboravljaju na pravila, Erskin Karlou imao je tri lobanje u kavezu, jedna predstavlja veru druga nadu a treća ljubav, kavez je pao na pod i lobanje su se razglavile, nisu se razbile ali su se razglobile, najgore je prošla lobanja nade kojoj su se rasuli svi zubi, Kinez Vu pokušao je da ih zalepi s malo lepka ali mu nisu baš najbolje ispale, Roni Lapton bio je brži od svih, s revolverom za pojasom nije mu bilo premca u veštoj ruci, kažu da je umeo da ga potegne samo pogledom i voljom, nije morao ni da ga pipne, samo je trebalo da se usredsredi i da malo prevrne očima, Roni Lapton je umro zato što je uprkos svoj svojoj prevejanosti pio iz bare sa zlom vodom, s ustajalom i otrovnom vodom, vidi se da je baš bio žedan, ništa mu nije vredelo što je video pet kostura koji su tamo stajali kao ukras, kad se voda zgusne i smlači i kad nad njom lete plave i zelene i zlatne muve to je upozorenje da je ne treba piti, Roni Lapton nije se na to osvrtao i više nije mogao da uzjaše konja, nije imao snage i za tren oka se samo srušio, njegova smrt nije bila prikladna, u planinama Ague Dulse ima bara s plavim i zelenim i zlatnim muvama, ima tu i nekih mnogo mirisavih divljih perunika boje slonovače, oko granice ih zovu olovčići ili cimet svete Nikolase, konji su pametniji od ljudi i nikad ne piju ukletu vodu, mom ocu smrt nije bila prirasla za srce, glas mu je odjekivao zvonko kad je govorio, ne vredi nikoga ubiti a ne vredi ni izgubiti glavu, maltene ništa ne vredi, Bubotka Miljora poganog mešanca koji je pljuvao krv, spavao s lutkom na naduvavanje Žaklin i drkao ga gde stigne moj otac je ubio jer nije imao kud, nije on hteo da ga ubije ali nije ni imao kud, Eloj je malo severnije, iza Vajmole na putu za Pikaćo, u vreloj ravnici, kuće polako trunu od onolike vlage, Marina Braun supruga pastora iz Sent Dejvida dosađuje se u selu, ne govori o tome ali se previše dosađuje, Marina je još mlada da bi umela da uživa u monotoniji, to se nauči tek kasnije, Marina je putovala u Eloj da poseti muževljevu porodicu i srela je Margarita Benavidesa u gostionici kod Drvene Sofi u Red Roku, sa svojim brkovima i očima kao u Kineza Margarito Benavides se mnogo dopadao ženama, evo razgovora koji su vodili kad su ostali sami i shvatili da imaju priliku, što me malo ne onjušite, šta da vam onjušim, pa videćete i sami, šta hoćete, kožu, pazuh, a šta ćete vi, ništa, biću mirna, vi samo slobodno onjušite a ja ću biti mirna, prizor se odigrao brzo, ovakvi prizori uvek se odigravaju brzo i čim je nestalo svetla Margarito Benavides je onjušio plavušanku Marinu celu celcatu, kožu, potiljak, pazuh, početak grudi, kosu, sviđa vam se, mnogo, mnogo mi se sviđa, izluđujete me, Marina je morala da nastavi putovanje i njena ljubav s Margaritom Benavidesom završila se u najboljem trenutku, Marina i Margarito Benavides nikad se više nisu videli, ona ponekad sklopi oči i miluje se zamišljajući ga kako je njuši, miluje svoje bradavice, kožu na trbuhu, tu se štipka i dodiruje, najpre nežno a potom silovito, usta, butine, romantične priče obično ne traju dugo, završavaju se brzo i ružno, trovanjima, pobačajima, ljubomorama i neurotičnim i previše svečanim scenama, ljubavi moja, živote moj, dabogda crkla, Marina je polako naučila da pušta da je njuškaju, dugi razgovori s rođakom Libi Šak bili su pouka za njenu osećajnost, Libi je bila pohotna i vrla a to je najbolja kombinacija, nema joj ravne, 20. septembra 1917, možda je ovaj datum i pogrešan, majka mi je objasnila da mi je cvet koji imam na dupetu otac utisnuo usijanim gvožđem da proslavi novi vek, sačekao je da napunim pet godina pošto se pre toga pamćenje obično gubi, Ken Vernon je svima govorio da su Elviru Mimbre obesili u Majo Mansu, obesili su je u Igl Fletu, dobro su uradili zato što je u nju bio ušao đavo, podavala se Velzevulu i pritom uživala kao krmača a to je još veći greh, telo žene koja neće ni da se isprazni ni da se umiri može se obuzdati samo na vešalima, kad je obese o vrat sa stopalima na tri pedlja od zemlje, sa zadignutom suknjom a pička joj seva, i u pički krvavi preklani jarac da uveseljava narod, knjigovođa Ken Vernon bio je bedni govnar, Kineza Havijerita zvali su Tronogi zato što je imao ogromnu karu, silnu karu uvek spremnu za igru namicaljku, Kinezi koji ne jedu pseće meso ili ga ne jedu dovoljno imaju kitu manje--više kao i svi ostali ali Kinezima koji svakodnevno jedu mnogo psećeg mesa stalno raste, raste im kao drvo i ne prestaje sve do smrti, general Čang Čun Čang jeo je po jednog čau-čaua nedeljno, Ihinio de Anda još se zove i Arkadio, ljudima ponekad promene ime zato što im je tako zgodno a drugi put zato što im je dosadno, Arkadio de Anda upoznao je Ćata Bernabea u zatvoru Alkatraz, Udilja su ubili s leđa a crnac Frenk je umro u svojoj ćeliji u devetki (u jedanaestici), ko me samo pogleda ubiću ga metkom pravo u srce ne zvao se ja Ćato a ionako ću umreti u zatvoru, a drugi kaže svirajući na gitari, iz sivog Studebekera moja je banda a ja se zovem Ihinio de Anda i tako će biti do poslednjeg časa, ponekad malo menja, u trupe iz San Luisa upisan sam kako valja ime mi je Arkadio niko ne sme da ga kalja, zatvorenici se zabavljaju tako što gledaju kako život prolazi i pevaju pesme, oni tvrđi steruju ga otpozadi onima mlađahnima a ovi sve gutaju ćutke samo da ih ne maltretiraju, brzo se i privole pa onda sve krene mnogo bolje i svojim tokom, zatvorenici se zabavljaju uspomenama a neki i pevaju pesme, *you're a lucky bastard*, utoliko bolje za mene ali mi je ostalo još petnaest godina, don Pedro del

Real imao je neku šepavu i sisatu svastiku koja je poskakivala u hodu, tras, tras, tras, bila je neumorna, don Pedro ju je držao kao služavku u La Patakoni, zvala se Rehina i bila je krajnje temperamentna žena kojoj nikad nije bilo dosta, udala se za Gringa Džejmsa Lodnera koji je bio strugar i odselila se u Valsenberg, Kolorado, Rehina je bila babica uvek spremna za posao i pošto je bila dopadljiva i uslužna ljudi su se na kraju navikli na njeno šepanje i na njene vetrove iz stomaka, Blek Džejn se tucala poskakujući i jaučući a ponekad kao da je i lajala od uživanja, Dač Eni bila je strašno ponosna na svoju štićenicu, Blek Džejn bila je jedina obojena kurva u Šestoj ulici i muškarci su je licitirali, sva živa bića moraju bezbrižno da počivaju u zemlji kad im život ode, i muškarci i žene i životinje, pse treba sahranjivati tako da im se ne presavije rep jer ko je taj ko sme da ispravlja delo Božije, Hristos je Bog i ne možeš ga ispravljati, običaj da se psi ne sahranjuju i da se ostavljaju da trunu na vazduhu i s muvama može biti uzrok mnogih zala, ključ za litanije iz Sindinog litanijanika nije težak ali ga treba znati a ona ga nikom ne govori, Sindi je uzdržana samo u izvesnim stvarima a za druge nema svrhe, kapetanu Heremijasu bilo je svejedno hoće li da ga stera Klariti Gavilan ili njenom mužu melezu Dijegu Dijegu, navika koja upravlja događajima takva je da onaj ko je gazda ako i pogreši on podvikne pa posle ponovo bude gazda, svaka rupa valja ako je čovek vešt rupometač, omnibus Taćita Smita ide od Tusona do Nogalesa po deset centi bez obzira na dužinu putovanja, 65 milja, u Ksavijeru živi Norin Seligmen udovica koja ponekad mirišljavim sapunom kupa šantavog Rehinalda Ferbanka kome picajzle nikako da se skinu, da Norin Seligmen nije toliko zaljubljena ne bi ga kupala mirišljavim sapunom, Sauarita je mestašce u kojem madam Anhelina hipnotiše alatku Semu V. Lindu, u Kontinentalu je Had Pendejl shvatio da Dina Dekster ima čvrste sise, trebalo mu je još malo vremena dok nije uspeo da joj ih opipa ali je shvatio odmah, u Amadu su jednom našli nekog mrtvog čoveka odevenog u ženske haljine, kažu da je Telesforo Bebibatak Polvadera imao neke veze s tim događajem ali to niko ne može pouzdano da tvrdi ako nije svojim očima video, u Karmenu je Esmeralda Rouhajd otvorila točionicu kad je otišla iz Tostona pošto joj je dosadilo da muze rudare, na gornjem spratu imala je sasvim pristojno nameštenu spavaću sobu u kojoj je za sitne pare ukazivala prvu pomoć uspaljenim putnicima u nuždi, nezdravo je kad je čovek zagoreo, čovek ne sme da se naoštri osim ako nije siguran da će moći i propisno da se istrese, Esmeraldi je pomagala mis Evi, učiteljičica otmenog izgleda koja se predavala zatvorenih očiju i stežući obema rukama gvozdene šipke na uzglavlju, da ih pusti naplaćivala je 50 centi više, posle Karmena na manje od dvadeset milja dolazi Nogales koji je pola gringovski a pola meksički, kad je preparirani crnac kojeg je imao deda Adora Žapca Alamura iliti Perivinkla počeo da se moljča morali su da ga pospu amonijakom da ne bi skroz propao, bila bi prava šteta da izgubi sjaj i da se ošteti zato što ga je Perivinklova porodica mnogo zavolela, crnac se zvao Džo i bio je krajnje poslušan i pokoran rob, Perivinklov deda ni jedan jedini put u životu nije morao da ga ošine bičem, litanija Bogorodici je štit koji nas brani od greha, ja kažem *regina virginum regina sanctorum omnium* a ti kažeš *ora pro nobis* dva puta, Sanluišanina don Roberta Napoleona Moralesa zvali su Gudjear zato što je kupovao i prodavao gume sve dok ga nije upropastila kartaroška strast, don Roberto umro je u siromaštvu ali nije izgubio dostojanstvo, pre su ljudi pazili na sebe i bili elegantni, imali su jače principe i veće samopouzdanje i umeli su da umru dostojanstveno, Bakarna Glava se zove Keti Pastora Šeldon, sve što je od Jenkija zlo je, plavetna boja Unije predstavlja sve što treba prezirati, zovu je Koperhed zbog boje i mirisa ali i zato što se rodila u Daglasu među pećima za topljenje bakra i marijačima iz Ague Prijeta i Fronterasa, Keti Pastora nema dobru narav i ponekad upadne u neku kavgu koja joj samo nanosi štetu, njena ljubav s bejzbol igračem Klodom Sanisajdom završila se pucnjavom i to na najgori način, pravo je čudo da nije bilo mrtvih, Keti Pastora je južnjakinja po duši, na kraju se udala za nekog zemljoposednika, rekli su mi njegovo ime ali sam zaboravio, sad živi tamo kod San Manuela i čini mnoga dobra dela, jako velika i raznovrsna, molim da se ove hartije ne objavljuju sve dok i poslednji i poslednja ne umru, Bred, Valas, Korason del Sjelo, Redži, Vinfred, Manuelito, Dejvid, Džon, Krejg, Vejn, Klajd, Anhelo ili Teresa, Viki, Trudi, Žanet, Dora, Heti, Babs, Flor de Marija del Milagro, Sintija, Leptirica U Hiljadu Boja, Edi, Vinifred, pisanje može mnogo zla da nanese ljudima i nije malo onih koje je njegovom krivicom zgromila pesnica zakona, iza vešala uvek stoji neka ispisana hartija, neka bude jasno da ovde niko nije ni protiv koga, Jevreji, Hispanci, Indijanci, crnci, ovde svi jedni druge guramo, tačno, ali za sve ima mesta, mesta su loša ali ih ima i do sada još niko nije ispao sa zemlje, Bob Haršo travar iz Globa kupio je sebi jednog sakaludu da bi mogao da ga šutira kad mu krene loše, rekao bi svojoj ženi Valeri da dovede sakaludu i uvoštio bi ga, Martinita Bavispe znala je celu pesmu o prevrnutom vozu, kaže Hose Moskeda sa pištoljem u ruci, hajde, prevrći voz, Gringo nek je na muci, gde se sve videlo lepo tamo na ranču La Lata, tamo Santjaga Brita pustiše da se lomata, mada nije znala solfeđo Ćućita Kontinental je svirala gitaru i harmoniku, volela bi ona i u saksofon da duva ali joj nije dao muž, ne preteruj, Ćućita, taj instrument ne leži jednoj gospođi na tvom mestu, utuvi to u glavu, a uostalom i neću da ideš naokolo i da pućiš ustašca pred svetom, zvaće te sisačica ili će bar to da pomisle a od toga će meni krv da navre u glavu, ne, Ćućita, nije red, arhanđeo sveti Rekamijel kaže da je sopilote crn s golim vratom i da je sivkasto crvenkast, Ebigejl Ćuapo je bila sestra od tetke dva arhanđela, svetog Rekamijela i svetog Fitufela, Ebigejl Ćuapo imala je dresiranog sopilotea koji je umeo da broji do deset i bio je krajnje poslušan, ako bi mu tražila hleb, doneo bi joj hleb, ako bi mu tražila vodu, doneo bi joj vodu, ako bi mu tražila vatru doneo bi joj vatru, ako bi mu tražila ljubav doneo bi joj ljubav i tako do kraja, sopilotea joj je ubio poglavica Šavano tako što ga je ugušio dimom, sigurno je to uradio nehotice, trava smrdljika mnogo se dimi kad gori, možda je zovu trava vladarka zato što je njena čađ tako ponosita i lepljiva, sopilote nije ni najjača ni najhvalisavija ptica strvinarka, nije ni najuzbudljivija ni najstrašnija, u nekim krajevima gde se ljudi ne mole arhanđelima auru zovu samuro, mis Evi učiteljičica kurva razgovara s aurama i daje im da iz noše jedu pogan jeretika, to je hrana koja smiruje, sopilote je manje naduven i tašt, manje je odvratan, kad je perje na ptici strvinaru crno-belo onda je zovu kelele, Indijanac Balbino izlečio je debelu Pati Redrok samo tako što je dodirnuo uvojak kose koji mu je doneo njen sin Lester, naredio je da gnoj koji je izbljuvala bude spaljen u kotlu s petrolejem, Indijanac Balbino izlečio je i Berta Vajominga Kornetu verenika Margaret Emili koji je pao s konja i presamitio se, priči nema kraja kad počneš da nabrajaš milosrdna dela i uspehe Indijanca Balbina, kelele Kristofer koji je bio poglavica jata i jedini je razumeo njegov jezik sleteo bi mu na rame i sasvim blagim kljucanjem mu vadio mast iz uha, zato je imao tako dobar sluh i bio kadar da odzviždi svaku melodiju, mis Evi su izbacili iz Establišmenta zato što je nekom klijentu ukrala brilijantsku dugmad za manšete, vest je objavljena u novinama da niko ne bi sumnjao u čast madam Le Do, Fred Kreketuša Fernandes zatrovao je čuture s pijaćom vodom koje je Keno Molina držao zakopane u pustinji i razume se da je skončao tako što su ga iskljuvali keleli, preobražaj je brz i keleli samo teraju dalje kao da se ništa nije desilo, od Freda Kreketuše ostale su samo kosti i poneka bleda uspomena, čovek pomisli da ovde niko nije ni protiv koga a ispostavi se da nije tako, ovde smo svi protiv svih zato što nam je tesno i jedva da ima mesta za sve, *veritatis simplex oratio est* ali na kraju se sve pomeša, Hispanci, Jevreji, Indijanci, crnci, Kinezi, svi smo uvek protiv svih ujedinjavamo se samo protiv onoga što treba da je blagosloveno jer onda dođe K. K. K. i sve počisti, dolaze ritmičnim korakom rumeni i bahati i uhranjeni i prebrojavaju pare bez osmeha, nikog nije briga da li su pijani ili nisu, vojnici u bojnom poretku poskakuju po drumu, pocupkuju nevino i razdragano, zabavno je videti ih kako ginu čim ih pogodiš, vojničići valjani samo za pogibiju ako ih pogode, nisu baš žilave životinje i umiru bez prenemaganja, pesnik Gordon Mahafi iz grupe Sekvoja ubijao je vojničiće serbatanom, duvaljkom s otrovnim strelicama, kad god bi dunuo punim plućima ubio bi po jednog vojničića, leš Bubotka Miljora poganog meleza nije okupala Ana Abanda, Lusijanito Ruter joj je rekao da ga opere lužinom da se ne bi širila zaraza, zar ti se ne čini da se skupio, pa stvarno ne znam, nikad nije bio naročito krupan, don Pedro del Real jeste bio i snažan i krupan, mogao je da zubima podigne pisaću mašinu, vezao bi je kaišem i ljuljao je tamo-amo sve dok mu ne bi dosadilo, ponekad bi okačio i neko dete da se ljudi još više dive, najgora stvar u vezi s Kinom su Kineskinje pošto stalno rađaju Kineščiće i to ti je priča bez kraja i konca, kroz neku godinu za Kineze više neće biti mesta u Kini i onda će se raširiti po celom svetu i počeće da obdelavaju tuđu zemlju, ljudi pričaju više nego što treba a da i ne znaju zašto to rade, ljudi su velike alapače i neodgovorni su i olako postaju zakerala, pukovnik Mek Deming, pukovnik Maverik i pukovnik Rivera zabavljaju se ganjajući Indijance, crnce i Kineze, imam adamsa iz Engleske, nov novcijat, hoćeš da isprobaš koliko je precizan, dobro, vidiš onog Kineza, zovi ga, kad digne glavu pogodiću ga tačno tamo gde poželiš, među oči, u usta, u teme, gde god hoćeš, u ruševinama San Hose de Tumakakorija koje su eto tu, koliko Indijanac levom rukom može da dobaci kamenom, niz drum za Nogales, tamo žive zle aveti trinaestorice jahača-ubica iz bande Ubensesa Kulebrona Sakatog ili Vrelog Oka, razbojnika koji je bio strah i trepet duž granice tokom mnogo godina sve dok naredniku Felisindu Magdaleni nije prekipelo pa ga je skleptao iz potaje, Fred Kreketuša mu je zatrovao vrutak Belo zlato da bi narednik zauzvrat zaboravio neke sitnice, Ubenses Kulebron i njegovi ljudi držali su celu granicu u strahu duže od petnaest godina, nisu im davali da predahnu niti su sami znali za predah a leđa im je čuvala pustinja, družina se vodila nejasnim Zakonom vezanog sina, čim opazih kako idu, vode mog vezanog sina, ja sa mesta gde sam stajao smesta raspalih po njima, izdajice i bogataše koji su vešali ljude naokolo nisu ni pokopavali niti puštali da ih ko drugi pokopa da bi pretnja duže trajala, za vreme srebrne groznice u Tostonu je bila najezda Kineza, predvodila ih je Kineskinja Meri, žena Ah Luma koji se uortačio s Kuong Kijem pa su zajedno imali restoran Kan-Kan, Kineskinja Meri bila je zdrava debela žena uvek odevena u svilu i puna dragulja, bila je gospodarica života, tela, duša, savesti i volja svih Kineza i njena je reč vredela koliko i zakon pa još i više, Restituta Verakrus Gonsales gospođa licencijata Oroska bila je debela koliko i Meri ali ne onako jedro nego nekako ukleto, kad ju je licencijat zamenio za Beti Pink svi su rekli da je dobro uradio, meni se čini da ga je sam Bog Otac prosvetlio, Beti Pink je mnogo bistrija i lepo je vaspitana, daleko će ona dogurati, mnogo je lepša i umiljatija, Ken Kourtland bio je prava ništarija i gnjida koja nikad nije umela da odbrani svoju bakalnicu, za mnoge stvari koje se dešavaju nikoga ne možeš da optužiš pa čak ni sudbinu ni proviđenje ni nesreću, istina je da niko nije ništa izgubio smrću trojice robijaša u zatvoru u Safordu, sve vrvi od konjokradica i skitnica što poštenom svetu otimaju hleb iz usta, ne zameći kavgu ni sa kim a ponajmanje s Bogom jer ćeš na kraju izvući deblji kraj, Hristos je Bog to ti veronauka jasno kaže a nas se osim veronauke ništa drugo ne tiče, Hristos ide prema Arizoni i kud god mu je volja, prema Njujorku, San Fransisku, Evropi, Africi, pa zato i jeste Sin Božiji druga osoba u Presvetom Trojstvu, i to kaže veronauka, Otac, Sin i Sveti Duh, ako baš i nije mnogo razumljivo, niko za to i ne mari, i đavo je stalno i večno s ove na onu stranu i zato mu se treba odlučno suprotstaviti i stati mu na put krsteći se i moleći se Bogorodici, pasulj vraća muškost onome kome ud pati od zaboravnosti, meso maltene svake životinje valja za jačanje malaksale kite i može da pretvori u efikasno oruđe ono što je bilo samo sparušena kožurica propale dobre namere, Otac Lino Agire uvek je govorio veoma umesno, stvarno je dobar, niko to ne može da porekne, jezuiti su promućurniji od ostalih popova i kaluđera, biraju ih iz boljih porodica i bolje uhranjene pa se to odmah primeti, u kućama u kojima se s kolena na koleno jelo toplo sinovi su otresitiji i odlučniji, pametniji i uspešniji, ćerke su, naprotiv, ili lepe i elegantne i sklone su da budu besnulje, ili su kljakave i brkate i još kaćiperke i bledunjavke i pomažu sirotinju, razonode radi, pomažu gladnima i potrebitima da spasu dušu, litanija Bogorodici je štit koji nas brani od greha, ja kažem *regina sine labe originali concepta regina sacratissimi rosarii* a ti kažeš *ora pro nobis* dva puta, ko hoće glatko da piša neka pije supu od pasulja s peršunovim korenom, Kinezi su kuvari i kelneri i vešeri a Kineskinje su služavke ili dadilje ili prostitutke, Kineskinja Meri jamčila je za poštenje i marljivost Kineza u Tostonu i bdela nad njihovim dobrim vladanjem, ako pukovnik Orasio Rivera S. sjahuje s konja da bi uzjahao svoju najmljenicu Dolores, sad se više ne zove Dolores nego Adelaida, Dolores se zvala dok je bila uboga, ako pukovnik sjahuje to je onda samo zato što je on galantan mužjak, od oraha prepečenih, istucanih i potopljenih u vino i ulje kosa raste a oko postaje bistro, Mađar Lorenso je morao jedan za drugim da rasproda svojih sedam zlatnih zuba da bi i dalje imao imao šta da pregrize, ili imaš zube pa njima možeš da žvaćeš sline, ili imaš hranu koju gutaš bez žvakanja jer nemaš čime da žvaćeš, ove dve situacije ne idu uvek zajedno, kad stvari izmaknu kontroli život se kotrlja nizbrdo sve dok se ne sudari sa smrću, Kineskinja Meri kažnjavala je nelojalnost i laž, za leš Kineza uvek bi se ispostavilo da je leš nekog lopova ili izdajnika, neverstvo se takođe plaćalo životom, Ken Vernon bi voleo da ga Indijanka Mimi Ćapita izlema konopcem s kaluđerske rize, konopac je on imao ali mu je falilo hrabrosti da joj to traži, Bil Hijena je od onih što ubijaju i s njim svako mora biti na oprezu inače je nagrabusio, kažu da je don Pedro ostavio trudnu majku Konsepsion kad se već bila zaredila pa čak i postala nadstojnica i da je plod te ljubavi odnosno devojčica koju je rodila kaluđerica sad veoma lepa i imućna gospođica koja živi obavijena velom ćutanja, don Pedro je upozorio svoju svastiku Rehinu da joj je pametnije da drži jezik za zubima ako hoće da poživi, Kineskinja Meri pritiskala je i preostalih sedam dirki na Tostonskom klaviru, opijum i kokain, najuslužnije i najposlušnije žene, kolače i njihove slasti, umetničke predmete i nakit, kockarske igre, klađenje i lutriju, čitanje iz dlana i druge nauke i Šest družbi svetog Franje, uprkos tajnovitosti koja ju je oduvek obavijala ljudi su voleli Kineskinju Meri blistavu debelu ženu koja, ako nije zarađivala pare, onda je pomagala siromahe, tešila nesrećnike i negovala bolesne, lude i poražene, umrla je u starosti ovenčana ugledom i poštovanjem i njeni posmrtni ostaci počivaju na groblju Kolina de la Bota okruženi bezmalo celom istorijom Tostona, krčmar Erskin Karlou stalno je trešten i gosti imaju običaj da odu a da ne plate, nije to naročito ni važno pošto je taj posao donekle svačiji a i kasa odoleva, mladi Džimi Santa Klara toliko je čitao da ga je to silno čitanje na kraju lišilo svakog osećanja i pobrkalo mu lončiće u glavi, po meni je kod njega pola lončića bilo skroz polupano, godine 1911. kad se reka San Simon izlila iz korita pošto nije mogla da primi u sebe bujicu suza zločinaca, anđeo Valerije je mladom Džimiju prišao u vidu bele golubice i najmuklijim glasom mu rekao da mora da ubije oca pošto ga je zaposeo đavo, Tobi Taunsend je nagomilao toliko blago da je svojoj ženi stavio zlato na sve zube, prstenje i narukvice su za draganu a supruzi, vala, novi zlatni zubi, šteta što ne mogu da se stavljaju i zlatne sise i brilijant ili smaragd na čelo, preispitajmo svoju savest i ispovedimo grehe pustinjskom kamenu, ima ih mnogo i svaki čuva po jedna duša na mukama, zmija s roščićima, sovuljaga, škorpija i duh pustinjara koji je umro od žeđi, kojoti su slabi čuvari pošto se ne kriju, beže ali se ne kriju, treba imati i hrabrosti ali i dostojanstva da bi se priznale izdaje i nevere koje činimo od rođenja pa do smrti, pred kamenom u obliku srca što stoji tamo kad se krene od imanja Dvogubi ćerpič izjavljujem sledeće pod jedan niti znam šta je potrebno da bih spasao svoju dušu niti želim da saznam pošto ne verujem u večni pakao nego u beskonačno milosrđe Božije, moja majka nikad nije zaplakala od gladi mada jeste gladovala i nije se ustezala ni da zaboravi na pristojnost i to uz grohotan smeh, onaj ko je bestidan zato što gladuje sačuva više dostojanstva u srcu nego onaj ko se nasiti ulagujući se moćniku, pod dva nijedno obećanje nisam ispunio zato što mi se dostojanstvo gadi, sinovi meleskinje Asoteje nosili su samoću i otupelost ispisane na čelu jedva vidljivom bledom bojom, pod tri radio sam i u nedelju i na crveno slovo u kalendaru po nekoliko sati i bavio se niskim poslovima, zmija kotrljarka kotrlja se kao hitri točak i seje smrt po spečenoj zemlji oblasti Animas koja čuva najoglodanije kosture na svetu, pod četiri ne mirim se sa sudbinom i zavidim svemu što me okružuje, od braće moje majke živ je još samo Ted koji se brine o matorom bogatom nabiguzici preostala dvojica umrli su još odavno, pod pet izazivao sam vređao klevetao hulio ogovarao psovao ranjavao ubijao, Kam Kojote bio je jedan od najlukavijih lovaca na zmije na celoj teritoriji ali mu to ništa nije pomoglo, pod šest govorio sam ushićeno o nečasnim pa čak i opasnim događajima i prizorima, Bufalo Ćamberino je strpao moju majku u krevet na dan njenog prvog pričešća i rekao joj tvog su tatu obesili zato što je bio skitnica a ti raširi malo noge i diši duboko, pod sedam krao sam, oko Taka Lopesa čuva kafedžija Erskin u flaši od džina s pampurom zapečaćenim voskom da ga niko ne bi dirao, pod osam lagao sam svi lažu ali ne zato da bi spasli život nego da bi se pravili važni, crnkinja Viki Farli takođe je otišla da se ispovedi optužujem se oče da sam izgubila čast s mužem tetke koju sam najviše volela, pod devet jedino što nikad nisam imao jesu zle misli, mali Huanito Pitalica pojavio se u Durangu, Kolorado, jako je visok i na putu je da se izrodi u pravog seoskog đilkoša i nadmenog dupeglavca, pod deset kovao sam zavere radi štrajkova i drugih antisocijalnih ispada, Otac Roskomon čitao je Vitmanove stihove i s osećanjem svirao na harmonijumu, i za mnogo manje od ovoga što sam ja rekao mnoge su nazvali kurvinim sinovima, misiz O'Trali za tili čas je zaboravila godine koje je provela u Tostonu, u oblasti Kočiz često se dešava da usedelice sahrane svoje dobro ime s više radosti negoli griže savesti, misiz O'Trali zna da je tajna sreće u tome da se ona sačuva u tajnosti, sreća je tanani uzdah koji se rasprši ako se razglasi na sve strane, i beži od reči, ona je kao divlja ptičica koja peva samo radi pevanja i samo kad zna da je niko ne sluša, Ajriš Meg brzo je naučila da drži jezik za zubima da ne bi gledala kako joj sreća beži, gresi će nam biti oprošteni ako pokažemo dovoljno kajanja mada je istina i to da čovek koji se odrekne greha može da smatra da je već mrtav, možda bi svi trebalo da umremo da bi se ovaj svet malo doveo u red i da bi žene mogle da izađu iz kuća i da pevaju i smeju se i da veselo zadižu suknje, žuta Marina ima tri tajne, svako ima bar po tri tajne, ona Poljakinja što je igrala s Pjerom Divalom, ta nije znala za krađu nakita, Pjer Dival je plesao veoma dobro i umešno hvatao partnerku oko struka ne prestajući da je gleda u oči, razgovori s rođakom Libi Šak, obe na kraju dobiju groznicu i žbunčići im se orose a usta osuše i susret s Margaritom Benavidesom u Sofijinoj gostionici, niko ne može da se zakune da je to bio on a ne neko drugi, žandar Louel Litsdejl svake nedelje odlazi da sluša muzičare u svom plavom plišanom odelu, s prstenom neženje (3,5 karata) i kokardom, duvači su dobri da pročiste krv i održe volju na dobrom pravcu, daje odušak organizmu i dopušta mu da menja položaje, duvači su uvek dobri, flauta, truba, helikon, trombon, saksofon, oboa, engleski rog, fagot, obično baš i nema toliko instrumenata, duvači su uvek dobri žandar to stalno ponavlja, svejedno da li je vojna ili salonska, žandar Louel Litsdejl ima običaj da prati gospođicu Debi Kovrdžu Vilijams vlasnicu frizerskog salona Zlatna kovrdža u odelu od zelenog satena, s prstenom od rubina plamenitka (1 karat) i s kokardom, Kovrdža je možda malo starija ali je očuvana i svaka joj je oblina na svom mestu, žandar stalno drži revolver na oku, pred Gospoda Boga Našeg treba doći pešice i bez oružja i sa šeširom u rukama i sasvim ponizno, pred Gospodom Bogom Našim ne možeš da se junačiš i da lomiš i zapovedaš jer on i pogledom može da nas zgromi, Hristos je Bog i ne možeš mu prići nikako drugačije osim kroz milosrđe, Monti Majsena je postavljao zamke kojima je lovio divljač na severu visoravni Mogoljon, taj zanat je težak ali je nekoliko godina zarađivao pare, litanija Bogorodici je štit koji nas brani od greha, ja kažem *regina pacis* a ti kažeš *ora pro nobis*, došao je kraj litanijama na koje se odgovara sa *ora pro nobis*, svemu dođe kraj, pa čak i onome ko se za nas moli, šta bi s nama bilo ako se niko ne bi molio za nas, sad idu one tri u kojima se priziva Jagnje Božije, Izvor Papago orkan je razneo u paramparčad i svuda rasuo kamenje, konji su morali da zalegnu glava priljubljenih uz tlo jer je ono bio smak sveta, kaplar Klotildo Nutrioso brine se o svom sinu Danijelu stavlja mu jelo i piće u usta, pokriva mu lice da mu vetar ne bi napunio oči peskom i svaka dva-tri dana ga kupa i češlja mu kosu metalnim češljem koji je kupio samo za njega, Danijel ima tri godine, majka ga nije htela pa živi s ocem, na sahranu Dač Eni išao je ceo Toston jedni pešice a drugi u više od hiljadu kola, faraon se igra slično kao monte i koriste se dva špila, bio je u modi ali je polako padao u zaborav, u salunu Dener i Ovens elegantna Faro Nel delila je karte dok joj nije dosadilo, u krevetu se zarađuje više para stvar je u tome da naučite da birate mušterije i da vas posluži zdravlje a pomalo i sreća, Indijanca Abela pojelo je sunce i životinjke iz zemlje i vazduha kod izvora Garsija nadomak potoku San Kristobal koji je obično suv, pravo ime mu je bilo Abel Vupatki mada su ga zvali Abel Tumakakori, ubili su ga u okršaju kod Dve glave, umro je stežući u ruci revolver koji mu je prodao Taćito Smit za dukat španskog kralja, kad je plavojka Irma ostala udovica počela je da nosi ogrlicu od crnog ćilibara poklon od Galicijca Santjaga Portosina, žgoljava Ema Bler ne spada u personal neke kuće nego se skida samo kad zafali žena pa im treba pojačanje, Ema Bler ima čistu i dobro održavanu gostionicu i obično se podaje gostima koji zatraže njene usluge nekad naplati a nekad za džabe jer ona je gazda svoga tela, Džesi je nužda naterala, muž joj je golja i pokvarenjak a ona se prokurvala da ne bi crkla od gladi, četvorica jevanđelista uvek su imali znojave udove, to dobro znaju i Ana Abanda i mnogi drugi odani vernici, nedoumice međutim postoje oko duvana koji je svaki od njih žvakao, Zah Dastin crkava od smeha i kaže da su svi najobičnije neznalice jer se vo vremja ono duvan nije ni pušio ni žvakao a ponajmanje u Svetoj Zemlji ali ni samom mu nije jasno zašto se tamo ne bi žvakao duvan, Sem V. Lindo kaže da upotreba duvana nije protiv zakona i da nije greh pa se prema tome četvorica jevanđelista nisu oglušili o poslušnost čak i ako su ga koristili, predanje kaže da je sveti Matej tražio zlato po Zmajevoj planini i žvakao duvan Blek Marija, da je sveti Marko živeo od pljačkanja diližansi po drumovima što vode oko Magarčeve planine i da je žvakao duvan Bulki Bul, da je sveti Luka gonio stoku po Mazginoj planini i da je žvakao duvan Daski Mjul a da su svetog Jovana maltene stalno sretali kako tumara visovima Huačuka i žvaće duvan Med Oul, anđeo Valerije zapovedio je mladom Džimiju Santa Klari, ubićeš oca svojega da bi sprečio svet da padne u ruke đavolove, poslušni mladić je naoštrio kolac od tvrdog drveta, namazao ga belim lukom koji je s mnogo soli dobro istucao u avanu i zabio mu ga sedam puta u srce dok je spavao, leš je spalio na lomači koja je gorela nedelju dana dok ga nije pretvorio u prah i pepeo i potom rasuo na vetru, jedini način na koji zlu tvar možeš rastvoriti u etru i ne dozvoliti joj da se opet otelovi ni u jednom telu jeste taj da se molekuli mrtvaca u kojem je boravio đavo dobro razdvoje, na drumu od Kaibita do Tjuba Sitija nađeno je zlato pa su svi poludeli muškarci jurnuli da se sklone u gradu, uplašen muškarac najbolje se sakrije u burdelju, kurve ih puštaju da lažu pa se muškarci polako razgale i povrate sve dok ponovo ne krenu u rat, već je rečeno da svi muškarci lažu ali ne zato da bi izvukli živu glavu nego zato da bi bili neko drugi da bi izgledali kao neko drugi, na drumu od Tjuba Sitija ka Moenkepiju nađen je leš Džozefa Adamane s ekserom u potiljku ubili su ga dobrim pogotkom i nisu mu prolili ni kap krvi, pretpostavlja se da ga je ubila neka žena jer se i mrtav još prestravljeno smeškao, treba baš dobro zapeti i dovijati se da čovek ne bi postao zločinac, ono što poglavari zajednice i njihove porodice najviše vole jeste da zelenaše i da gledaju pogubljenja, duvači i vojne parade takođe imaju mnoštvo pristalica, sve može da posluži da seućutka bol sveta koji niti jede niti će ikada jesti pošto je već naviknut da ne jede, izdvojen kamen je najzgodniji da na njega izlijemo svoje grehe, kamen u obliku srca što je tamo kad se krene od imanja Dvogubi ćerpič jedan je od najboljih u Arizoni i sav je zasut gresima, pretrpan gresima, žičani instrumenti manje su uzbudljivi nego duvački a i manje su čisti i privlačni, bogataši se po javnim kućama odmaraju do mile volje, oni su ti kao na letovanju, tu su kupači, tu su sluškinje u sitnom vešu, kad bi Edvard Old Red Henderson urednik denverskih novina osetio da je umoran došao bi do Tostona i smestio se u Establišment gde niko nije smeo da uđe niti da odatle izađe dokle god je on bio unutra, ko plati, klati, a kurve idu po istim pravilima kao i druga roba, posle nedelju dana madam Le Do smestila bi ga u kola i odvezla do voza u Ferbanku selu veštice Šarlot Kalaveras nekih osam ili deset milja na zapad, Old Red imao je običaj da zatvori Establišment jednom godišnje, Majk Mendosino je sručio tanad u supruga žene koju je voleo, pred sudijom Šrekingerom optužen je da je prekršio Salivenov zakon, optuženik je pušten na slobodu kad je položio kauciju, navodi se da je Mendosino 33 godine pucao u Toda Spoldinga 25 godina, pre tri nedelje rastavljen od svoje supruge Kej 34 godine Mendosino je na sudu priznao da je ludo zaljubljen u Spoldingovu suprugu koja se odaziva na ime Nensi 20 godina, kada su na dan kada je delo počinjeno Spoldingovi stigli svojoj kući u 1:50 izjutra primetili su da je neko provalio i opljačkao istu, Spolding je o događaju izvestio policiju i agent Džasper je poslat da obavi istragu, Džasper je ispitivao gospođu Spolding u salonu u prisustvu njenog supruga kada je Mendosino iznenada otvorio vrata i u svog suparnika na ljubavnom polju ispalio dva hica iz pištolja kalibra 6,35 model bereta, agent Džasper je pomislio da je Mendosino neko iz porodice ali kada je opazio njegovo ponašanje i kada je čuo hice uperio je oružje u njega i uhapsio ga, Eliot Gardiner apotekar iz Čendlera rekao je Ramoniti Mersed-poslastičarki iz Tortilja Fleta tamo iza planine Superstision, sve je ovo veliki prostakluk, a Ramonita mu je odgovorila, jeste, život i smrt su uvek vrlo prosti, nikoga ne treba kriviti za to što su i srca prostačka, Marion Hibard udova sudije Flojda Hibarda živela je utonula u svoje misli, zaogrnuta sopstvenim pokvarenim mislima, noći koje je provela valjajući se s grobarom Dodsonom nisu bile dovoljne da joj olakšaju duši, da uklone žuč i dosadu, Lanselot Rediš Dodson bio je pola Kinez pola Portugalac i maltene se i nije kupao, misiz Hibard je morala da ga prihvati takvog kakav jeste da ne bi ostala sama, Merion i Lens su legali zajedno tokom cele četiri mesečeve mene, posle je Lensu dosadilo pa je uhvatio maglu i počeo da je ogovara, to je stara lija koja mi nije davala ni da jedem, rekla je da će da mi plati tetovažu ali se posle predomislila, Merion je debela hoćka koja ti nikad ničim ne uzvraća, domarka Mardžori rekla je Merion da treba da bude obazrivija i da se ne ljubaka s poslugom, sluge nemaju nimalo poštovanja i ne umeju dobro da vode ljubav, ni nežno a ni divlje kao rasplodni magarac a magarca odvedi i na Jerusalim on će opet biti magarac, domarka Mardžori koristi najprikladnija sredstva kristalnu kuglu karte čudotvornu ikonu ruku pamet osveštani jelej, sluge ne umeju gospođama da pruže uživanje zato što ne vladaju magnetskom radiaktivnošću, prave gospođe moraju da budu mudre, velečasni Tamargo daje istorijska pričešća i pomasti podučava ezoterijskom hrišćanstvu u svetlosti moderne misli, bilo bi meni jasno da neka gospođa pošalje ceduljicu velečasnom i kaže, čekam te gola ljubavi moja požuri, pošto je telo slabo velečasni uživa u pohoti ali posle gospođi poštom šalje svoj cirkular broj 3 Bog Svemogući primorava me da vas obavestim da će vam poslati kaznu zbog vašeg ponašanja dostojnog grada Vavilona sa sve zemljotresima, potopima, boleštinama i pošastima zato što se skidate goli i što bludničite, itd., omča je simbol ropstva a leptir je znamenje večnog života, Augustus Honatas ugrizao je ispod sise svoju ženu Vajolet i ostavio joj ožiljak u obliku kruga četiri doba, detinjstvo sisa mladost se bije zrelost radi a starost pripoveda priče dosadne jednolične i beskonačne, licencijat Konćo Buenaventura maltene svaku bolest lečio je melemom od zmajske krvi ljubavne boljke ponekad bi mu se uskopistile i onda je morao da pojača dejstvo krvlju šišmiša, profesorka Lisensija Margarita vezala je svog ljubavnika Luka Šorta napitkom koji mu je spremio licencijat Konćo, ovo ćeš mi platiti jednim poljupcem a ako ti je zgodno, poljubi me jezikom, važi, da, važi, smak sveta biće najavljen velikim sušama i narandžastom koprenom koja će prekriti sunce i mesec, ljudi će ostariti za tili čas svim muškarcima porašće rogovi i rep, i jarci znaju za samoljublje, zovem se Vendel Liverpul Espana ili Span ili Aspen to nikada nisam tačno znao pošto nikad nisam ni video napisano i stranice koje su ostale za mnom moje su ja sam ih napisao svojom rukom malo-pomalo držeći se svih gramatičkih pravila i ne čineći ustupke ni priličnosti ni udobnosti, sad mi je litanija već na kraju i moram da stavim tačku na svoju hroniku, tražim da se ove hartije ne objavljuju dok svi oni i sve one ne budu mrtvi, Geri, Donovan, Ed, Brzi Ovan, Leni, Met, Felipe, Sem, Riči, Bil, Persi, Vajat ili pak Sendi, Matilda, Korason de Marija del Amor, Koni, Pakita, Beki, Pamela, Nora, Džesi, Debora, Gazela Na Vetru, Freda, zapisano slovo može ljudima naneti mnogo zla, sad mi se litanija bliži kraju i čini mi se da me boli glava kao nepce da mi je suvo i uši začepljene litanija Bogorodici je štit koji nas brani od greha, litanija *ora pro nobis* mi je došla do kraja a sada dolaze one tri u kojima se priziva Jagnje Božije a ta je životinja simbol krotkosti i ja kažem *Agnus Dei qui tollis peccata mundi* a ti kažeš *exaudi nos domine* ja ponavljam *Agnus Dei qui tollis peccata mundi* a ti kažeš *miserere nobis*, ne ostaje mi ništa drugo do Boga da molim da mi oproste mrtvi.

*Na Palma de Majorki, u Arizoni i Finisteru,
od avgusta 1986. do septembra 1987.*

O PISCU I DELU

Godine 1984. Kamilo Hose Sela je bio u Granadi, piše njegov biograf Ijan Gibson, najverovatnije na promociji svog romana *Mazurka za dva mrtvaca*. Prema rečima jedne od mnogih zvanica, za vreme večere u poznatom restoranu El Sevilja ispričao je anegdotu koja je izazvala grohotan smeh. Tvrdio je kako ga je, dok je nekoliko godina ranije držao predavanje u jednoj latinoameričkoj zemlji, neka devojka prekinula povicima „Dole španski imperijalizam!" Pošto je primetio da je devojka veoma zgodna, pisac je uspeo da je posle večere odvede u krevet. U presudnom trenutku, rekao joj je: „A sad viči 'Živela Španija' ili ti ga vadim!"

Seks je nešto što se skriva i prikriva, govorio je Vinaver povodom Rablea, te zato, kad se seks obnaži, čovek i njegova namera razgolite se do konačne nedvosmislenosti, nepristojne jasnosti. I Selina pripovedačka umetnost se bez stida, osiono igra jezikom i skarednošću, ali Sela je autor prilično dalek Rableu. Nema kod Sele one vedrine, veselja, životne radosti: ovde je skarednost od druge vrste, pesimistička skarednost nasilja. Baš kao i u anegdoti iz Selinog života. Sela je pesimistički i analitično hladan prema svetu i prema jeziku, a jezička osionost tu je da bi učinila mogućom samoanalizu.

Jedan od najvećih španskih pisaca XX veka, autor 14 romana i još niza knjiga poezije, pripovedaka, putopisa, filmskih scenarija i adaptacija, feljtona, i jedne enciklopedije erotizma, svestrani Sela oprobao se i u glumi, slikarstvu, kao svetski putnik i kao političar. Godine 1947. napravio je izložbu slika u Madridu. Tri godine kasnije pojavio se kao glumac u jednom španskom niskobudžetnom filmu. Putovao je Španijom i Latinskom Amerikom, i 1953. godine vratio se iz Venecuele „s ljubavnicom, plavušom, i ugovorom koji i sa ogromne daljine izgleda kao najspektakularniji od svih koje je ikad potpisao neki španski pisac": diktator Peres Himenes naručio je od njega i velikodušno platio roman koji je trebalo da proslavi ovu zemlju. Godine 1977, posle smrti generala Franka, izabran je u Parlament kao senator u prelaznoj vladi Adolfa Suaresa, pa čak i učestvovao u izradi španskog Ustava.

Pohvale, priznanja i nagrade koji su usledili bile su i odraz njegovih raznovrsnih interesovanja u životu. Osim brojnih počasnih doktorata univerziteta, među kojima i Sarajevskog, dodeljenog 1993, postao je i počasni član španskog Nacionalnog udruženja patologa, u znak priznanja za izvanredan opis autopsije u romanu *Mazurka za dva martvaca*, i počasni građanin Tusona u Arizoni, što je bilo priznanje njegovom romanu *Hristos protiv Arizone*. Član Španske kraljevske akademije postao još 1957. godine, 1987. dobio je nagradu Princ od Asturijasa za univerzalni doprinos umetnosti; usledila je Nobelova nagrada 1989. godine, i konačno, 1995, Servantesova nagrada, najveća nagrada za književnost na španskom jeziku, koju je Sela najviše priželjkivao, možda zato što mu je najduže izmicala.

Kamilo Hose Sela bio je kontroverzna ličnost. Nisu svi bili oduševljeni njime. Smatrali su ga šovinistom, frankistom, sarkastičnim, cinikom, pa i prostakom. On je, iznad svega, bio otvoren. Govorio je ono što je mislio, i to svakome kome je hteo. Povredio je mnoge ljude, pa i svoju porodicu. Skandali iz njegovog života punili su trač-rubrike španskih popularnih časopisa.

Na dan 17. januara 2002. godine, u ranu zoru, Kamilo Hose Sela je umro u Madridu, u osamdeset i šestoj godini. Da se ni u smrti, kao ni u životu i u pripovedanju, Sela nije previše oslanjao na slučaj, i to zbog svoje sklonosti eksperimentu, govori i to da je već sledećeg dana sahranjen pod stogodišnjom maslinom u Iriji Flaviji, mestu u Galiciji gde se 1916. godine rodio.

„Sebe smatram najvažnijim španskim romansijerom posle generacije 1898. i zaprepašćen sam kad vidim koliko je bilo lako. Molim da mi oprostite što to nisam mogao da izbegnem", izjavio je u jednom intervjuu 1995. godine. Uspeh kod kritike i kod publike (uz poneki izuzetak), izvanredne filmske adaptacije njegovih dela, nagrade koje su se nanizale jedna za drugom samo su mu učinile lakšom igru na tankoj žici neumornog samohvalisanja, ali i izvrgavanja ruglu u kojem ni prema kome nije imao previše obzira.

Priča o Selinoj slavi počinje objavljivanjem romana *Porodica Paskvala Duartea*, za koji mnogi kritičari smatraju da predstavlja početak posleratnog španskog romana. Novina *Paskvala Duartea* – u tradiciji pikarskog romana ispisana autobiografska ispovest, u zatvoru, pred pogubljenje, čoveka koji za sebe tvrdi da nije zao, nego da je sticajem okolnosti počinio zločine, a njegovoj nesreći su doprineli uglavnom uzroci „izvan njegovih moći" – sastoji se upravo u tome što „naziva stvari svojim imenom", odnosno, u otvaranju ka jednom specifičnom obliku realizma, nazivanom i „tremendizam" (španski *tremendo* – strašan, jezovit, užasan, grozan). Bio je to Selin prvi roman, koji ga je u dvadesetšestoj godini proizveo u jednog od najčitanijih pisaca Španije: objavljen 1942. godine (od 1964. dostupan u prevodu Josipa Tabaka, pod naslovom *Paskval Duarte i njegovi zločini*, štampanom u Zagrebu), doživeo je trenutan uspeh i kod čitalaca i kod kritike, i često se navodi kao najprevođeniji španski roman posle *Don Kihota*.

Godine 1951. napisao je roman *Košnica*, ali ga je španska cenzura, služba za koju je nešto ranije i sam Sela radio, zabranila, te je morao biti štampan u Argentini, da bi u Španiji bio objavljen tek 1962, pet godina nakon što je Sela izabran za člana španske Kraljevske akademije. Paradoks Seli, kako u životu tako i u umetnosti, nije bio stran.

Košnica je prvi roman u kojem Sela zalazi u onu struju španske književne tradicije što polazi još od Lopeove *Fuenteovehune*, a gde je junak zajednica: od *Košnice*, preko *Mazurke za dva mrtvaca* iz 1983. godine, sve do romana *Hristos protiv Arizone*, iz 1988, to jest od mnogoglasja ostvarenog kroz smenjivanje različitih subjekata pripovesti o posleratnom Madridu, preko hora galicijskih seljaka, do nezaustavljivog monologa mnoštva rasa u mitskom Tombstonu.

U romanu *Hristos protiv Arizone* nalazi se pročišćeno i skoncentrisano ono što čitalac nauči da prepoznaje kao Selin rukopis. Radnja romana smeštena je u dobro poznate krajeve oko grada koji su proslavili Vajat Erp i Dok Holidej, Tombstona. Mada najpoznatiji, oni, međutim, nikako nisu i glavni junaci romana: prema brojanju Mersedes Huan Baruel i Karmen Ortis Ramos, ukupan broj likova koji se pojavljuju u romanu je 631, od kojih je 555 izmišljeno a 76 su stvarni. Mnoštvo likova i epizoda znači i izostanak zapleta, uplitanje mnoštva naporednih tokova priče, niza sporednih, ili naizgled sporednih epizoda. „Ni život nema zaplet", govorio je Sela, „a da su Roman pokušali da opišu filozofi, možda bismo barem saznali da je to nešto promenljivo što stalno poigrava i ne može se obuzdati, zato što je on Život sam, ili ono što u svakom trenutku uzimamo kao sam Život."

Rečima pripovedača, koji se dvoumi i oko sopstvenog imena, Sela pripoveda storiju o Divljem Zapadu iz drugačijeg ugla. „Sela okršaj kod O. K. Korala čini besmrtnim na način sličan onom na koji je Serđo Leone terorisao ranu filmsku karijeru Klinta Istvuda", slikovito je opisao ovaj Selin roman nezadovoljni anonimni čitalac na sajtu posvećenom turizmu u Arizoni. Skloni smo da mu damo za pravo, mada uzimajući taj opis kao neodoljivo afirmativan. Selini junaci jesu ružni, prljavi i zli. Junak/pripovedač/pisac koji govori u romanu *Hristos protiv Arizone*, ispisuje svoju ispovest/hroniku/litaniju smeštenu u svet Divljeg Zapada, u svet pun seksa, nasilja i smrti. Metafora ljudskog stanja u svakom vremenu, *Hristos protiv Arizone* još jednom preispituje i položaj pripovedača i njegov odnos prema čitaocu, za koga on predstavlja jedini izvor informacija.

Dva su stuba, prema Selinim rečima, na kojima počiva književna pripovest: estetička dimenzija i etička dimenzija. I etička i estetička dimenzija romana *Hristos protiv Arizone* smeštaju se i uklapaju u okvire poetike Selinih ranijih romana. Veliki majstor španske književnosti, neumorni pripovedač, istraživao je različite strane savremenog sveta i iz raznih uglova ponirao u mrak ljudske prirode. Svaki novi roman za njega je predstavljao novi eksperiment.

Incestuoznog junaka/pripovedača/pisca u *Hristosu* lako možemo povezati s Paskvalom Duarteom, materoubicom. Duarte ponavlja da nije zao i bezazleno prebacuje krivicu na druge, ali Vendel Liverpul Espana, ili Span, ili Aspen, ne poriče svoju obeleženost zlom. „Svet u kojem nam je dosuđeno da živimo i prizor kakav nam taj svet pruža ne daje nam razloga da osećamo prevelik optimizam pred čovekom i njegovim reakcijama. Mislim da sam pesimista tek toliko koliko je nužno da me ne vuku za nos. Treba biti previše naivan ili preveliki svetac pa s optimizmom gledati na čoveka, tog vuka koji, za razliku od vuka, zubima kolje svoje srodnike", zabeležio je Sela.

Pesimistična vizija vodi Selu u romane koji su, da upotrebimo njegove reči, „krvoločna karikatura stvarnosti; nije to njen krvavi portret, jer se ponekad sama besmislena stvarnost pobrine da sebe naglasi do čudovišnosti." Zato bujica reči, zato nezadrživa litanija, otuda pripovedačeva nevoljnost da stavi tačku, eto otkuda njegova žurba da sve odjednom kaže. Vendel Liverpul je nešto drugo, nikako ne ono što je nekada bio Paskval Duarte. Vendel krivicu preuzima bez smokvinog lista, i u tome ide do kraja. On spas ne traži u pokajanju, nego u svesti o krivici i uzdanju u milosrđe.

Hladnokrvnim stavom prema užasu o kojem govori, razbijanjem linearne priče na delove koji se pojavljuju u više navrata tokom monologa i tek postepeno otkrivaju celinu, kroz pripovedanje vođeno besprekornom logikom, Sela stvara junake koji nisu predstavljeni prema epskim obrascima, nego u svakodnevici u raspadu.

Sela, i pored svog pozerstva i pijedestala na koji je sam sebe uzdigao, spontano, kroz čitanja i uticaje mnogo šire od onih kakvi mu se obično pripisuju, deli jedno duboko savremeno shvatanje čoveka što, po svojoj nasilnosti i elementarnosti, ima mnogo dodirnih tačaka s onim koje je, tokom celog XX veka, isijavalo iz najbolje američke književnosti. Na tom putu se Sela sreće s novim generacijama, što roman *Hristos protiv Arizone* čitaju kao nihilistički strip.

Aleksandra Mančić

Izdavačko preduzeće
RAD
Beograd, Dečanska 12

*

Glavni urednik
NOVICA TADIĆ

*

Grafički urednik
MILAN MILETIĆ

*

Lektor
MIROSLAVA STOJKOVIĆ

*

Nacrt za korice
JANKO KRAJŠEK

Digitalizacija slova
DARKO STANIČIĆ

*

Za izdavača
SIMON SIMONOVIĆ

*

Štampa
Elvod-print, Lazarevac

Tiraž 1000

CIP – Каталогизација у публикацији
Народна библиотека Србије, Београд

821.134.2-31
821.134.2.09-31
821.134.2:929 Села К. Х.

СЕЛА, Камило Хозе
    Hristos protiv Arizone / Kamilo Hose Sela ; [sa španskog prevela Aleksandra Mančić]. – Beograd : Rad, 2003 (Lazarevac : Elvodprint). – 262 str. ; 21 cm. (Biblioteka Reč i misao ; knj. 545–546)

Prevod dela: Cristo versus Arizona / Camilo José Cela. – Tiraž 1000. – Str. 257–262: O piscu i delu / Aleksandra Mančić.

ISBN 86-09-00830-4

COBISS.SR-ID 111154956

www.ingramcontent.com/pod-product-compliance
Lightning Source LLC
Chambersburg PA
CBHW062155080426
42734CB00010B/1698